길 위의 천국

이지상 터키 여행기

북하우스

여행자의 천국 터키

나라마다 여행을 마치고 오면 느낌이 달랐다. 동남아는 잘 놀다 온 느낌, 중국은 잘 먹고 온 느낌, 유럽은 잘 구경하고 온 느낌, 인도는 마음이 비워지는 느낌…….

그런데, 터키는 뭔가 한 보따리씩 갖고 오는 느낌이 들었다.

그렇다.

터키는 보물 창고 같은 곳이었다. 나는 그곳을 드나들 때마다 소중한 추억들을 한 보따리씩 안고 나왔다.

이 땅에는 수많은 문명과 종교의 지층이 겹겹이 쌓여져 있었다. 한 꺼풀을 벗기면 오백 년 간에 걸친 오스만투르크 제국의 흔적들이 나왔고, 또 한 꺼풀을 벗기면 기독교의 초기 유적지와 천 년에 걸친 동로마 제국의 기독교 문화가 드러났다. 그리고 더 깊이 들어가면 알렉산더 대왕, 페르시아, 트로이 전쟁의 흔적들이 보였으며, 기원전 20세기경의 철기 문명을 일으켰던 히타이트 족의 유적도 나타났고 맨 밑바닥에는 인류의 초기 문명인 메소포타미아 문명이 있었다.

이런 땅을 여행한다는 것은 흥미진진한 시간 여행이기도 했다. 어디 역사만 흥미로웠던가. 푸른 에게 해를 거쳐오던 감미롭던 바람, 기괴한 바위들이 솟아나 다른 행성처럼 보이던 카파도키아의 풍경, 노아의 방주가 있다는 눈 덮인 아라라트 산, 그리고 물결처럼 굽이치던 터키 동부의 산하는 얼마나 가슴을 설레게 했던가.

그뿐인가. 아라비안 나이트의 세계 같던 바자르의 화려한 접시와 램프, 보석들, 낯선 거리의 빵 굽던 냄새, 길을 가다 우연히 마주친 아이의 눈빛, 길 가던 나그네에게 따스한 차를 권하던 배추 장수의 미소, 눈 덮인 아나톨리아 평원을 달리는 동안 버스 안에서 흘러나오던 터키 여인의 애절한 노래……. 아 그 순간들, 그 사람들. 모두 나의 영혼을 감동시키던 소중한 추억들이다.

그 추억들을 가슴 한 가득 채워 갖고 올 때마다 나는 사람들을 붙잡고 늘 이렇게 말했다.

터키에 가면 말이야, 뭐가 있고, 뭐가 좋고, 뭐가 즐거웠고…….

내 여행 중 가장 많은 얘깃거리가 있는 나라는 인도와 터키다.

나는 터키 여행을 세 차례에 걸쳐서 했다. 중국에서부터 실크로드를 따라 가는 길에 들렀던 1991년도 말의 고독했던 겨울 여행, 2002년 8월에 아내와 함께 했던 즐거웠던 여름 여행, 그리고 2003년 6월 불쑥 충동적으로 떠났던 나 혼자만의 여행이었다.

이렇게 색깔 다른 세 보따리의 추억을 풀어 한 권의 책에 담는 것은 쉽지 않은 일이었다.

모두 다 합해 3개월 정도 되는 기간은 한반도 땅의 3.5배나 되는 넓은 땅을 보고 느끼기에는 결코 긴 시간이 아니었지만, 여행기를 쓰기에는 애기가 적은 것도 아니었다.

　결국 수없이 잘라냈고, 중요하지 않은 도시, 너무 긴 역사, 종교, 문화적인 얘기도 가급적 생략했다.

　많이 부족하다는 생각이 들지만 아쉽지는 않다. 어차피, 이 글은 터키의 구석구석을 소개하는 관광 안내서나 현실을 알려주는 르포가 아니라, 여행기이기 때문이다. 터키에 대해 좀더 알고 싶은 분들은 그런 분야의 책을 참고하시고, 이 책을 통해서는 '터키 여행의 맛'을 느꼈으면 좋겠다.

　나는 터키를 결코 환상적으로 묘사하고 싶지는 않다. 글에 모두 표현을 못했지만 터키를 여행하면서 힘들 때도 있었고 외롭고 쓸쓸할 때도 있었으며 얄미운 사람도 만났고 속이는 사람도 만났었다.

　왜 안 그렇겠는가. 사람이 살아가는 곳인데.

　그러나 돌아서면 언제나 터키가 그리웠던 까닭은 나그네에게 따스한 정을 베풀던 사람들이 압도적으로 많았기 때문이다.

　각박한 현실에서 벗어나, 세상을 여행하는 기분으로 살고 싶은 한 여행자의 눈에 비친 터키는 볼 것 많고, 음식 맛있으며, 인심 좋고, 교통 편리하고, 물가도 비교적 싼 '여행자의 천국' 이었다.

　아직, 내 터키 여행은 끝나지 않았다. 두세 번 가본 곳도 있지만 아직 못 가본 곳도 많다. 그곳들은 늘 내 가슴을 설레게 하는 꿈으로 남아 있고 종종 그것을 실현시키는 재미 또한 쏠쏠하다. 여행에서든 삶에서든, 마침표를 찍지 않고 쉼표를 치는 행위가 나를 행복하게 만들고 있다.

차례

005　여행자의 천국

012　이스탄불, 동서양의 경계

014　이스탄불
아침을 여는 사람들 | 등 굽은 노인과 요염한 여인 | 나의 사랑 이스탄불
전차 와 배 금각만과 갈라타 대교 | 비잔틴 제국의 영광, 아야 소피아 사원
황홀한 술탄 아흐메트 모스크 | 예레바틴 사라이 | 톱카프 궁전
고고학 박물관 | 슐레마니에 모스크와 예니 모스크 | 춤추는 환율
그랜드 바자르와 이집트 바자르 | 위스크다르
오리엔트 특급 열차와 애거서 크리스티 | 음악회
터키탕과 마사지 | 물담배 나르길레 | 터키 음식 | 호객꾼들 | 이스탄불의 밤

092　아나톨리아 평원을 달리다

94　앙카라
버스 여행의 즐거움 | 영어가 안 통하는 앙카라 | 아나톨리아 문명 박물관
이런 실수가 | 빗속의 앙카라 | 스크루지 영감 | 눈물의 이별
116　코니아
수피들의 춤 | 관광지화된 코니아 | 샛길의 즐거움
130　카파도키아
동굴에서 자다 | 야외 박물관 | 카펫 공장 | 그때, 그 숙소 | 카파도키아 투어 |
괴레메의 밤

162 지중해, 에게 해를 따라

아다나 164
아다나의 포르노 극장

타르수스 166
바울의 고향 타르수스(닷소) | 야채 장수의 차이 대접

안타키아 175
안디옥의 기독교 초대 교회

이스켄데룬 181
요나가 물고기 뱃속에서 토해진 곳

우르파 185
창세기의 무대 | 위험한 사기꾼

A시 192
세니 세비요룸, 당신을 사랑해요

지중해를 따라 203
성룡의 사부 | 찰거머리 알렉스

에페스 212
아르테미스 신전 | 에페스의 영광 | 사도 요한의 무덤 | 용감한 어머니

파묵칼레 232
남극의 빙산

이즈미르 237
이발소에서 차 한잔을 | 낭만적인 찻집

트로이 243
트로이 전쟁

부르사 250
부르사의 인심 | 익명의 여행자

258 흑해 연안과 동부

260 사프란볼루
전통 가옥의 사프란볼루 | 그늘
269 아마시아
아름다운 아마시아
273 시바스
물고기 온천, 발르클르 카플르자
278 에르저름
진짜 터키 | 에르저름 풍경
283 도베야짓
도베야짓 가는 길 | 이삭파샤 궁 | 쿠르드 족 마을 | 노아의 방주
301 트라브존
흑해 연안의 도시 | 수멜라 수도원 | 후한 사진 인심 | 바닷가에서 만난 사람들

314 터키를 떠나며
안녕, 터키 | 투르크 족의 세상

327 여행 정보

이스탄불, 동서양의 경계

약 천칠백 년의 세월을 굽어보는 이 고도(古都)의 언덕에 서면 먼 세상이 보였다.
동쪽은 아시아, 서쪽은 유럽이었고, 보스포루스 해협은 그 가운데를 갈랐다.
파란 바다는 잔잔했으며 오히려 대지가 물결처럼 넘실거렸다.

|이스탄불|

아침을 여는 사람들

어디서나 아침을 여는 사람들이 있었다.
이스탄불도 마찬가지였다. 세계 각지에서 온 수많은 관광객의 흥청거림과 상관없이 해가 뜨면 어김없이 일상을 시작하는 사람들이 있었다.
아침을 여는 이들은 언제나 거리에서 빵을 파는 사람들 혹은 조그만 식당 주인들이었다. 일상을 벗어난 여행자에게도 그 평범한 일상은 늘 가슴 설레는 풍경이었다.
몇 평의 땅에 들어선 소중한 일터를 진지한 표정으로 여는 그들을 보며 나는 왜 강한 생의 욕구를 느꼈던 것일까?
꼭두새벽에 일어나 새벽 어둠이 걷히지 않은 바닷가에서 갈매기를 바라보거나, 일찍 문을 연 조그만 식당에서 초르바(수프)와 빵을 먹는 순간, 내 가슴속에서는 희열이 솟구쳤었다.
여행길에서도 아침을 여는 것은 늘 기분 좋은 일이었다.

등 굽은 노인과 요염한 여인

이스탄불은 등 굽은 노인 같았다. 언덕이 많아서였다. 원래 일곱 개의 언덕으로 이루어졌다는 이스탄불이지만 내 느낌으로는 어딜 가나 언덕이었다. 유적지, 시장, 가옥들이 모두 크고 작은 언덕 위에 있어서 언제나 언덕을 오르내리는 기분이 들었다.

언덕에 오르면 늘 기분이 좋았다. 약 천칠백 년의 세월을 굽어보는 이 고도(古都)의 언덕에 서면 먼 세상이 보였다.

동쪽은 아시아, 서쪽은 유럽이었고, 보스포루스 해협은 그 가운데를 갈랐다. 파란 바다는 잔잔했으며 오히려 대지가 물결처럼 넘실거렸다. 출렁이는 언덕과 비탈 곳곳에는 깊게 패인 주름들이 있었고 그 주름 속에는 세월이 깊게 고여 있었다. 높은 성벽, 돌 깔린 골목길, 기울어져 가는 집들 사이를 거닐며 나는 노인의 얼굴에 서린 웅숭 깊은 힘과 품속에 배인 깊숙한 정을 흠뻑 느꼈다.

그렇게 이스탄불 거리를 걷다 보면 종종 한국의 풍경이 떠올랐다. 언덕 위에서는 서울의 달동네가, 서민들의 삶이 어우러진 갈라타 대교에서 파란 바다를 내려다볼 때는 부산 앞 바다와 영도다리가, 그리고 유적지에서는 천년 고도 경주의 고분과 탑들이 떠올랐다. 이스탄불은 낯설면서도 그렇게 익숙한 풍경이 묘하게 겹쳐지는, 등 굽은 노인 같은 푸근한 도시였다.

이스탄불은 또한 요염한 여인처럼 나에게 다가왔었다. 그것은 아마도 나의 첫인상 때문일 것이다.

내가 이스탄불과 첫 만남을 가진 때는 지금으로부터 십삼 년 전인, 1991년 12월 중순의 어느 캄캄한 밤이었다.

파키스탄의 카라치에서 출발한 비행기가 이스탄불 상공에 도착했을 때, 대지는 황금 불빛들로 번쩍이고 있었고 비행기가 그 땅을 향해 하강하며 고도를 툭툭 낮출수록 나는 짜릿한 황홀감에 젖기 시작했다.

입국 수속을 마친 후 공항 밖으로 나오니 그 많던 승객들은 어디로 흩어졌는지 보이질 않았다. 밤늦은 시간이었고 시내로 가는 공항 버스는 끊겨 있어 택시를 탔다. 택시는 이내 하얀 눈이 뒤덮인 길을 달려가기 시작했다. 운전사의 말에 의하면 삼십 년만의 폭설이라 했다.

폭설을 뚫고 도착한 술탄 아흐메트 광장은 이미 인적이 끊겨 텅 비어 있었다. 찬 겨울 바람만 감돌고 있던 그 을씨년스러운 광장에 내리는 순간, 저만치 노르스름한 빛을 받으며 하늘로 둥실 떠오른 원형의 모스크 지붕과 높이 치솟은 뾰족한 첨탑들이 보였다. 바로 이스탄불의 상징인 술탄 아흐메트 모스크, 즉 블루 모스크였다.

날카로운 칼날에 베인 듯 가슴이 시려오며 불현듯, 달빛 아래 하얀 눈 속에 서서 옷을 벗은 요염한 여인의 느낌이 머리를 스쳐 지나갔다.

왜 종교적인 유적지가 이런 에로틱한 감정을 불러일으켰을까?

몇 달 동안 중국의 서역 지방과 히말라야 산맥 그리고 파키스탄을 여행하며 황량한 사막, 메마르고 험준한 산맥, 먼지 풀풀 나는 길거리, 허름한 집들 그리고 밤이면 천지를 뒤덮는 컴컴한 어둠에 익숙했던 내 눈에, 텅 빈 광장에 불쑥 솟아오른 술탄 아흐메트 모스크의 야경은 환상 그 자체였고 이스탄불은 전혀 다른 세상이었다.

나의 사랑 이스탄불

그렇게 나는 이스탄불과 사랑에 빠져들기 시작했다.

그토록 돌아다녔지만 눈을 감고 지나온 세월을 생각할 때 내 가슴을 울렁거리게 하는 도시는 그리 많지 않았다.

그 울렁거림은 도시에 대한 사랑에서 왔고, 그 사랑은 결코 화려함과 즐거움이 아니라, 마음을 사로잡던 운명적인 순간들로부터 왔었다.

이스탄불.

글을 쓰는 지금, 눈을 감으니 이스탄불이 눈앞에 훤히 떠오른다.

크고 작은 언덕과 광장에 들어선 수많은 모스크들, 아라비안 나이트의 세계와도 같던 그랜드 바자르와 상인들의 고함이 난무하던 이집트 바자르, 그리고 갈라타 대교 근처에서 늘 피어오르던 생선 구이 냄새, 넘어가던 석양빛에 비친 보스포루스 해협…….

아, 예니 모스크 앞에 앉아서 날아가는 비둘기 떼를 보던 순간은 또 어떠했는가.

보스포루스 해협을 가로지르던 하얀 통근용 배를 따라오던 갈매기에게 먹을 것을 주던 여인의 손짓과 미소, 밤마다 길게 이어지던 뱃고동 소리, 또한 고풍스런 건물들로 가득 채워진 젊음의 거리 이스티클랄 거리와 그 길을 따라 택심 광장까지 달리던 작은 전차…… 그리고 어느 노천 카페에서 빙글빙글 도는 데르비시(이슬람교의 신비 수행자)의 춤을 보며 아편쟁이처럼 나르길레(물 담배) 파이프를 빨던 어느 여름밤.

나는 그 거리와 그 순간들과 사랑에 빠져버렸다.

결코, 내가 이스탄불에 대해서 많이 알고, 오래 있었기에 그런 것이 아니었다.

내가 그곳에서 오래 머물러 현실을 깊이 알았더라면 어쩌면, 나는 세파에 시달린 노인이 세상을 심드렁하게 바라보듯, 혹은 결혼 생활에 익숙해진 부부가 상대방을 지겹게 여기듯, 이스탄불에 싫증을 내며 이렇게 말했을지도 모른다.

'세상 다 비슷한 거지.'

그렇다. 세상의 현실을 너무 알게 되고, 깊이 관계를 맺으면 그런 함정에 빠질 위험성이 다분히 있는 법이다. 나 역시 여행을 오래 하며 종종 그런 위험에 빠져들었기에 어느 순간 '안다' 는 사실이 무서워지기 시작했다. 연륜 따라 깊어지는 내 경험에서 오는 오만함과 늙어가며 무뎌지는 나의 감수성 또한 두려웠다.

그래서 나는 이 세상으로부터, 도시로부터, 사람으로부터 거리를 두고 다만, 스쳐 지나가는 바람 같은 존재가 되고 싶었다.

그럴 때만이, 여자를 아직 잘 모르는 채 가슴 두근거리는 청년처럼, 무지개만 보아도 가슴 뛰는 아이처럼 '순진한 호기심과 무지' 에 휩싸여 세상을 바라볼 수 있을 것만 같았다.

나는 이스탄불에 대해 눈먼 청년이었다. 사랑에 빠진 눈먼 청년에게 왜, 어떠한 점 때문에 사랑하게 되었느냐고 묻는다면 대답이 궁해진다. 사랑에 어디 이유가 필요 있던가.

그저, 수많은 추억들과 아련한 순간들이 가슴속에서 스멀거릴 뿐.

인간이든 도시든 사랑하면 그렇게 되나 보다.

그리고 내가 분명히 말할 수 있는 것은 많은 여행자들이 그렇게 이스탄불을 스쳐 지나가다 그만 사랑에 푹 빠져버린다는 것이다. 나는 그런 얘기를 세상의 수많은 여행자들로부터 들어왔다.

이스탄불 지도

전차와 배

이스탄불 하면 우선 수많은 유적지가 생각나지만 나는 전차 얘기부터 하고 싶다.

어느 도시에서든 전차(그들은 트램이라 부르지만)를 보면 나는 즐거웠다.

1960년대 중반까지던가, 서울에도 전차가 있었다. 서울내기였던 나는 종종 전차를 타고 달렸다. 그때 차창 밖으로 흘러가던 빌딩들, 사람들, 거리의 간판들…… 그런 것이 지금도 내 가슴속에는 아련하게 남아 있다.

그래서 외국의 어느 도시에서도 전차를 타면 나는 아득한 옛날로 돌아간다.

이스탄불에는 세 군데의 전차 구간이 있었다.

우선, 바다가 있는 갈라타 대교 근처의 에미뇌뉘에서 시작하는 전차는 오리엔트 특급 열차가 도착하던 시르케지 역을 거쳐 아야 소피아 사원과 술탄 아흐메트 모스크가 있는 광장 앞을 달리다가, 조금 더 가서 그랜드 바자르 앞을 달리고 악사레이 앞을 지나며, 톱카프 성벽을 넘어서 어디론가 달려갔다. 그 이상은 가보지 않아 모르겠지만 이스탄불을 여행하려면 꽤나 유용한 전차였다.

내가 처음 방문했을 때인 1991년도 말에는 이스탄불에 전차가 없었다. 그때 술탄 아흐메트 광장 앞의 디반 욜루 거리는 매연을 뿜는 버스가 씽씽 달려 삭막한 느낌이 들었는데 전차가 달리면서부터 낭만적인 분위기로 변한 것이다.

그리고 소뿔처럼 생긴 금각만 건너편에서 지하를 통해 언덕 높은 곳에 우뚝 선 갈라타 탑 근처까지 올라가는 전차가 있었다.

글쎄, 이걸 전차라고 불러야 할까? 지하를 달리니 지하철이지만 전차 같은 조그만 차량이 중간에 서지도 않고 딱 한 구간만 달릴 뿐이니 내게는 전차처럼 보였다.

그리고 그 전차에서 내려 밖으로 나오면 바로 앞에 진짜 전차 정류소가 있었다.

여기서 출발해서 이스탄불에서 가장 현대식 거리인 이스티클랄 거리를 따라 택심 광장까지 가는 두 량짜리 작은 전차는, 바닥도 창틀도 모두 목조였다.

처음 이 전차를 탔을 때, 나는 전율했다.

땡땡땡땡.

장난감 같은 전차는 종종 그렇게 쇠종 소리를 내며 달렸고 그러면 거리 한복판의 궤도 위를 걸어가던 수많은 사람들은 길을 피해주었다.

인파를 헤치면서 달리는 전차는 가끔 사람의 빠른 걸음보다 느려 보였다. 가다 쉬고, 가다 쉬고…… 그런 전차를 현지인들이 탈 이유는 없었고 대부분의 승객들은 관광객이었다. 이방인들은 그런 작고 느린 전차 안에서 차창 밖을 보며 즐거워했다.

  이스티클랄 거리는 젊음의 거리였다. 고색 창연한 중세풍의 유럽식 건물과 현대식 건물들이 어우러져 마치 영화 속에서 본 50, 60년대의 유럽 풍경 같았지만, 멋진 미니 스커트를 입은 터키 여인들과 찢어진 청바지에 장발을 한 청년들, 그리고 거리에 가득 찬 근사한 레스토랑과 노천 카페로 인해, 젊은 기운이 넘쳐흐르고 있었다.

전차를 타고 그 거리를 달리며 나는 시간을 거슬러 올라갔다. 어릴 적의 전차 종소리를 들으며 고풍스런 거리 한가운데를 달리는 동안 어디선가 애절한 터키 음악이 흘러나왔고 그 순간, 나는 옛날 영화 속으로 들어온 것만 같았다.

그리고 전차 타는 것 못지않게 나를 행복하게 해주었던 것은 배였다. 하루 종일 유적지를 보다 피곤해지면 나는 갈라타 대교 근처의 부두에서 어디론가 떠나는 통근용 배를 탔었다. 어디로 가는지도 몰랐고 어디로 간들 상관없었다. 관광객이라고는 하나도 없는 그 배에서 익명의 이방인이었던 나는 터키인들과 어깨를 맞대고 배 난간에 설치된 의자에 조르르 앉아 보스포루스 해협과 뱃전에서 이는 하얀 파도를 바라보며 바닷바람을 쐬었다. 가끔 갈매기들이 날아왔고 소녀들은 까르르 웃어대며 과자를 올려놓은 하얀 손바닥을 하늘에 폈다.

그때, 갈매기들이 날아와 과자를 쪼아대던 그 순간, 나는 얼마나 행복했던가. 자유롭고 넉넉하던 그 순간들이야말로 어떤 영광스런 유적지를 볼 때보다 감미로웠다.

지금도 이스탄불을 생각하며 눈을 감으면 가장 먼저 떠오르는 것은 거대한 유적지가 아니라 바로 전차를 타고 달렸던 그 거리와 시원한 바닷바람을 맞으며 배를 타고 보스포루스 해협을 건너던 순간들이다.

금각만과 갈라타 대교

처음 이스탄불에 왔을 때 가장 먼저 가본 곳이 금각만이었다.

소뿔처럼 삐죽 튀어나온 땅 위에 있는 만이라서 영어로는 golden horn이라고 불리니 우리말로 번역하면 금뿔만, 한자로 표현하면 금각만(金角灣)일 것이다.

그곳에 서니 멀리 전방에 보스포루스 대교가 아스라이 보였고 왼쪽에 유럽, 오른쪽에 아시아 대륙이 보였다.

겨울 바다는 평화로웠다. 아침 햇살을 받으며 하얀 갈매기가 바다 위를 날았고 하얀 통근용 배들은 사람들을 가득 싣고 어디론가 무심하게 떠나고 있었다. 그리고 케밥 가게, 신문 가판대가 문을 열고 있었다.

내가 서 있던 곳은 유럽의 끝 부분으로, 15세기에 아시아 쪽에서 일어난 오스만투르크와 유럽 쪽에서 버티고 있던 동로마 제국, 즉 비잔틴 제국이 첨예하게 대립하고 있던 지점이었다.

비잔틴 제국은 수도였던 이 땅, 즉 콘스탄티노플을 지키기 위해 육지 쪽에 각종 성을 쌓았고 금각만으로 들어오는 입구에 체인을 설치해 뱃

길을 봉쇄했기에 금각만은 안전지대라고 생각했었다.

그러나 오스만투르크의 술탄 메메드 2세는 이곳에서 멀리 떨어진 해협을 통해 유럽 땅으로 건넌 후, 배를 산으로 끌고 가 육로로 이동시켜 바로 눈앞에 보이는 갈라타 대교 건너편에서 갑자기 나타났었다.

1453년 5월 29일, 중무장한 오스만투르크 병사들은 무방비 상태의 바다, 금각만을 건넌 후 내가 서 있는 곳을 지나 저 언덕으로 진군했었다. 그후, 콘스탄티노플은 이스탄불로 이름이 바뀌었고 20세기 초까지 오스만투르크 제국의 수도가 되었었다.

그리고 세월이 지난 지금, 세상은 다시 변해 있었다. 그렇게 위세 등등하게 이곳을 점령한 오스만투르크는 그리스, 불가리아, 루마니아, 유고를 거쳐 헝가리까지 그리고 남러시아, 흑해 연안과 중동의 대부분과 이란의 국경까지, 또한 이집트, 리비아, 알제리 등 북아프리카의 대부분을 그들의 영토로 삼았었지만, 20세기 초 갈기갈기 찢겨져 현재의 터키만 남게 된 것이다.

그 위축된 터키에 나타나기 시작한 것은 유럽의 관광객들이었다. 20세기 초에는 오리엔트 특급 열차를 타고 바닷가를 내려다보는 저 언덕의 시르케지 역으로 입성했고 지금은 배로, 기차로, 버스로 세상의 수많은 여행자들이 이스탄불로 몰려들고 있었다.

그리고 동방의 끝에서 온 나도 그 바닷가에 서 있었다.

그리고 십이 년이 지난 8월 어느 날, 나는 다시 그 자리에 섰다.

감회에 젖어 바닷가를 돌아보다 금각만 건너편 언덕에 있는 갈라타 탑으로 올라갔다.

갈라타란 '우유'란 뜻으로 비잔틴 제국 초기 시절 이 지역이 우유 시

갈라타 대교

장이어서 유래된 이름이라고 한다. 한때 이곳에 머물던 이탈리아의 제노바인들은 그 당시 베네치아인들과 종종 전쟁을 벌였고, 수비를 위해 성과 탑을 만들었는데 현재 남은 것이 바로 이 갈라타 탑이었다.

탑의 꼭대기에서 내려다보니 하얀 배가 떠가는 파란 바다와 건너편의 언덕 사이사이에 솟아오른 예니 모스크, 슐레마니에 모스크, 아야소피아의 양파 같은 돔이 한 폭의 그림처럼 다가왔다.

내가 이스탄불에서 가장 사랑하는 곳이 이 갈라타 탑과 바로 밑에 있는 금각만을 가로지르는 갈라타 대교였다.

갈라타 대교 일층에는 수많은 로칸타(식당)에서 차를 마시거나 나르길레를 피며 보스포루스 해협을 바라보는 낭만이 있었으나 다리 이층에는 초라한 현실이 있었다.

낚싯대를 드리운 채 고기를 낚는 강태공들이 예나 지금이나 많았는데 취미로 하는 사람들은 밝은 표정이었으나 생업으로 하는 사람들은 얼굴에 수심이 잔뜩 끼어 있었다.

다리 위에 죽 늘어서서 낚싯대를 드리운 그들의 머리 위로 바람에 날리는 은빛 색종이 같은 갈매기들이 유유히 날다가 가끔, 갑자기 날개를 접고 전광석화처럼 하강하여 먹이를 쪼아댔다. 그때 서녘 하늘 쪽으로 넘어가던 해는 종종 멀리 보이는 모스크의 돔에 걸려 있었다.

그 무심한 풍경 속에서 인간의 삶들은 바빴다. 예전에는 수많은 잡화를 파는 상인들로 붐볐지만 지금은 많이 사라져 있었고 대신 멀고 먼 아프리카에서 온 젊은이들이 화장품, 시계 등의 면세품을 늘어놓고 팔고 있었다.

또한, 갈라타 대교 부근의 바닷가는 늘 식욕을 자극하는 연기로 자욱했다. 조그만 배 안에서 생선을 구워 빵에 끼워 파는 상인들과 그것을 부두에 쪼그리고 앉아 먹는 수많은 여행자들의 모습도 한 폭의 풍경화였다.

나는 그런 풍경들이 좋아서 이스탄불에 오면 늘 갈라타 대교 부근을 거닐었다.

아야 소피아 사원

비잔틴 제국의 영광, 아야 소피아 사원

 술탄 아흐메트 광장은 이스탄불의 심장이다. 돌 깔린 예쁜 이 광장에는 분수대가 있고 정원도 있으며 알록달록한 파라솔을 세워놓은 노천카페들과 기념품 상점들도 있는데 그 광장의 양쪽에 봉긋하게 솟아오른 돔으로 만들어진 건물 두 개가 특별히 눈에 띈다.
 하나는 비잔틴 제국의 영광인 아야 소피아, 또 하나는 오스만투르크의 자랑인 술탄 아흐메트 모스크다.
 대개의 관광객들은 이 두 개의 사원에서부터 관광을 시작하는데 나 역시 아야 소피아서부터 구경을 했었다.
 원래 그리스어로는 하기아 소피아(Hagia Sophia)인데 '하기아'는 성스럽다는 뜻이고 '소피아(Sophia)'는 지혜란 뜻이다.
 현지 터키인들이 아야(Aya) 소피아라고 부르는 이 기독교 사원은 기독교 문명의 대표적인 상징이었다. 서기 537년 동로마의 황제 유스티니아누스는 이 사원을 만든 후, '솔로몬이여, 나는 그대를 능가했노라.'라고 외칠 정도였다. 오십만이 넘는 인원이 육 년 동안 투입된 대역

사였던 것이다.

그후 오스만투르크가 점령한 후, 모스크로 사용하면서 주변에 첨탑이 네 개 만들어졌는데 처음 이 그리스 정교회 사원을 보았을 때 나는 조금 어리둥절했었다. 흔히 보아왔던 가톨릭 성당이나 개신교 교회처럼 지붕이 뾰족하지 않고 모스크처럼 둥글었기 때문이다.

기독교 사원인데 왜 저럴까?

이런 의문을 안고 안으로 들어가보니 여태껏 보던 가톨릭 교회나 개신교 교회처럼 입구에서 제단까지 길게 늘어져 있는 바실리카 양식이 아니라 사방으로 확 트여져 있었다. 그리고 사원 벽 중간에 걸려진 커다란 원판들과 거기에 쓰여진, 알라는 유일한 신이고 마호메트는 예언자라는 아랍 글자들이 매우 예술적으로 보였다. 그것은 후일 이슬람교도들이 만들어놓은 것이었다.

천장에서부터 길게 내려온 줄에 매달린 낡고 고풍스런 샹들리에들도 눈길을 끌었으며 파랗고 빨간 빛을 띠는 스테인드글라스들 사이로 스며드는 빛과 대리석 벽들에 대칭으로 난 은은한 결도 인상적이었다. 그리고 이층 갤러리의 벽에 그려진 기독교 성화들은 회칠로 많이 흐려져 있었지만 그래도 종교적인 성스러움과 예술성을 느낄 수는 있었다.

그러나 이 사원의 은은한 미(美)와 역사가 가슴에 깊이 와 닿았던 것은 그로부터 오랜 세월이 지난 두번째 여행에서였다. 그리스 정교에 대해서 알고 나서 보았기 때문이다.

4세기에 로마가 이곳으로 수도를 옮기면서 콘스탄티노플은 동로마(비잔틴제국)의 수도로 비약적인 발전을 한다. 그리고 5세기 중엽, 서로마가 게르만 민족의 침입을 받아 멸망하자 동로마는 로마의 적통을 잇는 비잔틴 제국으로서 찬란한 문화를 꽃피우게 된다.

그런데, 종교는 좀 달랐다.

전통적으로 예루살렘, 알렉산드리아, 안티오키아, 콘스탄티노플, 로마 등의 5대 교구 중에서 가장 힘이 센 곳은 로마 교구였고, 서로마가 망한 후에도 오히려 정신적 지주로서 로마 주교의 권한은 더욱 강해졌다.

이런 가운데 로마 교구는 교리와 의식의 때문에 11세기에 독자적으로 로마 가톨릭 교회를 발족시킨다.

이것이 우리에게 익숙한 바로 그 가톨릭이다. 그후 잘 아는 바와 같이 가톨릭은 전 세계로 뻗어나갔으며 타락과 쇄신을 거듭하는 가운데, 프로테스탄트(개신교)가 생기게 된다.

한편, 나머지 비잔틴 제국 내에 있던 다른 교구는 동방 정교회를 발족시키는데, 그리스가 중심이 되어 흔히 그리스 정교회라고도 불린다.

이들은 자기들이야말로 예전부터 이어져 내려온 기독교의 적통이라고 자부했지만, 15세기 중엽에 이스탄불이 오스만투르크 제국에 의해 함락되면서 그리스 정교회는 힘을 잃고 이번에는 러시아 정교회가 동방 정교회의 중심이 되었다.

지금도 러시아 정교회의 자부심은 대단한데, 후일 나는 러시아를 여행하며 아야 소피아 사원과 비슷한 양식의 아름다운 사원들을 수없이 보았다.

그런 과정을 거치고 난 후, 모든 정교회 사원들의 총 본산이라고 할 수 있는 아야 소피아에 오니 감회가 새로웠다.

빛 바랜 성화와 낡은 벽 그리고 이교도의 상징물이 혼합되어 옛 시절의 영광을 보여주고 있지는 않았지만, 어딘지 모르게 은은한 품격이 느껴졌다.

약 천오백 년의 세월을 버텨온 그 사원에는 수많은 상징과 사연이 담겨져 있었다.

둥근 돔 형태의 지붕은 하늘을 상징하고, 그 형태는 먼 옛날부터 동로마가 접촉한 중앙아시아의 유목민족들의 이동식 주거지인 둥근 유르트(겔)의 영향을 받았다는 설도 있으며, 후일 이런 양식은 수많은 그리스 정교회 사원들과 이슬람교 건축 양식에도 영향을 미쳤다고 한다.

바로 그런 축적된 사연들로 인해, 아야 소피아는 산전수전 다 겪어낸 넉넉한 노인처럼 보였다. 노인의 품속을 거닐듯, 사원을 돌아보다 지붕 정중앙 밑에 서보았다.

위를 올려다보니 텅 빈 공간처럼 보이는 거대한 지붕 부근에는 정교하고 아름다운 문양들이 새겨져 있었고 수많은 창문들을 통해 하얀 빛들이 쏟아져 들어오고 있었다.

그 빛을 느끼며 잠시 눈을 감고 호흡을 가다듬어보았다.

얼마나 되었을까?

천장에서 내려온 맑은 기운이 몸 속으로 흘러들며 정신이 맑아지는 것 같았다.

사람은 우뚝 솟은 산 앞에 서면 호연지기가 솟아나고 드넓은 지평선을 바라보면 가슴이 확 트이는 경험을 하게 된다. 그런데, 높고 높은 천장 밑에 있으니 하늘에서 어떤 성스러운 기운이 쏟아지는 것만 같았다.

어쩌면 예전 사람들은 바로 이런 점을 알고 있었기에 이렇게 지붕을 높고 거대하게 만든 것은 아닐까?

황홀한 술탄 아흐메트 모스크

아야 소피아 사원이 비잔틴 제국의 영광이라면 술탄 아흐메트 모스크는 오스만투르크의 자랑이었다.

이 모스크는 겉모습도 장엄했지만 안도 매력적이었다. 처음 들어갔을 때, 안에는 경건한 고요가 가득 고여 있었고 붉은 카펫 위에서 현지인들은 절을 하거나 구석에서 차분하게 앉아 기도를 하고 있었다. 거대하고 높은 천장 주변 그리고 260개의 아름답고 정교한 문양들이 가득 찬 크고 작은 창문들을 통해 석양빛이 스며들고 있었고 그 빛을 받아 실내는 은은한 파란색이 감돌았다.

1609년부터 1616년 사이에 터키의 가장 위대한 건축가 미마르 시난의 제자가 만들었는데 다른 모스크와는 달리 미나레트(첨탑)가 여섯 개나 있었고 내부에 아흔아홉 가지 종류의 파란색 타일 2만 1천 장 정도가 있어서 블루 모스크라고도 불리고 있었다.

과연 오스만투르크가 자랑으로 삼을 만한 모스크였다. 그러나 내가 술탄 아흐메트에서 감격한 것은 역사도, 건축도, 수치도 아니었다. 나를 감격시킨 것은 파르스름, 노르스름, 불그스름한 창문의 문양을 통해 스며드는 석양빛의 아름다움이었다. 그 아름다움에 취하자 내 마음은 자연스럽게 절대자에게 기도하는 것처럼 고요해졌다. 그리고 어둠이 짙어지면서 크고 작은 샹들리에들에 빛을 발하기 시작했다. 그 순간, 파란색 타일, 붉은 석양빛, 노란 샹들리에 빛들이 함께 어우러지면서 신기하게도 내 머릿속에서 음악 소리가 들려오고 있었다. 멜로디가 담긴 종소리였다.

뎅그렁 뎅그렁…….

물론, 현실의 소리는 아니었다. 하지만 구슬처럼 빛나는 샹들리에의 빛들이 내 머릿속을 통과하면서 그런 소리가 나는 것만 같았다.

구석에 홀로 앉아 그 황홀한 빛과 음에 취해 있던 순간, 말로 표현하기 힘든 평화와 안식이 내 가슴속으로 스며들고 있었다.

인간의 내면에 깃들인 착하고 성스런 심성을 불러내는 점이 바로 종교의 가장 위대한 점이 아닐까?

그 어떤 종교든 그 앞에 겸허하게 서면 나는 행복했다.

쓸쓸한 겨울, 석양빛이 세상을 가득 메우는 저녁나절의 술탄 아흐메트 모스크는 나에게 이런 달콤한 시간을 맛보게 해준 것이다.

그후 이스탄불에 있는 동안 저녁나절이면 나는 종종 술탄 아흐메트 모스크에 갔다. 그곳에서 빛에 취하던 순간이 나의 경건하고 거룩한 기도 시간이었다.

예레바턴 사라이

아야 소피아 사원 맞은편에 음침한 지하 식수 저장고가 있었다.
지금은 쓰이지 않고 과거 동로마 시절 멀리 떨어진 곳에서 물을 끌어와 저장했던 곳으로 길이 141미터 넓이 73미터에 약 8미터 높이의 대리석 기둥 336개가 받치고 있는 거대한 곳이었다.
겨울철에 들어가본 그곳은 관광객도 별로 없는데다 조명도 어두컴컴하고 공기도 음습해서 기분이 나빴는데 어디선가 우울한 여인의 소프라노 노랫소리까지 흘러나오고 있었다.
어둠 속에서 곤두박질 치는 계단을 따라 조심조심 내려가니 수많은 기둥들 사이로 통로가 나 있었다. 통로를 따라 천천히 걸어가니 저 멀리 구석에 랜턴을 든 사람들 몇 명이 걸어가는 것이 보였다. 그들을 따라 구석으로 가니 희미한 불빛 속에서 커다란 사람 머리를 거꾸로 세워놓은 기둥받침들이 여러 개가 보였다. 바로 그리스 신화에 나오는 메두사로, 머리칼 대신 뱀이 나 있는 흉악한 모습이었.
메두사.

그리스 신화에 보면 제우스의 아들인 영웅 페르세우스에 의해 괴물 메두사는 목이 잘려진다. 메두사는 특별한 능력을 가진 괴물이었다. 그녀의 눈을 보는 순간 모두 돌이 되어버리는데 페르세우스는 그녀를 직접 보지 않고 청동 방패에 비추어 보면서 잠든 메두사의 목을 치게 된다. 그때 흘린 피에서 천마 페가수스가 탄생하며, 페르세우스는 메두사의 목을 들고 가다 바닷가에 놓았는데 해초가 메두사의 머리에 닿자 산호로 변하게 된다. 이것이 산호가 탄생하게 된 계기였다.

그녀는 원래 아름다운 여인으로 바다의 신 포세이돈의 사랑을 받았다. 포세이돈은 메두사와 사랑을 나누었는데 그 장소가 미네르바 여신의 신전이었다. 이것이 문제였다. 제우스의 딸인 미네르바 여신은 엄청난 모욕감을 느껴 메두사에게 저주를 내렸고, 결국 메두사는 흉측한 모습으로 변하며 머리카락은 모두 뱀이 되어버린 것이다.

아무리 신화지만 억울한 여인이었다. 기구한 운명을 가진 메두사는 기독교도들에게도 흉측한 인물로 저주받아 이렇게 음습한 곳에서 거꾸로 세워져 아직까지 고초를 겪고 있는 것이다.

실내 공기는 축축했고 심상치 않은 클래식 음악은 괴기스러웠다. 이런 분위기에서 메두사의 머리를 보고 있자니 소름이 오싹 끼쳐왔다.

그러나 십여 년이 흐른 후, 여름에 다시 가보니 안은 훨씬 밝아진 조명과 아름다운 음악으로 흥겨워져 있었고 카페까지 들어서 있어 격세지감을 느낄 수밖에 없었다.

이스탄불

톱카프 궁전

　　보스포루스 해협을 내려다보는 언덕 높은 곳에 오스만투르크 제국의 술탄이 살던 톱카프 궁전이 있다.
　　터키어로 톱은 대포, 카프는 궁전을 뜻한다니 우리 식으로 말하면 '대포 궁전'이다. 예전에 거대한 대포가 있어서 그런 이름이 붙었다는데 대포는 보이지 않고 입구에 멋진 제복을 입은 병사가 야무진 표정으로 서 있을 뿐이다.
　　톱카프 궁전은 유목민의 자취가 물씬 풍기는 곳이었다. 톱카프 궁전의 약도를 보면 금방 알 수 있지만 궁 전체의 모습이 들쑥날쑥하고 건물의 배치도 자유분방했다. 어느 나라 궁전이든 좌우가 대칭을 이루는데 이곳은 좀 무질서해 보일 정도로 그렇지 않았다.
　　농경 민족은 협조해야 산다. 모 내고, 물 대고, 추수하고…… 이런 협동을 효율적으로 하자면 지도자와 시스템의 역할이 커진다. 이런 농경 민족이 만든 궁은 자연히 정교한 기획하에 건설되고 수많은 의미가 부여될 것이다.

그러나 유르트를 쳐놓고 말과 양을 먹이다가, 땅이 메말라지면 미련 없이 풀을 찾아 훌쩍 떠나는 유목민들은 협동 시스템보다는 조그만 부족 단위 지도자의 결단, 기민성, 독립성 등이 발전하는 것이다. 즉 지도자의 '의지'와 '타이밍'이 중요한 것이다. 그러다 보니 정확성보다는 활달함과 역동성이 중요하게 된다. 지금까지도 터키 사람들에게는 유목민 습관이 남아 있어서 집 구조나 가풍도 규격에 맞추기보다는 가장들에 따라 조금씩 다르다고 한다.

이곳에는 각종 보물들이 있는 보석관이 있는데 특히 칼에 박힌 에메랄드와 세상에서 세번째로 크다는 86캐럿짜리 화려한 다이아몬드 앞에서 사람들은 발길을 떼지 못했다.

그곳에는 예수의 제자인 성 요한의 팔과 두개골도 있었고 이슬람교의 창시자인 마호메트의 머리카락과 콧수염 같은 것도 있어서 흥미를 끌었지만, 내가 톱카프 궁전에서 가장 좋아하는 장소는 보스포루스 해협을 내려다보는 곳이었다.

구경을 하다가 그늘에 앉아 파란 바다를 바라보는 휴식 시간이 꿀맛 같았다. 그곳은 풍경이 좋아서 많은 사람들이 사진을 찍는 곳이기도 했다.

보스포루스란 그리스말로 '암소가 헤엄친 곳'을 뜻한다. 신화에 의하면 바람둥이 제우스가 어느 여인을 사랑했는데 눈치 빠른 질투의 화신인 제우스의 아내 헤라 여신이 모를 리가 없었다. 급했던 제우스는 사랑하는 여인을 숨기기 위해 암소로 변하게 했고, 헤라는 괴물로 하여금 암소를 쫓아다니고 감시하게 했다. 그때, 암소가 비명을 지르며 헤엄쳤다는 곳이 바로 저 보스포루스 해협이었다.

그곳에 앉아 바람을 쐬고 있으려니 이 궁전은 참 자연스럽다는 느낌이 들고 있었다. 수목이 우거진 풍경도 자연스러웠고 건물들도 자연스럽게 배치되어 있었으며 억지로 수로 같은 것을 만들지도 않았고 아름다운 바다가 내려다보이는 언덕에 자연스럽게 만든 것이다.

그러나 톱카프 궁전에서 가장 자연스럽지 않은 곳이 한 군데 있었으니 바로 하렘(harem)이었다.

하렘은 아랍어인 하림이 터키어화한 말로서 본래는 '금지된, 신성한'이라는 의미였고, 이슬람 세계에서는 민가나 궁정에서 부인들이 거주하는 장소를 일컬었는데 후일 궁정에서 술탄의 궁녀들이 거주하는 곳이 되었다. 하렘에는 수많은 방이 있었다. 약 400여 개의 방과 1,500여 명의 궁녀들이 기거했다는데 그들을 감독하는 사람들은 환관이었고 하렘에서 가장 큰 실권을 가진 사람은 술탄의 어머니였다.

많은 궁녀들은 일단 이곳에 들어오면 죽을 때까지 밖에 나가지 못했으며 하렘 안에는 술탄의 친족들과 오달리스크(여자 노예들)들이 살았다고 한다.

세계 각지에서 포로로 잡혀온 여자, 노예 상인에게서 구입한 여자, 고관이 헌납한 여자들은 모두 노예가 되어 글, 무용, 자수, 악기 등을 배우며 술탄의 눈에 띄기를 기다렸는데, 1909년 압둘 하미드 2세가 퇴위당하면서 하렘은 폐쇄되었고 지금은 관광객들의 눈요깃거리로 전락한 것이다.

고고학 박물관

톱카프 궁전의 근처에는 알렉산더 대왕의 석관이 있는 고고학 박물관이 있다.

서기 187년 레바논의 시돈에서 발견되었다는 이 석관 안에 정말 알렉산더 대왕의 유체가 들어 있었을까?

기원전 4세기, 알렉산더 대왕은 바빌론에서 죽으며 이집트의 시와 오아시스에 묻어달라고 유언을 남겼었다. 시와 오아시스는 이집트와 리비아 국경 사이의 거대한 리비아 사막에 있는 오아시스인데, 그곳에 갔을 때 보니 이집트에서 가장 유명했던 아문 신전 터가 남아 있었다. 아문 신은 후일 그리스의 제우스 신으로 변모되는데, 알렉산더는 스스로를 아문 신의 아들로 믿었고 살아 생전에도 시와 오아시스의 아문 신전을 방문한 적이 있었다. 그는 시와 오아시스를 자신의 고향으로 생각했던 것이다.

그러나 그가 죽은 후, 유체를 자신의 정통성의 근거로 삼으려 했던 부하에 의해 그의 시신은 이집트의 알렉산드리아의 지하에 안치된 걸로 알려졌으나 세월이 흐르면서 어디로 갔는지 묘연해졌다.

나는 십여 년 전 이집트 알렉산드리아에서 그 시신이 있었다는 지하묘 안치소를 보려고 했으나 이미 폐쇄되어 있었다. 그리고 얼마 전에 알렉산더의 흔적이 시와 오아시스에서 발견되었다는 뉴스도 있었으나 확실히 인정받은 것은 아니라고 한다. 어쨌든 알렉산더는 죽어서도 그의 전설을 곳곳에 남기고 있는 것이다.

석관도 화려했지만 관 주변에 새겨진 부조들도 볼 만했다. 뒤에 있는 또 다른 석관에는 알렉산더 대왕의 죽음을 슬퍼하는 여인들의 부조가 새겨져 있었는데 빛과 어우러진 그 표정들이 매우 사실적이어서 눈길을 끌었다.

고고학 박물관에는 히타이트와 이집트 간에 체결된 평화 협정문이 새겨진 설형 점토판도 있었다. 인류 최초의 평화 협정이라고 알려져 있는데 이것이 발견됨으로써, 기원전 13세기에 일어났던 카데시 전투가 결코, 이집트의 람세스 2세가 주장하듯 이집트의 일방적인 승리가 아니었다는 것이 밝혀졌다고 한다. 이것이 발견되기 전까지는 이집트 역사의 기록에 의거해 람세스 2세가 대승을 거둔 것으로 알려졌으나 실제로는 히타이트 왕국이 이겼거나 최소한 대등한 전쟁이었던 것이다.

슐레마니에 모스크

슐레마니에 모스크와 예니 모스크

이스탄불에서 열심히 구경하다가 문득, 이런 생각을 한 적이 있었다. '내가 숙제를 하는 학생도 아니고…… 이럴 필요까지 있겠는가.'
쉬고 싶었다. 이스탄불에서만큼은 보는 것으로부터도 해방되어 휴식을 즐기듯 보내고 싶었다.
그렇다. 여행중에도 휴가는 필요했다.
그때부터 나는 관광객들이 별로 가지 않는 위스크다르 지역이나 또 다른 아시아 지역인 카드쾨이 지역을 향해 배를 탔다. 관광지에서 맛보기 힘든 풋풋한 인심을 즐기며 거리를 걷다가 가끔 카페에 홀로 앉아 차를 즐기던 시간이 행복했다.
슐레마니에 모스크와 예니 모스크도 비록 유명한 모스크였지만 지도를 접어두고 정처 없이 걷던 나로서는 우연히 만난 모스크들이었다.
언덕 사이사이로 난 오밀조밀한 골목길을 걸으며 사람들의 체취를 맡다 보니 갑자기 슐레마니에 모스크가 나타났었다. 16세기 중반 가장 위대한 군주 슐레이만 1세 때, 터키의 가장 위대한 건축가인 미마르 시난에 의해 만들어진 이 모스크는 술탄 아흐메트 모스크 못지 않게 매력적인 곳이었지만 나에게는 모스크 자체보다 하염없이 걷다가 예기치 않게 불쑥 나타나는 그 '순간'이 더 소중했다.

또한, 이집트 바자르에서 물건을 구경하다 바다 쪽으로 나가는 순간 예니 모스크가 불쑥 나타났었다.

새로운 모스크란 뜻의 이 모스크는 17세기 중반 어느 술탄의 어머니를 위해 우여곡절 끝에 만들어졌다는데 내가 이곳을 좋아한 이유는 거기서 내려다보이는 갈라타 대교와 바다 그리고 평화로운 풍경 때문이었다. 모스크 주변에서 노인들은 휴식을 즐겼고 연인들은 데이트를 즐겼다. 그리고 모스크 앞에는 언제나 수많은 비둘기들이 날아다녔고 아이들은 그 뒤를 쫓아다녔다.

모스크 안에 들어가 조용히 명상에 잠긴 적이 있었다. 이 모스크 안에는 보스포루스 해협을 거쳐온 시원한 바닷바람이 늘 감돌았다. 관광객이 거의 없는 이곳에서는 기도 시간이라도 통제하지 않았기에, 나는 이들이 기도하는 동안 뒤편에 홀로 앉아 신과 함께 하는 경건하고 평화로운 시간을 보냈었다.

쉴레마니에 모스크와 예니 모스크가 내 기억에 선명한 이유는 아름다워서라기보다 그렇게 정처 없이 걷다가 우연히 만났기 때문이었을 것이다.

여행중, 가이드북과 지도는 필수였다. 그러나 너무 거기에 의존하고 투철하게 여행하면 종종 여행이 피곤해진다. 가끔은 모두 가방에 집어넣고 휴가를 즐기듯 정처 없이 걷다 보면, 보는 대상보다 만나는 순간이 더 소중하게 다가오는 그런 때가 있었다. 그 순간이야말로 나만의 여행이었다.

기도하는 사람들, 예니 모스크

춤추는 환율

터키의 인플레는 기가 막혔다.

2002년도 8월 공항에서 환전을 하며 당혹스러웠다. 100달러를 바꾸고 나니 약 1억 6천 2백만 터키쉬 리라(162,000,000TL)를 손에 쥔 것이다. 2천만 리라(20,000,000TL) 지폐로 하면 여덟 장밖에 안 되어 양은 많지 않지만 뒤에 늘어진 0을 보니 어지러웠다.

1991년도 12월에는 1달러에 약 5천 리라였는데 십일 년만에 다시 와 보니 1달러에 162만 터키쉬 리라였던 것이다. 그리고 일 년 후인 2003년도 6월에는 달러의 약세로 1달러에 140만 리라였으니 터키의 환율은 늘 춤추고 있었다.

공항 버스를 타니 7백만 리라, 대중 식당에 가서 밥 한끼 먹으면 보통 4,5백만 리라…… 이러니, 어마어마한 단위 앞에서 처음 오는 여행자들은 혼란스럽기만 한데, 여행을 하면서 점점 보는 방법이 달라지게 되었다. 뒷자리의 0 세 개를 떼어내고 보는 것이다.

즉 1달러에 1,420(000) 터키쉬 리라지만 1,420원 정도로 보였다.

도대체 터키 정부는 뭐하고 있는 것일까?

한 십 년 후쯤에는 0을 여섯 개나 떼어내서 보아야 될 정도로 올라가는 것은 아닐까?

이렇게 혼란스럽건만, 터키인들은 잘 살고 있다.

시장에 가면 잡화점 상인들도 모두 이렇게 외치고 있다.

"이키 밀리온(2백만)" "베쉬 밀리온(5백만)" "온 밀리온(1천만)"

하도 듣다보니 여행 중반에는 차차 백만이란 뜻의 '밀리온(Million)'이 '천'으로 들려오기 시작했다.

터키에 가면 백만장자가 된 기분이 든다.

그랜드 바자르와 이집트 바자르

나는 시장 구경은 좋아하지만 쇼핑은 싫어한다. 여행중에 물건을 사면 배낭이 무거워지기 때문이다. 또 다른 이유는 흥정이 싫어서다. 정찰제라면 모르겠지만 안 깎으면 바가지 쓰는 것 같고, 너무 깎으면 야박해 보여서 늘 고민이 된다.

터키는 흥정 문화가 발달한 곳이었다. 그만큼 물건 살 때는 마음이 편치 못했다.

그래서 아예 물건을 사지 말자고 다짐하며 나는 이스탄불의 그 유명한 그랜드 바자르로 향했다.

이 시장은 콘스탄티노플을 정복한 메메드 2세 때인 1463년에 건설되었다는데, 목조 건물이어서 수많은 화재가 났었다. 터키 사람들이 지붕이 있는 건물이라는 뜻의 '카팔르 차르슈'라고 부르는 것처럼 이곳은 지붕이 덮인 거대한 옥내 시장으로 3만 제곱킬로미터의 면적에 3,300여 개 정도의 상점이 있다고 한다. 그러니 관광객들이 길을 잃는 것도 당연한데 그렇게 헤매며 보는 세상은 바로 아라비안 나이트의 세계였다.

확 뚫린 넓은 대로에는 화려한 금은 보석집이 끝없이 이어져 있었고 아무리 걸어도 끝나지 않을 것 같은 길을 걷다가 비탈길로 접어드니 각종 의류, 촛대, 알록달록한 조명 기구, 기념품, 아라비아 문양들이 가득 새겨진 화려한 접시와 도자기 가게 등이 빼곡이 들어서 있었다.

아, 사람의 마음이란 이렇게 간사한가.

사면 안 돼, 사면 안 돼 하면서도 그 화려한 물건들을 보니 가슴이 설레기 시작했다.

특히 알록달록한 문양이 새겨진 접시와 화려한 등을 사고 싶었다. 그 접시에 음식을 담아 먹고 집에 등을 달면 마치 내가 오스만투르크 제국의 술탄이라도 된 것 같은 기분을 느낄 수 있을 것 같아서였다.

그러나 나는 물건을 사지 않고 구경만 하다 나왔다.

두번째 여행에서도 실컷 구경만 하다가 음악 CD만 샀을 뿐이다.

"얼맙니까?"

"일천이백만 리라요."

젊은 사내는 그렇게 값을 불렀는데, 그 당시 환율로 볼 때 한국돈으로 약 9천 원이었으니 비싼 것은 아니었다.

그러나 그랜드 바자르가 어떤 곳인가. 깎지 않으면 바가지를 쓴다는 말을 가이드북에서 얼마나 보았던가.

"깎읍시다."

"물론이지요…… 이번 월드컵에서 한국인들이 터키를 응원해주어서 얼마나 고마운데요."

2002년 8월은 터키 어딜 가나 월드컵 얘기였는데 그도 그렇게 말하며 1천만 리라로 깎아주었다.

나중에 알고 보니 터키의 CD 가격은 제품마다 천차만별이었는데 그 CD는 어딜 가나 1천2백만 리라를 받고 있었으니 그는 분명히 싸게 판 것이었다.

그뿐이 아니라 조그만 선물까지 주었다. 파란색 돌에 눈동자처럼 하얀 무늬가 있는 조그만 돌을 옷깃에 달아주며 이렇게 말했다.

"이건 '악의 눈 구슬(Evil eye beads)'이라는 건데요, 터키 사람들은 '나자르 본죽'이라고 하지요. 나쁜 사람이 보면 이 돌이 부서지니까, 혹시 여행하다 누굴 만났는데 이 돌이 부서지면 그 사람은 악인이니까 조심하세요."

그가 준 구슬 때문일까, 여행중 불미스런 일은 한번도 일어나지 않았다. 이렇듯, 바가지가 난무한다는 그랜드 바자르에도 인심이 있었다.

그랜드 바자르가 잘 정리되어 있고 조용한 곳이라면 예니 모스크 뒤쪽의 이집트 바자르는 시끌벅적한 시장이었다. 수많은 향료, 찻잔, 사과차, 물담배 파이프 등 관광객을 상대로 한 상품은 물론, 서민용 옷가게, 가방 가게, 과일 가게 등과 노점상들이 빼곡이 들어서 고함 소리로 어수선한 곳이었다.

특히 주말이면 이곳 앞에는 거대한 노천 시장이 들어서 장관이었다. 그들의 고함과 몸짓 사이를 거니노라면 삶의 활력이 솟구치곤 했다.

이곳에서 세번째 여행 마지막 날 쇼핑을 하다가 찻잔 세트를 산 적이 있었다. 조그만 찻잔과 찻잔받침이 여섯 개가 든 세트였는데 고민이 되었다. 나는 이런 걸 보는 눈이 모자란다. 혼자서 결정하기가 힘들어 만지작거리는데 터키 종업원은 가격 때문에 그러는 줄 알았나 보다. 처음에 3천만을 부르던 사내는 인심 쓰듯 팍 깎아주었다.

"아, 이거 마지막 가격이 이천오백만 리라입니다. 살려면 사고 말려면 마쇼."

그 당시 환율로 약 2만 원 돈.

이게 싼 건가 비싼 건가. 평소에 한국에서 사봤어야 알지.

머뭇거리며 2천만 리라를 얘기했더니 성질 급한 종업원, "이천이백오십만"을 외쳤다.

그렇게 합의를 했는데 돌아서며 뭐라 중얼거렸다. 표정과 발음을 유추해서 볼 때, '나는 일본 사람 싫어'라고 말한 것 같았다.

그러니까, 내가 너무 요모조모 따지는 일본 사람인 줄 알았나 보다. 돌아서고 나니 씁쓸했다.

내가 너무 야박했나?

그러나 다른 곳에서 물어보니 처음부터 "이천오백만"을 부르고 있었다.

뭐, 그리 깎은 것도 아닌데…….

근처 가게에서 '사과차'를 사면서 흥정하기 귀찮아 여러 개 살 테니 좀 깎아달라고 말하자, 사내는 조금 깎아주었다.

"그럽시다."

이번에는 흥정하기 싫어 선선히 수락했는데, 주인은 마지막에 척, 덤으로 한 개를 더 주는 게 아닌가.

기분 좋았다. 그후 상인의 걸쭉한 입담에 속아 은으로 세공한 나자르 본죽을 좀 비싸게 산 적도 있지만, 그저 약간 비싸게 부르다 조금 깎아주는 상인들도 많은 것 같았다. 그러다 기분 좋으면 인심도 팍 써서 한국의 재래시장 인심을 보는 것만 같았다.

터키 어디서나 맛볼 수 있는 되네르 케밥

위스크다르

위스크다르란 노래를 아시는지.

아마 그 멜로디를 들으면 '아, 그 노래' 하며 무릎을 치는 분들이 많을 것이다.

'위스크다르' 라는 곡은 터키의 민요고, 아시아 지역에 있는 한때 번영한 곳이었다.

그곳으로 가는 길은 매우 쉬웠다. 갈라타 대교의 부두에서 통근용 배를 타니 이십 분도 채 안 걸려 위스크다르의 부두에 도착했다.

위스크다르는 관광지와는 분위기가 딴판이었다. 관광객이 별로 나타날 이유가 없는 이곳에서, 간이 상점의 점원들은 수줍은 미소를 던졌고 아이들도 호기심 어린 눈초리를 던졌다.

이곳에는 맥도날드와 번잡한 차량으로 붐비는 현대적인 거리도 있었지만, 언덕 골목길로 접어드니 그래도 예스러운 정취가 남아 있었다.

위스크다르는 언덕이었다. 언덕길 곳곳에는 예전의 목조 건물은 보이지 않았지만 낡은 아파트들의 창문에는 예쁜 화분들이 있었고 한적한 그 길을 시원한 바람이 달렸으며 어디선가 노랫소리도 들려왔다.

구멍가게와 과일가게 그리고 솜틀집이 거리 곳곳에 숨어 있었고 그 늘진 건물 계단에 앉아 딱지치기를 하는 아이들도 있었다. 여인이 베란다에서 카펫을 탈탈 털었고 적막 속에서 새소리가 울려 퍼졌다.

그런 적막한 거리를 걷다 보니 언덕 위 집들 사이로 파란 바다가 보였다. 보스포루스 해협과 보스포루스 대교를 바라보는 그 집들은 바다 쪽으로 적당한 정원이 있었다. 그 정원에서 웬 노파와 아이들이 웃고 있었다.

비록 호화로운 집들은 아니었지만 한적한 정원에서 바닷바람을 맞으며 저 바다와 육지를 내려다보는 사람들…….

아, 이런 데서 살아보았으면, 낮에도 이렇게 좋은 풍경인데 야경은 또 어떻겠는가?

풍경도 좋았지만 나는 이 동네에 깃든 한적함과 평화로움이 좋았다. 풍경 좋은 곳이기에 온갖 호화로운 별장과 음식점들이 생길 만한 곳이었지만, 이곳에는 아직도 한적하고 서민적인 낭만이 깃들여져 있었다.

그렇게 휘 둘러보고 떠나려다 나는 그곳에 작은 인연을 만들었다.

부두 앞에 황금색 구두닦이대가 주욱 늘어서 있었는데 열을 지어 앉아 있던 구두닦이 노인들의 사진을 찍자, 한 노인이 웃으며 담배 한 대만 달라는 표정을 지었다. 결코 관광객을 상대로 '강짜'를 부리는 것이 아니라 담배 한 대 나눠 피자는 그런 시늉이었다. 이내 가게에서 담배 한 갑을 사서 그 노인에게 갖다 주자 옆의 노인들까지 모두 "오, 알라!" 하며 크게 소리치며 웃었다.

사진 찍은 대가라기보다는 나는 정을 그렇게 주고받고 싶었다.

위스크다르에서 만난 아이들

오리엔트 특급 열차와 애거서 크리스티

금각만을 내려다보는 언덕에 유럽 대륙의 끝이며 아시아의 관문이었던 시르케지 역이 있었다.

런던, 파리, 베네치아, 베오그라드, 소피아, 이스탄불을 왕복했으며, 애거서 크리스티의 소설 『오리엔트 특급 살인 사건』에 나오던 그 열차의 종착역이다.

비행기가 발달하고 냉전체제에 영향을 받아 줄어든 승객 때문에 오리엔트 특급 열차는 1977년에 중단되었지만, 동유럽을 거쳐 유럽까지 운행하는 열차는 여전히 남아 있었다. 하지만 세월 따라 시르케지 역사는 퇴색했고 승객들도 별로 없어서 역사는 늘 텅 빈 풍경이었다. 오직, 역사의 둥근 창에 만들어진 아름다운 스테인드글라스의 문양이나 고풍스런 시계 등에서 그 시절의 번성을 잠시 엿볼 수 있을 뿐이었다.

예전의 유럽인들은 모두 시르케지 역에 도착하면 바다 건너편 언덕 위에 있는 베이욜루 지역의 페라 팰라스 호텔에 묵었다고 한다. 그 당시에는 이곳 외에는 변변한 호텔이 없었는데, 애거서 크리스티는 이 호텔의 411호실에서 『오리엔트 특급 살인 사건』을 썼고 터키의 국부 케말 아타튀르크는 101호실에 묵었다고 한다.

특히 101호실은 박물관으로 만들어졌다고 해서 찾아가 보았다. 갈라타 탑에서 이스티클랄 거리를 따라 택심 광장으로 가던 중, 중간에 왼쪽의 베이로즈 소칵 골목으로 꺾어지니 얼마 안 가 바다가 내려다보이는 곳에 페라 팰라스 호텔이 있었다.

들어가 보니 현대식 넓은 로비가 있는 것이 아니라 세월이 느껴지는 목조로 만들어진 로비였다.

바로 앞의 관광안내소 앞에서 정장을 한 노인에게 물었다.

"아타튀르크 박물관을 볼 수 있나요?"

"물론이지요. 지금 박물관을 공개하지는 않지만 원하신다면."

정식으로 개관한 것이 아니었기에 입장료도 없었고 그냥 개인적으로 보여준다는 것이었다. 노인을 따라 이층으로 올라가자 101호실이 나왔다. 노인이 열쇠로 문을 따자 방이 나왔는데 생각보다 좁은 방에는 목조 침대가 있었고 벽에는 아타튀르크의 사진이 걸려 있었다. 매우 검소한 분위기였는데 다만 창 밖으로 보스포루스 해협이 보인다는 것이 좋은 정도로 느껴질 뿐이었다.

"애거서 크리스티가 묵던 방도 볼 수 있습니까?"

"그 방은 지금 손님이 묵고 있어요."

그러니까 그 방은 특별히 관리를 하는 게 아니라 일반 투숙객들이 사용하고 있는 것이다.

애거서 크리스티는 그방에 묵다가 1926년 12월 3일, 실종되었다고 한다. 그 당시 어머니가 죽고 남편이 바람을 피워서 심한 우울증을 앓았던 그녀는 기억 상실로 인해 11일간 사라졌던 것이다. 그 기간 동안 그녀가 어디서 무슨 일을 했는가는 여전히 미스테리로 남아 있고 분실된 그 방의 열쇠는 후일 미국의 무속인이 크리스트의 혼령으로부터 계시를 받아 찾아냈다고 한다.

그 방을 보지 못한 채 발길을 돌리는데 갑자기 노인의 눈이 빛나기 시작했다.

돈.돈.돈.

노인은 말을 하진 않았지만 속으로 그렇게 주문을 외고 있었다. 나는 분명 그런 텔레파시를 느꼈다.

그렇다. 당연히 주어야 할 팁이었다. 그런데 얼마를 주어야 하나?

짧은 순간, 고민을 하다 나로서는 후하다고 생각되는 돈을 주었는데 글쎄, 일류 호텔에서 근무하는 그가 만족했는지는 알 수가 없다.

이럴 때가 고민이었다. 정해진 액수가 있다면 모르겠는데 알아서 준다는 것이.

음악회

톱카프 궁전 안의 다르페인 빌딩이란 곳에서 열리는 오토만 전통 음악회에 간 적이 있었다. 다르페인 빌딩이란 허름한 궁전을 약간 개조해 만든 곳인데, 조촐한 무대 앞에 간이 의자들이 놓여져 있었고 백여 명의 관광객과 현지인들로 이미 꽉 차 있었다.

연주자는 모두 열 명이었는데 왼쪽의 세 명은 노래만 했고 오른쪽의 여섯 명은 악기를 연주했으며 중간의 한 명은 전체를 리드하며 노래도 하고 탬버린 같은 악기도 쳤다.

처음의 현악기 연주는 매우 감미로웠다. 그러다 노래가 시작되었는데 반음이 많은 곡이었다. 처음에는 호기심으로 들었으나 중앙아시아 혹은 아랍의 음악 같기도 하고, 한국의 판소리처럼 단조롭고 반복되는 음악과 노래가 한 시간이 넘게 이어지자 지겨워지기 시작했다. 하루 종일 돌아다녀서 피곤한 탓도 있었을 것이다.

그러나 묘한 일이었다. 차차 그 음악에 익숙해지고 코드가 맞춰지자 나의 가슴은 조금씩 젖어갔다.

그러던 중 갑자기 한 사내가 '알라' 하고 외치더니 '어허허'라며 뱃속에서 흘러나오는 노래를 불렀으며 뒤이어 흐느끼는 듯한 현악기 소리가 이어지기 시작했다.

황홀했다. 사내의 굵직한 노랫소리가 계속 이어지는 동안 내 몸에서는 소름이 돋기 시작했다. 그렇게 숨넘어갈 듯한 감격은 계속 세 사람의 노랫소리를 따라 높아지고 있었다.

그런데 갑자기 웬 서양 남녀 둘이 벌떡 일어나 걸어나가기 시작했다. 젊은 그들은 매우 지루하고 불만스런 표정을 짓고 있었다. 그러자 연주자 중 한 여자의 안색이 어두워지고 있었다.

좀더 참고 귀를 기울이면 깊은 맛을 느끼련만, 그들이 인내하기에는 피가 너무 뜨거웠나 보다.

그런데 저 나이 먹은 서양 관광객들은 과연 이 동양적인 음악을 이해하는 것일까? 혹시 조는 것은 아닐까?

공연히 그런 걱정을 혼자 하고 있는데 연주가 끝나고 나자 감동적인 광경이 연출되었다. 단체 관광객으로 보였던 수십 명의 방청객들이 일제히 벌떡 일어나 기립 박수를 치는 게 아닌가.

전혀 예상치 못한 일이었다.

글쎄, 그들이 그 음악에 진정 감동 받아서 그랬을 수도 있고, 다만 예의로 그랬을 수도 있었다. 그러나 어쨌든 감동적이었다.

다시 앙코르곡이 이어지기 시작했다.

시원한 여름밤에 톱카프 궁에서 벌어졌던 작은 음악회는 터키 여행의 또 다른 맛이었다.

터키탕과 마사지

　터키탕을 터키 사람들은 하맘이라고 부르는데 매우 건전한 목욕탕이었다. 나는 터키 여행중 늘 그곳에 가보고 싶었는데 셀주크에서 처음 가보았고 두번째는 이스탄불에서 갔었다. 모두 겨울이었고 감기 기운이 있었던 터라 큰 기대를 했었다.
　이스탄불의 하맘은 관광객이 많이 들르는 곳으로, 중앙에 원형 모양의 커다란 대리석 단이 있었고 대리석 벽에는 화려한 조각도 있었다. 그리고 수도꼭지가 달려 있었다. 물이 담겨진 커다란 탕도 있었지만 우리처럼 사람이 들어가는 곳이 아니라 물을 퍼서 쓰게 되어 있었다.
　그러니까 한국식 탕과 다른 점이 있다면 뜨거운 물이 담긴 탕이나 사우나 실이 있는 것이 아니라, 찜질방처럼 뜨근뜨근한 대리석 단이 있다는 것이며 한국처럼 옷을 모두 벗지 않고 수건으로 가리거나 수영복을 입고 있었다.
　대리석 단 위에 올라가 드러누우니 따끈따끈한 열기에 온몸의 피로가 쫙 풀리며 졸음이 스르르 오기 시작했다.

이렇게 건전하고 좋은 터키탕이 왜 일본과 한국을 거치면서 이상하게 변질되었을까?

사람들은 머리를 중앙 쪽으로 하고 둥글게 누웠는데 모두 누우면 열다섯 명 정도는 족히 누울 넓이였다. 그곳에 몇 사람이 누워 있었는데 웬 아버지가 소년에게 운동을 시키고 있었다. 파란 수영복을 입은 아버지가 뭐라 하자 아들은 용을 쓰며 팔굽혀펴기를 했다. 부자가 모두 뱃살이 많이 붙은 비만형이었는데 아들은 낑낑거리면서도 시키는 대로 열심히 했다.

한 번, 두 번, 세 번…….

할 일이 없던 나는 그것을 세었는데 무려 오십 번이나 했다. 대단했다. 그러나 살이 그렇게 해서 쉽게 빠질까?

옆에서는 터키 사내가 드러누운 흑인을 마사지해주고 있었다. 사내는 손님의 온몸에 비누를 문지른 후, 팔, 다리, 가슴, 허벅지를 쥐어짜듯이 훑어내렸다.

목욕을 마치고 나오니 그곳에서 일하는 사내가 수건을 들고 닦아주겠다느니 향수를 뿌려주겠다느니 하며 치근거리는데 느낌이 별로 안 좋았다. 외국인들이 많이 오는 곳이다 보니 그렇게 해서 팁을 얻으려는 것 같았다. 정당한 서비스를 받고 팁 주는 거야 불쾌한 일이 아니겠지만 내 몸 닦는 것까지 그의 손을 빌릴 필요는 없었다.

어쨌든 터키탕 덕에 겨울철 감기와 여독에 시달리던 내 몸은 거뜬하게 회복되었다.

술탄 아흐메트 모스크에서 만난 꼬마 술탄

물담배 나르길레

터키에서 늘 해보고 싶었으면서도 하지 못하던 것이 있었다.
바로 나르길레, 즉 물담배를 피우는 것이었다.
담배를 즐긴다면 당장 피웠겠지만 오래 전에 담배를 끊었던 나로서는 필까 말까를 오랫동안 망설이다 세번째 터키 여행에서 드디어 시도해본 것이다.
사실 담배 맛보다 분위기를 맛보고 싶어서였다. 터키의 찻집에서 종종 볼 수 있는 모습인데, 노인들이 긴 호리병 같은 것을 앞에 두고 호스를 통해 느긋하게 연기를 빨아들이는 모습이 부러웠었다.
내가 처음 나르길레를 핀 곳은 술탄 아흐메트 광장 뒤쪽에 있는 한 노천 카페였다. 이곳은 관광객도 상대하지만 터키 현지인들도 많이 오는 곳이었는데 무대 중앙에서는 종종 감미로운 터키 전통 음악이 연주됐고 밤에는 수피춤 공연도 있었다.
여름 저녁, 어둠이 서서히 깔리는 그 카페에는 사람들이 삼삼오오 모여 앉아 식사나 차를 즐기며 나르길레를 피우고 있었다.

메뉴판에 적힌 나르길레는 두 종류였다. 그냥 나르길레가 있었고 조금 비싼 사과향 나르길레가 있었다. 나는 사과차 한 잔과 사과향 나르길레를 시켰다.

한 종업원이 호스가 길게 달린 호리병 같은 나르길레를 가져온 후, 봉지에서 얇은 새 파이프를 꺼내 호스 끝에 끼워주었다. 그리고 다른 종업원이 벌겋게 단 숯이 들어간 통을 들고 왔는데 숯의 열기와 함께 내 가슴도 두근거려왔다.

옆자리에 앉아 있던 터키인 일행이 호기심 어린 내 표정을 보고 웃으며 손을 흔들었다.

드디어 종업원이 집게로 벌건 숯덩어리 몇 개를 잡아 호리병 위의 움푹 파진 곳에 넣은 후, 나는 두근거리는 가슴으로 파이프를 빨았다.

그런데 연기가 빨아들여지지 않았다. 그러자 옆에 있던 사람들이 이렇게 외쳤다.

"깊이 빨아들여요. 연기를 가슴속 깊이까지…… 마리화나 피듯이. 하하하."

그들은 서툴러 보이는 내가 재미있었나 보다.

이번에는 한참 동안 힘차게 빨자 드디어 호리병에서 물소리가 '뽀르륵' 나더니 연기가 목구멍을 통해 가슴까지 들어오면서 가슴이 뻐근해지기 시작했다.

사실, 나는 담배 맛보다 그 뽀르륵 소리가 즐거워 아이가 장난치듯이 자꾸 빨았다. 호리병 밑에는 물이 담겨 있었고 숯덩어리 밑 부분에 담겨진 사과향 나는 니코틴이 빨아들일 때마다 숯불에 의해 태워지는 것 같았다.

들리는 말에 의하면 최첨단을 달리는 뉴욕에서 문화적으로 선구자적인 사람들의 상징처럼 된 것들이 한국의 김치, 일본의 스시, 젓가락질, 인도의 요가 그리고 터키의 나르길레 등등이라고 할 정도로 예전에는 터키와 중동 지방에만 있던 것이 이제 전 세계적으로 퍼진 것이다.

잠시 후, 밤 아홉시가 되자 데르비시(이슬람 신비주의 수피즘을 믿는 수행자)가 까만 옷을 입고 무대로 올라왔다. 엄숙한 표정의 사내는 까만 옷을 벗고 하얀 가운을 흩날리며 음악에 맞춰 빙글빙글 회전 춤을 추기 시작했다.

그 회전 무용은 터키의 수피인 메블라나 루미가 창조한 춤으로 예전에 코니아에서 본 적이 있었다. 빙글빙글 돌며 무아의 경지에 이르러 신을 직접 대면하기 위한 의식의 춤인데, 코니아에서 축제 때 본 춤에 비하면 이곳의 춤은 짧게 맛보기로 보여주는 하나의 관광 상품이었다.

아편이라도 피우듯이 비스듬히 앉아 나르길레를 빨며 그 춤을 보고 있자니 묘한 느낌이 들었다. 흐느끼는 듯한 피리 소리와 눈부신 춤사위 그리고 뿌연 담배 연기 속에서 푹 젖어가던 그 여름밤이 한없이 감미로웠다.

담배를 안 피우다 피우면 머리가 아프고 속도 메스껍다. 그런데 사과향 나는 나르길레는 웬일인지 머리가 아프지 않고 그저 약간 몽롱한 상태여서 기분이 좋았다.(나중에 알고 보니 그냥 나르길레는 니코틴이 있지만 사과향처럼 향료가 든 것은 니코틴이 없다고 했다.)

아, 다시 이스탄불에 가면 매일 피워야지.

터키 음식

여행중 나는 음식에 관해 둔했다. 그곳이 어느 나라든 그랬다.
"뭐 배만 채우면 되지" 늘 이런 생각을 갖고 있었다.
프랑스, 중국과 함께 세계 3대 음식을 자랑하는 터키에서도 그랬다. 첫 겨울 여행 때는 한 달 반 동안 늘 초르바(터키식 수프)에 마른 빵과 길거리에서 파는 되네르 케밥을 먹었던 기억밖에 없다.
되네르란 회전이란 뜻이고 케밥이란 굽는다는 뜻인데 쇠고기, 혹은 양고기를 반죽한 후 쇠기둥에 붙여 세운 후 옆의 불에 서서히 돌려가며 익히다가 손님이 오면 칼로 숭덩숭덩 썰어서 야채와 함께 빵에 끼워 주거나 접시에 야채와 같이 내오는 요리인데 가장 대중적이고 흔하게 먹을 수 있는 요리였다.
내가 첫 여행에서 터키 음식을 즐기지 못한 것은 음식에 대해서 모르기도 했지만 식당 들어가는 게 무서웠기 때문이다.
그 시절, 중국에서 실크로드를 따라오다 들른 터키였고 계속 동유럽을 거쳐 유럽과 아프리카 등지로 갈 생각이었기에 늘 돈에 쪼달렸었다.

그러나 이스탄불에 처음 도착했을 때는 호기를 부리고 싶었다. 큰 마음을 먹고 디반 욜루 거리에 있는 한 식당으로 갔는데 『론리 플래닛』이란 영문판 가이드북의 추천 때문이었다. 이스탄불에 온 모든 여행자들은 이곳의 문을 박차면서 아침을 시작한다나. 지금이야 한 귀로 흘려들을 말이지만 처음 그곳에 도착한 나는 그 말에 홀려 있었다.

그곳에서 동양인 여행자 두 명을 보았다. 식당 창문 앞에서 기웃거리던 그들은 일본 청년들이었는데 한 친구는 빡빡 머리에 검은색 옷을 입어서 마치 탈옥수 같았고 나머지 하나는 텁수룩한 머리에 회색빛 숄을 걸치고 있었다. 아마도 그들이 거쳐 왔을 인도, 파키스탄, 이란에서는 일상복이었을 그 행색이 이스탄불에서는 영락없는 거지 차림이었다.

나 역시 더 나을 것은 없었다. 이스탄불행 비행기를 타기 전, 파키스탄 카라치의 어느 노점상에게 산 초라한, 약 2천 원 정도의 가짜 '리' 청바지, 오리털이 어디선가 늘 비죽이 새어나오는 꾀죄죄한 오리털 잠바, 낡은 운동화, 두 달 남짓 기른 콧수염과 텁수룩한 머리…… 나도 영락없는 거지였다.

세 동양인 거지는 식당 안을 기웃거리며 계속 망설였다. 음식점 안이 너무 화려하게 보였기 때문이다.

들어가 말아, 들어가 말아…… 도대체 내가 왜 이렇게 되었지? 이 정도면 한국의 대중 음식점 정도인데.

이렇게 고민하고 있는데 일본인 친구들 역시 결단을 못 내리고 있었다. 금방 이스탄불로 날아온 사람들이거나 서유럽을 여행하다 온 사람들에게는 만만하게 보일 이 정도의 음식점이 몇 달 동안 초라하고 가난한 풍경에 익숙해 있던 여행자들을 잔뜩 주눅들게 하고 있던 것이다.

어이구, 내가 왜 이러나. 내 돈 내고 먹는 건데.

마음을 단단히 먹고 식당 문을 밀었다. 그러자 일본인 친구들도 뒤따라 들어왔다. 거지 같은 사내들 셋이 한꺼번에 들어서자 깔끔한 양복차림의 중년 웨이터가 놀란 듯 쳐다보았다. 일순간 침묵이 흘렀다. 그는 갑자기 나타난 초라한 행색의 우리가 손님인지 거지인지를 판단하느라 잠시 혼란스러운 것 같았다. 그러나 이내 얼굴에 웃음을 띠며 다가왔다. 세 자리를 안내해주었으나 그들의 일행이 아니었던 나는 따로 앉았다.

그리 넓지는 않았으나 깔끔한 식당이었다. 아침식사를 시키자 토스트와 토마토 몇 조각, 삶은 계란, 수프가 나왔다. 맛은 모르겠다. 그냥 먹었다.

저쪽 테이블에 앉은 일본인 친구들도 나와 같은 것을 먹는데 맥주까지 한잔 곁들이고 있었다.

'녀석들, 거지들이 아침부터 맥주를 마시다니.'

나는 잠시 어이없는 표정으로 그들을 쳐다보았으나 문득, 그런 나야말로 어이없다는 생각이 들었다.

그들은 거지가 아니지 않은가 말이다.

아침식사는 그 당시 물가로 보았을 때, 약 2천 원 정도. 결코 비싸지 않은 가격이었지만 파키스탄에서 한끼를 3,4백 원으로 해결하던 나로서는 가슴이 콱 막혀왔다. 물가가 다섯 배 정도 뛰자 내 마음도 다섯 배만큼 위축되고 만 것이다.

그게 나의 첫번째 터키 식사였고 그 여행에서 가장 화려한 식사였다.

내가 음식에 신경쓰기 시작한 것은 아내와 함께 떠났던 두번째 여행에서였다. 아내는 나와 달리 음식에 관심이 많았다.

그 여행에서 가장 인상적인 식사는 역시 첫번째 식사였다.

아침식사

시미트

발르크 예크맥(생선 빵)

술탄 아흐메트 광장의 펜션에서는 아침을 제공했는데 대개 옥상에 레스토랑이 있었다.

늦은 아침에 옥상으로 올라가니 하얀 식탁 위에 아침식사가 곱게 차려져 있었다. 예크맥(터키식 바게트 빵), 치즈, 딸기 잼, 포도처럼 보이는 올리브 절임, 토마토, 오이, 삶은 달걀이 있었다. 그 식단이 어딜 가나 볼 수 있던 터키식 아침이란 것을 그때 알았다.

음식 맛도 좋았지만 옥상에 앉아 파란 보스포루스 해협을 바라보고 선선한 바닷바람을 쐬며 따스한 햇살을 즐기는 늦여름의 낭만적인 분위기가 그만이었다.

그후 우리는 여행하며 의도적으로 이것저것 많이 먹어보았다.

각종 초르바, 터키 피자, 샐러드, 시시케밥(양고기 꼬치구이), 야채가 곁들여져 접시에 나오는 각종 케밥 요리, 아이란(요구르트를 희석시킨 것), 괴즐레메(밀가루에 치즈를 발라 구운 빵) 등등. 또한 식당에 가면 각종 고기 요리, 야채 요리를 전시해놓아 이름을 몰라도 손가락으로 가리켜 고를 수가 있어서 편리했다.

물론 이 정도 갖고 터키 요리를 먹어보았다고 말할 수는 없겠지만, 어쨌든 두번째 여행에서는 예전에 비해 꽤 잘 먹었다고 생각했는데, 시간이 지나고 나니 가장 뇌리에 남는 음식은 담백하고 고소해서 언제나 질리지 않던 빵, 예크맥이었다. 터키인들이 늘 먹고, 식당에서는 언제나 무료로 내놓는 이 빵은 겉은 바삭바삭하지만 속이 부드러워 보통 맛있는 게 아니었다. 그리고 터키 어디서나 아침이면 빵 굽는 냄새가 나서 기분이 좋았다.

또한, 길거리나 버스 휴게소에서 흔히 파는 동그란 시미트라는 빵도 맛이 매우 좋았다. 버스 타고 한참 이동할 때는 이 빵에 물만 마셔도 맛

있었다.

아, 그리고 또 잊지 못할 음식은 '발르크 에크맥(생선 빵)'이었다. 생선의 맛이 고등어 맛과 비슷해서 나는 이것을 고등어 케밥이라 불렀는데 이스탄불의 갈라타 대교 쪽 바닷가에서는 낮이건 밤이건 이 생선을 굽거나 튀기는 냄새가 진동했다.

특히 여행을 마치고 서쪽 하늘이 붉게 물들 때쯤 바닷가로 가면 생선을 굽는 보트들은 불을 밝혔고 그 앞은 늘 관광객들과 현지인들로 붐볐다. 먼저 빵 안에 굽거나 튀긴 생선을 넣고 그곳에 준비된 고추, 양파, 레몬 식초, 파를 직접 넣은 후, 식탁도 없이 조그만 의자에 쪼그리고 앉아 먹는데 맛이 기가 막혔다. 가격도 한국 돈으로 1천 원 정도였으니 무척 저렴했다.

그런데, 작년 여름에 갔을 때 그것을 먹다가 보트 앞에서 돈을 받고 있는 사람을 유심히 보니 눈에 익은 노인이었다. 가만히 기억을 더듬어 보니, 틀림없이 십여 년 전 겨울, 똑같은 장소에서 발르크 에크맥을 팔던 노인이었다.

세월을 이겨내고 예전과 다름없이 저 자리에 우뚝 서 있는 노인을 보니 자못 감동스러웠다.

먼 훗날 다시 이곳에 오면 저 노인은 여전히 저곳에 서 있을까? 아무도 모르는 곳에 나만이 만들어놓은 관계와 사건들…….

나는 노인의 모습 속에서 나의 과거를 떠올리며 감격에 젖었지만, 노인은 내 마음을 아는지 모르는지 열심히 돈을 세고 있었다.

호객꾼들

어느 관광지나 그렇지만 술탄 아흐메트 광장 혹은 그 앞의 디반 욜루 거리 부근에는 호객꾼들이 늘 돌아다닌다.

이들 중에는 다짜고짜 달려들어 물건을 사라는 사람도 있지만 대개 나름대로 연마한 테크닉을 구사한다.

먼저 술탄 아흐메트 모스크를 가다 보면 틀림없이 자칭 안내해주는 사람이 나타나는데 대개 카펫점 호객꾼이다. 우선, 안면을 트고 나중에 자기의 가게에 같이 가자는 제의를 한다. 혹은, 모스크가 현재 기도 시간이어서 지금 들어갈 수 없으므로 잠시 가게에서 차 한잔 마시고 들어가라고 매우 친절하게 권유하기도 한다.

또는 술탄 아흐메트 광장이나 디반 욜루 거리를 걸을 때, 뒤에서 오다가 일부러 슬쩍 부딪친 후 "어 미안하다"고 웃으며 사과를 하고 부지런히 앞질러 가다가 저만치서 다시 나타나서 "어, 또 만났네"라며 반가워한다. 그렇게 말문이 트이면 그후의 진행 상황은 뻔하다. 자신의 상점으로 데려가는 것이다.

혹은 자기 가게 앞에서 지나가는 사람들을 늘 부르는 사람도 있는데 이런 호객꾼들을 탓하고 싶지는 않았다. 조금 귀찮았지만, 그들의 직업이며 치열한 삶을 살고 있는 것이라고 생각했다. 물론, 이런 이들 중에는 바가지를 씌우는 사람도 있다는 것을 알았기에 애당초 따라가지 않았으므로 그들에게 얼굴 붉힐 일도 없었다.

그런데 조금 불쾌한 친구를 만난 적이 있었다.

아내와 함께 여행할 때, 애니메이션으로 표현한 이스탄불 지도를 파는 곳이 술탄 아흐메트 광장에 있었다. 사고 싶었다.

"얼마예요?"

"이천오백만 리라요."

대충 계산해보니 15달러 정도였다. 지도도 고급이 아니고 그림도 세밀하지 않고 만화처럼 그려진 것인데 너무 비싼 것 같았다.

"이백오십만 리라 합시다."

물론 십분의 일까지 깎을 생각은 없었다. 하지만 그가 터무니없는 가격을 불렀으므로 나도 호되게 깎은 후 흥정을 시작할 참이었다. 그런데 다음에 내뱉은 사내의 말이 나를 흥분시켰다.

"콜라나 사먹으슈. 저건 그냥 지도가 아니라 애니메이션 지도란 말이오. 당신, 어느 나라 사람이오?"

그의 말투와 표정은 이미 흥정이 아니라 시비였다.

"임마, 네가 나라를 알아서 뭐해."

눈을 치켜 뜨는 나를 아내가 뜯어말렸다.

등을 돌리는 순간, 사내는 항의하듯 달라붙었다.

"당신이 진짜 원하는 가격을 말해봐. 그게 흥정이잖아."

하지만 그의 태도는 이미 흥정이 아니었다. 가려는 나를 그는 계속 붙

잡았다.

이놈 봐라…… 내가 눈에 힘을 주며 노려보자 움찔했으나 여전히 궁시렁궁시렁. 꾹 참으며 돌아섰는데 아내는 오히려 소리 지른 나에게 불평했다. 그 말을 들으니 또 화가 났다.

"이스탄불, 옛날에는 이렇지 않았는데 왜 이렇게 변했지? 특히 술탄 아흐메트 광장의 사람들은 너무 돈맛을 본 것 같아."

나중에 택심 광장 근처의 가게에서 똑같은 것을 3달러 정도에 살 수 있었으니 아무리 관광지라는 것을 감안해도 다섯 배나 부른 그 친구의 바가지는 좀 심했었다.

술탄 아흐메트 광장의 풍경은 이렇게 활기차고 번잡한 가운데 조금은 얄미운 구석도 있었다.

술탄 아흐메트 모스크 ⓒ 김선겸

이스탄불의 밤

 밤이 되면 술탄 아흐메트 광장 근처 골목길에 가득 찬 카페와 술집들은 언제나 황금빛에 휩싸였다. 그 속에서 일상으로부터 이탈한 여행자들의 욕망은 흥청거렸고 나 역시 그 흥겨운 분위기 속에서 이스탄불의 밤을 즐겼었다.
 그러나 내 가슴속에 깊이 자리잡은 이스탄불의 밤 풍경은 바다였다. 이스탄불의 여름밤은 밤 아홉시가 되어서 시작되었고 나는 그 무렵이면 배를 탔다. 늦은 저녁, 위스크다르 지역으로 가는 통근 배는 집으로 돌아가는 사람들로 언제나 만원이었지만, 그곳에서 갈라타 대교 쪽으로 오는 배는 늘 한적했다.
 텅 빈 뱃전에 홀로 앉아 가끔 검푸른 바다 위를 스쳐 지나가는 하얀 갈매기와 그 너머 대지에서 피어오르는 불빛들을 바라보며 나는 종종 달콤한 쓸쓸함에 젖곤 했다.
 서늘한 바닷바람 때문이었을까? 검푸른 빛 속에서 흐릿해져가는 사물의 경계선 때문이었을까.

나는 조국도 잊고, 가족도 잊고, 생도 죽음도 모두 뒤로 한 채, 알 수 없는 세계로 떠나가는 나그네가 되었다.

아, 그 검푸른 빛과 바람 속에서 느끼던 불안함, 쓸쓸함 그리고 달콤한 자유…….

나는 화려한 이스탄불의 밤보다 그런 호젓한 순간이 더 좋았다.

밤늦게 숙소로 돌아오는 길은 어둠 속에 잠겨 있었다. 물론, 술탄 아흐메트 근처의 여행자 숙소 부근은 새벽까지도 불을 밝혔지만 내가 한동안 묵고 있던 베이욜루 언덕의 이스티클랄 거리는 늦은 밤이면 가겟집들은 문을 닫았고 인적이 드물었다. 다만 골목길 안의 레스토랑과 오픈 카페들만 불을 밝혔다.

쓸쓸한 밤길을 걷는데 청년 두 명이 길거리에 앉아 기타와 바이올린을 연주하고 있었다. 듣는 이도 별로 없는 길 한구석에 서서 그들의 음악을 듣다가 나는 약간의 잔돈을 그들 앞에 놓았다.

"퇴셰킬 에더림(감사합니다)."

그들 중의 한 명이 작은 목소리로 그렇게 얘기했다.

그들은 나에게 고마움을 표했지만 나는 쓸쓸하고 어두운 거리를 낭만적으로 만들어주는 그들이 고마웠다.

숙소로 들어오니 매니저가 나를 반갑게 맞았다. 그는 난쟁이였다. 처음 왔을 때 작은 몸집으로 앞장서 방을 안내해주고, 잠시 후 차까지 날라다 준 오십대 중반의 그를 보며 나는 그가 이 험난한 생에서 받았을 좌절과 상처를 생각했다. 그리고 그것을 이기고 지금 그 자리에 당당히 서기까지 흘렸을 땀을 생각했다.

나는 그가 좋았다. 그래서 들어가고 나올 때마다 이런저런 말을 붙였다.

방에 들어와 누우니 웅성거리는 소리가 귓가에 울려왔다. 이상한 일이었다. 막상 골목길을 다닐 때는 모르다가 방에 들어오니 골목길의 카페와 레스토랑에서 들려오는 사람들 목소리가 크게 들려오기 시작한 것이다.

침대에 비스듬히 누워 술병을 땄다. 터키 사람들이 즐겨 마시는 라크(혹은 라키)였다. 심심할 때나 잠이 안 올 때, 나는 종종 이 술을 마셨다. 진 토닉 같은 강한 향기가 코끝을 찌르며 45도짜리 액체가 서서히 뱃속을 훑어갔다. 물을 섞어 마셔야 한다지만 향기가 부드러워 그냥 마셔도 부담이 없는 술이었다.

짜릿한 취기 속에서 잠에 빠져드는 순간, 골목길의 웅성거림이 마치 초가을의 풀벌레 합창처럼 들려오기 시작했다.

순간 익숙했던 이스탄불의 밤은 한없이 낯설었다.

그 낯설음 속에서 몸을 뒤척이던 순간들이 고통스러울 정도로 감미로웠다.

아나톨리아 평원을 달리다

|앙카라|

버스 여행의 즐거움

이스탄불에서 앙카라행 버스를 타는 순간, 나는 감격했다.
버스가 호화로운 대형 벤츠였던 것이다.
우와, 이렇게 좋을 수가…… 오금이 저려오고 있었다.
버스가 떠나자 눈 덮인 들판이 밑으로 휙휙 스쳐 지나갔다. 좌석이 우리가 흔히 타는 고속버스보다 훨씬 높아서 마치 세상을 내려다보는 것 같았고 속도를 높여도 진동이 적어 쾌적하기 그지없었다.
푹신푹신한 좌석에 몸을 파묻으며 다른 세상에 왔다는 생각이 들었다. 한국이나 유럽에서 곧바로 터키에 온 사람이라면 그런 기분을 느끼지 못했으리라.
그러나 두어 달 동안 중국과 파키스탄에서 늘 털털거리는 낡은 버스에 시달려왔던 나로서는 꿈만 같은 현실이었다.
잠시 후 차내에 애절한 터키 음악이 흘러나왔다. 메하바(안녕하세요)라는 구절이 자꾸 나오는 흐느끼는 여인의 노래였는데 그만 가슴이 저려오기 시작했다.

그렇게 음악과 차창 밖의 풍경에 푹 빠져 있는데, 차장이 일어나 뭔가를 나눠주기 시작했다.

홍차, 콜라, 커피 등의 음료수와 케이크였다. 아, 감격의 연속이었다. 마치, 비행기 기내 서비스를 받는 것만 같았다.

그게 끝이 아니었다. 차장은 잠시 후, '코라니아' 라는 휘발성 강한 향수를 승객들의 손에 뿌려주었고 사람들은 손바닥으로 비벼 머리나 수염에 발라댔다.

처음에는 뭔지도 모르고 발랐지만 어쨌든 대접을 받는다는 사실이 나를 들뜨게 했다.

세상에, 수많은 나라에서 버스를 타보았지만 이런 서비스가 없었다. 다만 대부분의 터키인이 이슬람교를 믿고 있어서 여자 차장이 없고 모두 남자 차장이라 남자로서는 약간 삭막한 느낌도 들었는데 그래도 좋았다.

터키의 버스는 또한 지루하지 않았다. 버스는 화장실 가고 싶을 때쯤 섰고 혹은 배가 고플 때쯤 섰다. 휴게소도 근사해서 늘 쾌적했다. 화장실에서 내는 돈이 조금은 아까웠지만 그럴 만한 가치가 있을 만큼 깨끗했다.

후일 보니, 이런 나라가 없었다.

나중에 동유럽에서 버스 타고 여행할 때, 터키 생각하고 버스 안에서 먹을 음식을 준비하지 않았는데, 쉬는 시간 없이 달려서 배고파 죽는 줄 알았다.

동유럽이든 유럽이든, 우선 순위는 효율성 같았다. 먹는 거야 각자의 책임이고.

그러나 터키에서는 인간이 먼저였다.

아무리 생각해도 터키만큼 버스 여행이 즐거운 나라는 없는 것 같다. 터키 정부도 기차보다 버스를 육성해서 외곽에 새로 만든 버스 터미널은 거의 다 공항 터미널처럼 웅장하고 멋있었다.

첫 여행에서 딱 하나 고역은 사람들이 버스 안에서 시도 때도 없이 담배를 피우는 것이었다. 또한 고급버스의 좌석에 안전벨트가 없는 것도 이상했다. 아마 갑갑해서 다 떼어낸 것 같았다. 어쩌면 예전의 한국 버스와 이렇게 비슷할까? (십여 년만에 다시 가보니 차내는 금연이 되었는데 여전히 안전벨트는 없었다.)

영어가 안 통하는 앙카라

앙카라에 도착하자마자 조금 황당한 일을 겪었다.

어렵게 중심지에 도착한 후, 마침 다가오는 소년에게 가고자 하는 숙소를 영어로 물었을 때였다.

"여기……."

이렇게 말을 꺼내자 엉뚱한 일이 벌어지고 말았다. 소년은 눈을 동그랗게 뜨며 뒷걸음질을 치는 것이 아닌가. 새파랗게 질린 모습이었다.

당혹스럽기는 나도 마찬가지였다.

"아, 여기 이 근처에 울루스 호텔이……."

그러자 소년은 냅다 도망을 치기 시작했다. 걸음아 날 살려라 하며 도망치는 그의 뒷모습을 보니 허탈한 웃음이 나오고 말았다.

내가 자기 잡아먹는 줄 알았나?…… 도무지 도망간 이유를 알 수가 없었다.

다시 용기를 내 다가오는 중년 사내에게 물으니, 그는 듣지도 않고 고개를 돌리며 피했다. 그제야 나는 알았다. 그들은 영어를 잘 몰라서 기피했던 것이다.

　그렇다면…… 나도 오기가 생겨 가이드북의 지도를 펴들고 쫓아가 숙소의 장소를 악착같이 그의 코앞에 들이밀며 서툰 터키말로 물었다.

　"네레데? 네레데?(어디, 어디)"

　나의 말을 알아들은 사내는 숙소의 방향을 손가락으로 가리키며 허허 웃고 말았다. 한 편의 코미디였다. 이렇듯, 앙카라에서는 영어가 잘 통하는 편이 아니었고 오히려 독일어를 할 줄 아는 사람들이 많았다.

앙카라의 지하철

아나톨리아 문명 박물관

터키 공화국의 수도 앙카라의 겨울은 쓸쓸했지만 아나톨리아 문명 박물관이 있어서 나는 뿌듯했다.

앙카라의 아나톨리아 문명 박물관에는 우리가 역사 시간에 이름을 들어본 먼 고대 문명의 유물들이 가득 전시되어 있었고 그곳에서 산 영문판 안내 책자를 들고 꼼꼼히 맞춰가며 많은 추측과 상상의 나래를 펼치던 순간이 행복했다.

신석기 시대의 유물들 중에서 가장 나의 눈길을 끈 것은 기원전 6천 년경 발견된 모신(母神, Mother Goddes)의 테라코타였다. 크기 20센티미터 정도로 진흙으로 구워 만들었는데 팔 다리가 두껍고 큰 유방과 배가 축 늘어져서 아름다운 여체는 아니었다. 여신이라고 하기에는 너무 초라하고 조그만 모습이었는데 이런 비슷한 형상들이 주변에 몇 개 있었다.

이런 원시 모신 숭배 사상과 비슷한 형상들은 티그리스, 유프라테스 강 유역이나 인도의 인더스 문명에서도 광범위하게 발견되는데 흔히 지모신(地母神), 대지모신(大地母神) 등이라고도 불렸다. 이 지모신은 생산력, 생식력, 여성의 에너지를 의인화한 것으로 다산과 풍요의 상징이었으며 특히 기원전 7천년에서 기원전 5천년 사이에 크게 유행했다고 한다.

그리고 금석병용기 시대를 지나 청동기 시대로 들어서면서 현란한 장식품, 날카로운 무기들이 등장하는데 내가 깜짝 놀란 것은 무덤에서 발견되었다는 의식용 상징물이었다.

손으로 들기 알맞은 크기의 마름모꼴 청동제품이었는데 위에 고리가 있었고 내부에는 마치 창살처럼 많은 문양이 만들어져 있었다. 그런데 그 문양이 이상했다. 우리 불교에서 절의 표지 혹은 불보살의 가슴, 손, 발 등에 나타나는 길상(吉祥) 표지인 만(卍)자와 같았던 것이다.

도대체 저 卍자가 왜 기원전 3천년경 이 지역에 나타나는 것일까?

卍자는 또한 힌두교에서 비슈누 신의 가슴팍에 자란 털의 모양을 상징한다는 얘기도 있으니 나는 박물관에서 그 제기를 보며 인도를 문득 떠올렸었다.

어떤 연관이 있는 것일까?

의식용으로 쓰인다는 제기 중에서 관심을 끄는 것은 또 있었다. 기원전 약 3천년경에 만들어졌다는 청동으로 만든 소였다. 뿔이 마치 사슴 뿔처럼 굽이치며 올라간 소가 횃대처럼 생긴 나뭇가지 위에 서 있었다.

지모신이 여성적인 풍요와 다산을 상징하는 신이었다면 황소는 태양, 폭풍, 벼락, 비, 풍요, 힘 등 남성적인 상징이었다고 한다.

이것은 무엇을 의미하겠는가?

기원전 6천년경의 신석기 시대 초기에는 여자들이 주로 돌도끼, 돌괭이, 막대기 등으로 땅을 파서 밀, 보리, 대추 야자, 삼 따위를 심었다고 한다. 이때는 여성들이 중심이 되었는데 차차 농업이 발전하면서 소, 말 등의 가축을 이용하고 보습으로 땅을 갈게 된다. 이러한 일들은 힘이 많이 들어 자연스럽게 남성이 중심 역할을 하게 되고 인구도 증가하며 정주 생활을 하게 된다.

이런 모계 중심의 사회가 부계 중심의 사회로 넘어오는 과정에서 황소를 우상시하는 문화와 종교가 출현했던 것은 아닐까?

단순하다면 단순할 이런 유물 몇 개가 수많은 추정과 상상을 낳고 있었다.

다음으로 아시리아 시대를 거쳐 마침내 히타이트 족의 유물들이 나타나기 시작했다.

히타이트 시대는 구 히타이트 시대와 신 히타이트 시대로 나뉘어지는데 원래 히타이트 족은 흑해에서 카스피 해에 걸쳐 살고 있던 인도유럽어족의 하나였다.

인도유럽어족은 기원전 2천년경부터 사방으로 퍼지는데 동쪽으로 간 일파는 이미 기원전 3천년경부터 모헨조다로, 하랍파 문명 등을 일으킨 '코가 낮은 민족' 드라비다 족을 정복하면서 갠지스 강 일대를 지배하게 된다. 이들이 인도의 아리안 족들이다. 그리고 이들이 갖고 있던 종교 브라만교는 드라비다 족이 원래 갖고 있던 토착신들과 세월 속에서 합해지면서 거대한 힌두교로 탄생하게 된다.

한편, 서쪽의 이란으로 진출한 인도유럽어족의 일파들은 메디아인, 페르시아인이 되었고 서쪽 그리스로 가서는 그리스인, 이탈리아에서는 라틴인, 서유럽에서는 켈트인, 북유럽에서는 게르만인, 동유럽에서는 슬라브인이 된다.

그리고 기원전 1900년경에는 또 다른 인도유럽어족의 일파인 히타이트인들이 아나톨리아 평원에 히타이트 왕국을 세웠다. 수도는 하투샤였는데 앙카라에서 북동쪽으로 210킬로미터 떨어진 현재의 보아즈칼레(보아즈쾨이)란 곳에 있었으니 바로 앙카라 일대가 그들의 활동 무대였다.

이들이 바로 철기 문명을 크게 일으킨 민족으로 기원전 1750년 그 당시 강대했던 고(古)바빌로니아 왕국까지 멸망시킨다. 이 히타이트에 의해 전 메소포타미아 지방에 철기 문화가 전해지는 것이다.

철기 문명을 가진 히타이트 족은 말, 전차, 철제 무기를 갖고 한때 시리아까지 지배하며 강력한 국가를 이루었고 이집트의 람세스 2세와 카데시에서 치열한 전투를 벌이며 자웅을 겨루기도 했으나 기원전 1190년경 이민족에 의해 멸망하게 된다. 여기까지가 전기 히타이트 시대다.

그후 이어진 후기 히타이트는 미미하게 유지되다 사라지고 만다.

그렇게 역사 속에 묻혀 있다가 근래 들어 보아즈칼레에서 점토판이 출토되면서 이들의 역사가 크게 조명을 받게 된 것이다.

발견된 몇 개의 점토판이 전시되어 있지만 가장 중요한 것은 이집트의 람세스 2세와 히타이트의 하투실리스 3세 사이에 벌어진 카데시 전투 후 맺어진 카데시 조약의 점토판이었다. 카데시 전투의 상황을 알 수 있는 귀중한 자료인데 그것은 현재 이스탄불 고고학 박물관에 보존되어 있다.

그 다음에도 수많은 유물이 이어졌는데 특별히 내 눈길을 끈 것은 프리지아 시대에 다시 나타나는 지모신의 형상이었다. 지모신은 더이상 조잡한 테라코타가 아니라 의젓한 조각으로 여신상의 풍모를 자랑하고 있었다.

아나톨리아 지방에 살던 사람들은 예전부터 이어지는 지모신을 그들의 풍요와 번성을 지켜주는 신으로 섬겼고, 이 지모신은 Hepat, Kubaba, Kybebe 등으로 이름이 변형되다 후일, 그리스인과 로마인들에게도 크게 인기가 있었다고 한다.

우리 모두 어머니로부터 왔고 대지의 기운 속에서 생성되고 소멸되기에 그렇게 오래 유지된 것일까?

그 뒤로도 지모신은 많은 종교에 영향을 미쳤다고 하니, 어쩌면 지모신은 인간이 사라지기 전까지 영원히 우리와 함께 할 원형인지도 모른다.

나는 여행중 박물관은 대충 보는 편이지만 이 아나톨리아 문명 박물관은 정말 재미있는 곳이었다. 고대 문명의 역사 공부가 절로 되는 유익한 곳이었다.

지모신

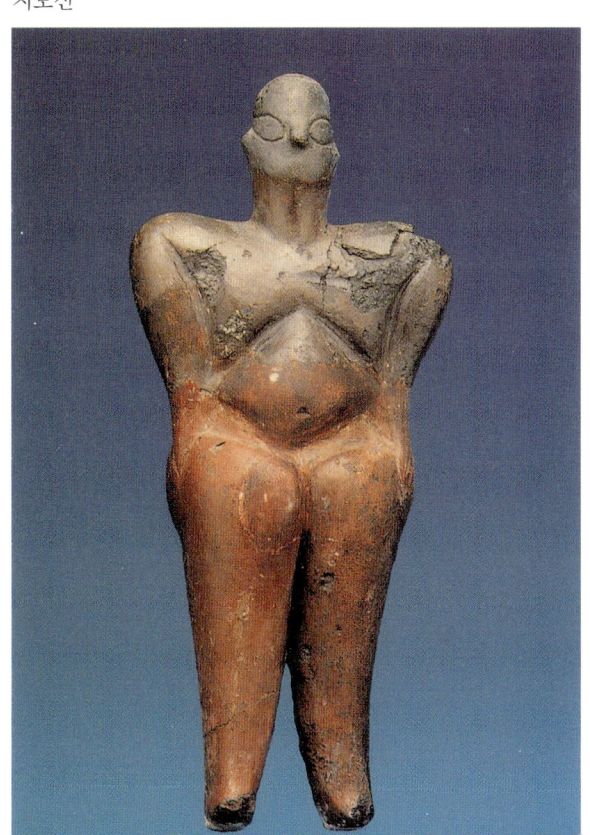

이런 실수가

앙카라에서 나는 지금 생각해도 가슴 아픈 실수를 했었다.
십여 년만에 아내와 함께 다시 가본 두번째 여행 때였다.
앙카라 버스터미널은 많이 변해 있었다. 매우 넓고 확 트인 공간에 깨끗한 식당과 관광안내소 등의 부대시설들이 들어선 모습이 옛날의 버스터미널이 아니었다.
참 많이 변했구나라는 생각을 하며 우선 예전에 묵었던 숙소가 있는 울루스로 가기 위해 택시를 탔는데 기억에 의하면 택시로 2, 3분밖에 안 걸려서 혼잡한 버스를 타는 것보다 훨씬 나을 것 같아서였다.
그런데, 아무리 달려도 울루스가 안 나타났다.
이거 택시 운전하는 할아버지가 뺑뺑이 돌리는 것 아닐까?…… 참자. 조금은 봐주자.
그렇게 마음먹었는데 이십 분이 되어도 울루스는 나타나지 않았다. 속이 부글부글 끓어오르기 시작했다. 그런 나를 아내는 달랬다.
"화내지 마. 당신 기억이 틀릴지도 모르잖아."

"으으, 무슨 소리야. 이 지도를 봐. 터미널에서 울루스는 걸어도 십오 분이면 갈 거리야. 내가 옛날에 걸어봤다고."

그때, 앙카라 역이 나왔고 울루스로 가는 낯익은 언덕길이 나왔다.

"이제야 기차역이 보이네. 기차역은 버스터미널 바로 옆에 있는데, 빙빙 한 바퀴 돌고 제자리에 온 거야."

"버스터미널을 옮겼을지도 모르잖아?"

"가이드북의 지도에 표시된 터미널은 예전의 그곳이야."

택시에서 내린 후 나는 일단 요금을 다 주었지만 지도를 보여주며 한국말로 언성을 높여 한 마디 해주었다.

"뺑뺑이 돌리지 마세요."

지리 모르는 외국인이라고 함부로 하면 안 된다는 뜻을 전달하고 싶었기 때문이다. 말은 몰라도 뜻은 통했는지, 할아버지는 뭐라 그러며 억울한 표정을 지었다. 그는 마침 옆에 보이는 경찰관에게 가서 하소연을 했고 행인들이 모여들었다. 남의 일에 관심 많은 터키 사람들은 자기들끼리 떠들고…… 나는 그들을 남겨둔 채 그냥 걸었다.

아내는 아무래도 당신이 잘못 안 것 같다고 말했다. 할아버지의 억울한 표정은 결코 남을 속인 사람의 표정이 아니란 것이었다. 그러나 와보았던 나는 확신하고 있었다.

울루스 지역의 숙소들은 어느 것이나 할 것 없이 예나 지금이나 허름했다.

우리가 간 곳은 낡고 음침한 여인숙 같은 곳이었다. 밖에 있는 공중화장실도 지저분했고 무슨 공사중인지 인부들이 왔다갔다해서 영 불안했다. 아내의 표정은 이내 어두워졌으나 나는 그냥 묵자고 고집을 부렸다. 물론 신시가지에 조금 비싸고 좋은 숙소도 있다지만 숙소 잡는 데

많은 시간을 들이고 싶지 않았다.

아무 데서나 하룻밤 묵고 가면 되었지 무슨 상관인가.

이런 나의 태도와 아까의 일 때문에 우리는 모두 저기압 상태가 되었다. 아내는 매사에 성급한 나를 탓했고 나는 나를 몰라주는 아내가 야속해 화가 났다.

그래 누가 맞는지 보자고.

결국 성질 급한 나는 택시를 타고 확인하자고 했다. 씩씩거리며 택시를 타고 버스터미널로 가는데 웬걸, 예전의 역 앞을 지나 한없이 어디론가 가고 있는 게 아닌가. 택시가 가면 갈수록 내 가슴은 참담하게 무너지고 있었다.

결국, 버스터미널은 멀리 외곽에 새로 옮겨 지어진 것이다. 할아버지야말로 억울한 사람이었다는 것을 알게 되는 순간, 나는 버스터미널에 주저앉고 말았다.

생각해보니 차가 밀리자 운전대를 잡은 노인은 한숨을 쉬며 창 밖을 내다보았었다. 삶에 찌든 피곤한 모습이었는데 이런 억울한 일을 당해 얼마나 속이 상했을 것인가. 십여 년 전 초췌한 나그네를 따스하게 대해주었던 사람들이 바로 그 할아버지 같은 성실하고 초라한 사람들이었는데, 나는 그런 사람의 가슴에 못을 박고 만 것이다.

나중에 보니 가이드북 본문에는 터미널을 옮겼다는 얘기가 잘 나와 있었지만, 지도는 고치지 않은 옛날 것이라 내가 오해했던 것이다.

그러나 가이드북을 탓하기 전에 성급했던 내가 원망스러웠다.

아, 선무당이 사람잡는다고, 좀 안다고 잘난 체하다가…….

얼굴을 푹 수그린 채 맥없이 앉아 있는 나를 아내는 위로했지만 나는 정말 괴로웠다.

빗속의 앙카라

아나톨리아 문명 박물관을 보고 나왔을 때, 비가 부슬부슬 오고 있었다.

택시도 보이지 않아 그냥 걷기로 했다. 어차피 젖은 몸, 조금만 더 걸어가면 될 거라고 생각했는데 그만 길을 잃고 헤매는 바람에 온몸이 쫄딱 젖고 말았다.

벌받는 거지. 아까 그 할아버지에게 잘못해서…… 자꾸 그런 생각이 들었다.

대로로 나왔는데도 방향을 잡을 수가 없었다. 할 수 없이 쇼핑센터 안의 어느 보석집에 들어가 울루스 가는 길을 물어보았는데 사내는 영어를 못했다.

당황한 사내는 어디론가 뛰어가 웬 사내를 데리고 왔지만 그 친구도 영어가 서툴렀다.

"당신, 독일어 할 줄 알아요?"

"아뇨."

"흠……."

안타까운 표정을 짓던 사내들은 가이드북의 지도를 이리저리 돌려가며 보다가 영어, 독일어를 섞어서 설명하면서 애를 썼다. 몰려든 사람들이 모두 호기심을 갖고 쳐다보고…… 마침내 그는 직접 길로 나와 손가락으로 길을 가리켜주는데 사람들이 또 몰려들었다. 비로 온통 젖은 사내들이 우리에게 몰려들어 귀기울이는 모습이 웃음도 나오고 고맙기도 했다. 죽죽 내리는 비를 맞으며 무슨 전투 속에서 우리를 구출하려는 군사 작전을 펴는 것처럼 웅성거리며 논의를 했다.

"이 사람이 당신을 안내해줄 거예요. 따라가세요."

처음의 사내가 상기된 표정으로 말하자 빗물 때문에 눈도 제대로 뜨지 못하는 사내가 따라오라고 손짓을 했다. 고마운 일이었으나 우리는 스스로 가겠다고 사양을 했다. 이렇게 해서 작은 소동은 끝났다.

"야, 터키 사람들 감동시키네. 길 하나 가르쳐주는데 사람들이 이렇게 모여들고, 비 맞아가며……."

우리는 조금씩 뛰어가다 처마 밑에서 비를 피했다. 그중의 한 곳인 가게에서 빵과 캔커피를 샀다. 처마 밑에서 비 오는 앙카라 거리를 바라보며 캔커피를 마시는데 가겟집 주인이 다가와 말을 붙였다.

"어느 나라에서 왔어요?"

"한국이요."

그러자 월드컵 축구 얘기가 나왔고 한바탕 축구 얘기가 끝나자 사내는 이런 얘기를 했다.

"이 시기에 비가 이렇게 심하게 오는 적은 없어요. 오늘은 이상한 날씨네요."

그렇다니까…… 내가 벌받는 게 틀림없지.

이윽고 빗줄기가 가늘어져서 다시 가려는 순간 돌아보니 아내가 보이지 않았다.

어딜 간 거야?

안쪽을 보니, 아내는 보석가게 진열장 앞에서 넋을 잃고 있는 게 아닌가.

으아아아. 도대체…….

비에 젖은 생쥐 꼴을 한 채, 오돌오돌 떨면서도 보석 구경에 한눈을 파는 모습을 보니 기가 막혔다.

숙소로 돌아와 옷을 갈아입고 나니 그제야 비가 그쳤다.

아나톨리아 문명 박물관 뒤편에는 이런 것들을 파는 가게가 많다.

스크루지 영감

　흔히 부부나 커플 혹은 친구와 여행하면 좋을 것처럼 보이지만 꼭 그렇지만은 않다. 특히 배낭 여행처럼 어디서 먹고, 어디서 자고, 무엇을 보며, 어떻게 이동할까를 시시각각으로 결정하다 보면 의견 충돌이 없을 수 없다. 거기다 비용과 시간은 제한되어 있으니 결론을 유보할 수도 없는 상황이 계속 닥쳐오는 것이다.
　그래서 부부의 경우 한 달 동안 같이 배낭 여행하고 나면 몇 년 동안 부딪칠 일들을 한꺼번에 해치우는 기분이다. 그런 과정을 통해 이해도 깊게 하게 되지만 때로는 사이가 나빠질 수도 있다.
　우리 부부 또한 마찬가지였다. 비를 맞고 온 후 식당에서 따스한 옥수수 수프에 밥을 먹고 나니 한결 기분은 나아졌지만, 방에 오니 축축한 기운이 별로 상쾌하지 않았다. 그 숙소는 바깥에 화장실만 있었을 뿐 샤워 시설도 없는 곳이었다.
　묵묵히 일기를 쓰다가 돈을 세고 있는데 뜬금없이 아내가 이렇게 말했다.

"당신은 구두쇠 스크루지 영감 같아."

뭐, 스크루지…… 내가 구두쇠 스크루지 영감?

하도 어이가 없어 나는 멍하니 아내를 쳐다보았다.

"맨날, 돈 계산만 하고 가게 구경도 못하게 하고…… 보석을 사겠다는 것도 아니고 그냥 구경 좀 하는데 핀잔만 주고."

서서히 불쾌해지기 시작했지만 꾹 참았다.

"내가 스크루지 영감이라면 없는 돈 탈탈 털어 이렇게 여행할까? 꼼꼼하지 않으면 나중에 여행을 중단하게 돼. 우리 계속 동유럽도 가야 되잖아."

그리고 말 나온 김에 나는 우리가 이렇게 여행할 수밖에 없는 현재의 상황에 대해서 일장 연설을 늘어놓았다.

그러자 아내는 이번엔 내가 말이 너무 많다고 투덜거렸다.

아, 서서히 머리 뚜껑이 들썩거리기 시작했다.

"그럼, 당신이 앞장서서 해봐. 마음대로."

"미안해. 그냥 돈 세는 모습이 그렇게 보여져서 한번 해본 말이야. 내가 왜 그런 상황을 몰라. 한두 번도 아닌데."

아내는 이렇게 사과한 후 이내 잠이 들었지만 나는 별로 기분이 안 좋았다.

여행이란 게 이랬다.

휴가로 떠난 짧은 여행이라면 모를까, 혼자 가든 둘이 가든 여행기간이 조금 길어지기 시작하면 늘 즐거운 삶이 없듯이, 늘 즐거운 여행도 없었다. 다만, 이런 과정을 묵묵히 이겨냈을 때 다가오는 짜릿한 희열이 그 모든 것을 보상해주었다.

일기장에 이런 이야기를 쓰면서 화를 삭이다가, 아내의 일기장이 궁

금해 들처보니 글은 별로 없고 그림들만 있었다.

허름한 여인숙의 그림, 더러운 화장실 그림, 앙카라의 성벽 근처에서 보았던 주먹만한 프라이팬, 찻주전자, 물파이프들과 여러 문양의 천들이 그려져 있었다. 다음 페이지를 넘기니 하늘색 터키석이란 글과 함께 자세하게 그린 목걸이, 귀걸이, 팔찌 등의 그림이 등장했다. 그리고 비가 오는데 양손을 벌린 채 넋을 잃고 보석 구경을 하는 자기 모습과 그 뒤에서 오라고 소리치는 나의 모습이 그려져 있었는데 매우 흉악스러웠다. 머리털이 하늘로 솟구친 채 이빨을 드러낸 모습이 마치 사나운 개 같았다.

이 마누라가……

그리고 그날 먹은 요리들 그림과 재료들이 세밀하게 그려져 있었다.

아내에겐, 이런 게 그렇게 눈에 띌까? 나는 보석이나 음식 앞에서는 둔감했는데 아내는 보석의 화려한 빛과 디자인 혹은 음식의 모양과 맛이 중요했나 보다. 다른 여자도 그럴까? 모르겠다. 여자와 남자의 차이인지, 단순한 개인차인지 잘 모르겠다. 글쎄, 보석이나 음식에 둔한 내게 문제가 있는 건가? 아, 정말 모르겠네.

아내는 쿨쿨 잘도 자고 있었다. 얄미웠다.

눈물의 이별

지금도 첫 여행 때, 앙카라의 버스터미널에서 본 눈물의 이별을 잊을 수가 없다.

차 안에 있는 사람이나 배웅하는 사람이나 한결같이 눈물을 흘리고 있었다.

내가 탄 버스도 마찬가지였다. 젊은 여인이 버스가 떠날 때까지 앞좌석에 앉은 할머니의 뺨에 볼에 비비다가 내려가자 할머니는 울기 시작했다.

또 다른 할머니는 중년 사내의 손에 돈을 쥐어주려 했고 사내는 괜찮다며 피하고 있었다. 그렇게 옥신각신하던 일가족은 버스가 떠나자 모두 울기 시작했다. 차창 밖에서 손을 흔드는 사내와 일가족 그리고 젊은 여인이나 차 안에서 밖을 향해 손드는 할머니들, 그리고 젊은 부부들이나 모두 눈물을 흘렸다.

버스는 대로로 나오기 위해 터미널을 돌고 도는데 이리 돌면 차창 밖의 그들도 이리 돌고, 저리 돌면 그들도 저리 돌며 버스를 향해 끝없이 손을 흔들었다.

드디어 버스는 대로로 나왔지만 사라졌던 가족들은 지름길로 나왔는지 거리에서 또 손을 흔드는 것이 아닌가. 그들이 완전히 시야에서 사라지자 안에 있는 승객들은 다시 흐느끼고······.

그 버스는 코니아행이었는데, 코니아는 앙카라에서 서너 시간밖에 안 걸리는 곳에 있으니, 서울에서 청주, 대구 정도 되는 거리를 두고 그렇게 눈물을 흘렸던 것이다. 그후, 다른 버스터미널에서도 눈물의 이별을 많이 보았으니, 터키 사람들은 정 많은 민족임에 틀림없었다.

그런데 십여 년만에 다시 가보니 그런 풍경은 조금씩 사라지고 있는 것 같았다. 물론, 여전히 배웅 나오고 손 흔들지만 그렇게까지 눈물을 흘리는 사람을 본 적이 없었다.

글쎄, 우리가 그랬던 것처럼 산업화되면서 터키인들이 조금씩 변한 것일까? 아니면 우연히 그런 광경을 보지 못한 것일까? 앞으로 계속 터키를 가다 보면 해답을 알게 될까?

앙카라 달동네에서 만난 가족

|코니아|

수피들의 춤

1991년 12월 중순, 앙카라에서 버스를 타고 서너 시간 가는 동안 펄펄 눈이 내리고 있었다. 그해는 눈이 많이 왔고 어딜 가나 눈이 많이 쌓여 있었다.

코니아는 한때 셀주크 왕조의 수도여서 아름다운 모스크와 박물관이 남아 있는데, 여행자들이 한겨울에 그곳에 가는 이유는 대개 12월에 열리는 수피춤 축제 때문이었다.

예전에 중앙아시아의 유목민이었던 터키인들은 원래 이슬람교도가 아니었다. 이들은 아나톨리아 반도에 이주하기 시작하던 때인 8, 9세기경부터 이슬람 정통 수니파를 받아들였는데 차차 이단으로 취급받는 수피즘이 크게 유행하기 시작했다.

수피(이슬람 신비주의자)들은 춤과 노래를 통해 진리와 절대자와의 합일을 꿈꾸었다. 활달한 유목민이었던 터키 사람들은 딱딱한 교리보다는 이런 역동적인 종교 의식을 좋아했고, 수피즘은 셀주크 왕조, 오스만투르크 왕조의 정권의 보호를 받으며 터키에 깊은 뿌리를 내렸는데 가장 인기 있었고 현재까지 명맥이 남아 있는 수피즘은 메블라나 루미 종파다.

메블라나란 말은 '우리의 스승'이란 뜻인데 이슬람의 신비주의자며 철학자, 그리고 위대한 시인인 '메블라나 루미'는 현재의 아프카니스탄 지방의 발흐란 곳에서 1207년경 태어났으나 몽골의 침략이 심해지자 1228년 코니아로 이주했다. 이곳에서 그의 아버지는 이슬람교를 사람들에게 가르쳤고, 그가 죽자 그의 아들인 메블라나 루미가 그 뒤를 이었다.

그러나 그는 스스로의 지식에 대해 회의를 느끼며 교리와 학식을 통해서가 아니라 직접 신을 체험하고 싶어했다.

그러던 중, 그는 세미세딘이라는 방랑하던 수피로부터 많은 영향을 받았고, 대장장이 셀라하딘의 해머 소리를 듣고 무아지경에 빠져 춤을 출 정도로 신비에 심취하게 된다.

그는 지식이나 시 혹은 말이 아니라 사랑과 신비 체험을 통해서만이 신을 체험할 수 있다고 주장하며 아름다운 회전 무용을 창안했다.

이것을 세마라고 부르는데, 이것을 휘사메딘이란 제자가 세상에 널리 알리기 시작했고, 14세기부터 이란, 파키스탄, 인도, 아프가니스탄으로 퍼졌으며, 19세기 중반 독일 학자에 의해 유럽에 소개된 후 전 세계로 널리 퍼지게 되었다.

메블라나는 1273년 12월 17일 세상을 떴는데 그를 기리기 위한 축제가 해마다 12월 17일까지 일 주일 동안 열리고 있었고 그걸 보러 전 세계의 사람들이 한겨울에 코니아로 몰려들고 있던 것이다.

드디어 세마를 보는 날.

공연 장소는 약 1천 명 정도 앉을 수 있는 체육관이었다. 모든 계단은

관중들로 꽉 차 있었는데 터키인들은 물론 유럽과 일본에서 온 단체 관광객들이 많이 보였다.

이윽고 검은 양복에 흰 와이셔츠를 입은 악사들이 연주하기 시작했다. 악기는 하프, 풍금, 바이올린, 피리, 드럼 등 수많은 현악기, 목관악기, 타악기 등이었는데 악사들 뒤로는 십여 명의 합창단이 노래를 불렀다. 처음에 시작하는 멜로디는 마치 파도가 치듯 잔잔하고 엄숙했다.

첫번째 음악은 관중들의 흥분을 돋우다 살며시 끝났고 두번째 음악은 조금 느린 템포였는데 역시 반복되는 멜로디가 많았다. 이 반복성이 사람들의 내면 깊숙한 곳에 숨겨져 있는 의식을 두드리는 것 같았다. 서서히 빨라지는 멜로디 속에서 드럼이 간간이 등장하더니 리듬이 빨라지며 점점 절정을 향해 달려가기 시작했다.

아름다운 음악이었다. 이슬람 세계에 이렇게 아름다운 음악이 있었다니…… 정말 오기를 잘했다는 생각이 들고 있었다.

절정이 지난 후 음악 소리가 줄어들면서 피리 소리가 흐느끼듯이 울려 퍼졌고 자연스럽게 세번째 음악으로 접어들었다.

마음속 깊은 곳에 움츠린 자아를 서서히 불러내듯, 겁내는 자아를 신 앞으로 불러내어 위무하듯, 그렇게 달콤한 피리 소리는 홀로 춤을 추었다. 굵직한 가수의 노래가 피리 소리를 따라 이어지다 갑자기 흐느끼듯 "에허허"라고 소리를 토해냈다. 그리고 합창이 어우러졌고 북소리가 힘차게 울리기 시작했다. 박자가 딱딱 끊어지며 심장의 고동 소리처럼 씩씩했다. 갑자기 숨을 죽이는가 싶더니 폭발하듯이 다시 음은 커지고 그 과정을 통해 사람들의 감정은 점점 고조되었다.

겁 많은 자아에게 겁내지 말며 신을 향해 나아가라고 외치듯이 음악은 힘찼다.

코니아

"알라후, 알라! 라 일라하 일랄라.(알라 이외에 신은 없노라)"

이렇게 외친 가수는 갑자기 소리를 죽이다, 갑자기 "아아" 하고 고음으로 외치기 시작했다.

그것은 노래라기보다는 절규요 환희였다. 옆의 터키 아줌마는 흥분한 표정으로 기도하듯 두 손을 모은 채 무대를 바라보았다. 음악은 그렇게 절정에서 끝났고, 우레와 같은 박수가 쏟아지면서 1부가 끝났다.

훌륭한 공연이었다. 이것만 보아도 돈이 아깝지 않게 생각될 정도였다.

그러나 진짜는 2부부터였다.

회색빛 고깔 모자에 검은 예복을 걸친 사내들이 조명을 받으며 무대로 입장했다. 아까와는 달리 악기 연주하는 사람들도 모자를 쓰고 있었다. '데르비시'(수피즘 수행자)라고 불리는 그들은 모두 열일곱 명이었다.

한 사람씩 들어오며 인사를 마친 그들은 적당한 간격을 유지하며 계속 시계 반대 방향으로 제자리에서 서서히 돌았다. 그러다 다시 정중하게 두번째 절을 했다. 이런 식으로 원을 그리며 계속 돌다가 세번째, 네번째 인사를 했다.

팜플렛에 의하면 첫번째 인사는 진리를 향한 인간의 탄생을 의미했다. 그것은 또한 지식에 의해 신을 인지하는 것을 의미했다. 두번째 인사는 전지전능한 신의 위대함을 인식하는 것을 의미하고, 세번째 인사는 그 인식이 사랑으로 변하고, 그 사랑 속에서 자아가 굴복하고 신과 합일되는 것을 의미하며, 네번째 절은 자아의 정신적 여행의 종착, 즉 깨달음과 구원을 의미했다.

그렇게 인사를 끝낸 사람들이 검은 옷을 벗자 눈이 부실 정도의 하얀 가운이 나타났다. 그리고 반주는 끝나고 피리 소리만 남았다.

그들은 먼저 양손을 가슴에 포개어 자신의 어깨를 잡은 후, 제자리에 서서 몸을 팽이처럼 회전시키기 시작했다. 그러자 흰 가운의 밑부분이 갑자기 넓어졌는데 마치 꽃잎이 거꾸로 피어나는 것 같았다. 왼발을 축으로 오른발을 돌리며 회전을 하면서 차차 중앙에 선 두 사람을 중심으로 큰 원을 그리듯이 이동하기 시작했다. 양손을 넓게 벌리고 오른손바닥은 하늘을 향해, 왼손바닥은 밑을 향해 핀 채, 머리는 약간 오른쪽으로 기울이고 눈을 지그시 감은 채 황홀경에 도취해 회전을 하고 있었다.

하늘을 향한 오른손은 신의 은혜를 받는 자세를 나타내고 땅을 향한 왼손은 신의 은혜가 세상에 퍼지는 것을 의미하는데, 그 현란한 회전 속에서 인간의 의식에 붙어 있는 언어, 종교, 사상이라는 먼지가 털어져 나가고, 결국에는 순수한 의식만 남는 것처럼 보였다.

빛처럼 빠른 현란한 움직임 속에서 희열에 찬 모습들 앞에서 바라보는 관중들조차 도취되고 있었다.

그렇게 한참을 돈 사내들은 근처의 사람들과 둘셋씩 모여 어깨를 부딪친 채 한동안 서 있었다. 그리고 다시 처음과 같이 원을 그리며 돌다 중앙에 서 있는 검은 가운을 걸친 지도자 앞에서 절을 한 후, 다시 춤을 추기 시작했다.

춤은 매우 간단했다. 계속 그렇게 돌며 반복을 했다. 그리고 두 명의 지도자는 중앙에 서 있기도 하고 천천히 회전을 하기도 하면서 춤추는 이들을 지도했다.

사내들은 가끔씩 쉴 뿐, 수백 번을 한번도 쉬지 않고 빙글빙글 돌았다. 음악이 빨라지면 회전도 빨라졌고, 음악이 느려지면 회전도 느려졌다.

그 황홀한 춤이 끝날 무렵, 중앙에 서 있던 검은 가운의 지도자가 뭐라 외치며 손바닥을 하늘로 향한 채 기도를 했다. 관중들도 따라서 손바닥을 하늘로 향한 채 기도를 했다.

그리고 지도자가 일어나 절하며 "살람 왈레이쿰(신의 평화가 당신과 함께 하기를)"이란 인사말을 함으로써 의식은 조용히 끝났다.

의식이 끝났건만 관중석에는 감격의 물결이 가셔지지 않고 있었다. 나 또한 감격에 젖어 있었다.

종교적 희열 때문에?

아니었다. 아름다워서였다. 종교, 사상을 떠나 그들의 춤과 음악 자체가 지극히 아름다웠기 때문이다. 아름다움이야말로 종교라는 틀이 없어도 종교적인 심성을 자극하는 그 무엇이었다.

관광지화된 코니아

세상 어디나 관광지화되면 사람들이 변한다. 나는 그 징조를 코니아에서도 보았다. 코니아에 내리자마자 숙소 잡는 것을 도와주었던 청년은 나를 카펫점에 데리고 갔고, 그곳에서 사지 않고 나오는 나를 점원들은 험상궂은 눈초리로 째려보았다.

어딜 가나 호객꾼들이 들끓었다. 메블라나 박물관에서 구경을 하던 중 웬 터키 청년들이 다가와 말을 붙인 적이 있었다.

"곤니찌와."

"노, 재패니스. 코리안."

"어이구, 미안합니다. 얼굴이 비슷해서."

그의 영어는 유창했다. 그와 그의 친구는 학생이라고 소개했는데 메블라나 축제에 대해 얘기를 하다 그만 그의 친구가 실수를 하고 말았다.

"우리 보스가 이 축제에 나가 춤을 춰요."

"보스라니요?"

"우리 카펫 가게의 보스요."

"…… 학생이라면서."

"……."

그러자, 옆의 친구가 눈짓을 보내며 당황스런 표정을 지었다.

즐겁지 않은 일이란 한번 일어나면 계속 일어나는 것일까?

숙소로 돌아오니 방에 스팀도 안 들어와 코끝이 시릴 정도였고 온수도 나오지 않아 발도 씻을 수 없었다. 카운터로 가 얘기를 하니 영어책을 보며 단어를 암기하던 사내가 나를 쳐다보지도 않은 채 다른 사내에게 물을 갖다 주라고 명령했다. 거만한 표정으로 나를 깔보는 표정이 역력했다.

그런데, 잠시 서양 남녀가 들어오자 이 터키 친구 반색을 하는 꼴이 가관이었다. 그는 소파에 앉은 여인 옆에 바싹 앉더니 뉴질랜드도 이렇게 춥냐며 여인의 손을 감싸쥐고 난리를 피웠다. 그리고 공책을 들고와 영어 단어를 물으며 웃고 아양 피우는데 비굴하기 짝이 없게 보였다.

자식…… 영어 한마디 배우는게 뭐 그리 중요하다고. 그리고 왜 여자 손을 잡고 난리냐.

씁쓸했다. 이런 것을 보고 터키인은 어쩌고저쩌고 하면서 단정하고 싶지는 않았다.

한국에서도 종종 그런 풍경을 본 적이 있지 않던가? 못사는 동남아, 아프리카 사람들을 보살펴주고 도와주는 사람들이 있는가 하면 깔보는 사람들이 있고, 서양 사람들 앞에서 당당한 사람들이 있는가 하면 비위 맞추느라 아양 피우는 사람들도 있고…… 터키만이 아니라 약한 나라 사람들의 슬픈 모습이라는 생각이 들었다.

코니아

샛길의 즐거움

　그러나 코니아는 나를 결코 실망시키지 않았다. 샛길에서 만난 사람들의 순수한 인정이 나를 감동시킨 것이다.
　거리를 걷다 우연히 허름한 찻집에 들른 적이 있었다. 주인은 나에게 석탄 난로 옆의 자리를 권했고 나는 차를 마시며 얼었던 몸을 녹이기 시작했다. 라디오에서는 부드러운 터키 여인의 노래가 흘러나오고 있었고 사람들은 두런거리며 느긋한 표정들로 차를 마시고 있었다.
　아, 느긋한 이 풍경…… 가던 세월도 이곳에서 쉬는 것만 같구나.
　달콤한 터키 차를 혀로 음미하며 두 잔이나 마신 후, 계산을 하려는데 뚱뚱한 주인은 눈을 지그시 감으며 이렇게 말하는 것이 아닌가.
　"노."
　"그래도……."
　다시 돈을 주었으나 노인은 손을 흔들었다. 웃지도 않은 무뚝뚝한 표정으로 노인은 완강히 손을 내저었다. 노인이 할 줄 아는 영어는 '노' 밖에 없어서 더이상 말을 하지는 않았으나 눈치로 보니 내가 외국에서 온 손님이기에 돈을 받지 않겠다는 것 같았다.

돈으로 치자면 얼마 안 되었지만 그의 따스한 인정이 길 가던 초라한 나그네를 감동시키고 있었다. 노인의 친절을 마음속 깊이 받아들이고 한국식으로 절을 꾸벅하자 구석에 있던 노인들이 기특하다는 듯 탄성을 내질렀다.

나오면서 나는 큰 목소리로 노인에게 인사했다.

"알라하 이스말라득.(안녕히 계세요)"

터키에 와서 배운 인사말이었다. 노인은 그제야 활짝 웃으며 말했다.

"귈레 귈레.(안녕히 가세요)"

아, 그런 순간들이 너무도 행복했다. 길을 가다 열 사람이 나를 괴롭혀도 이런 사람 하나 때문에 나는 행복했다.

또 거리를 걷다 보니 학교가 보였다. 중학생 정도 되는 아이들이 학교 운동장의 빙판에서 미끄럼을 타고 있어 사진을 찍었는데 그게 실수였다. 저쪽에서 체육시간에 덤블링을 하던 학생들이 모두 나에게 몰려오기 시작한 것이다. 아이들을 모두 빼앗긴 체육 선생님은 황당한 표정으로 나를 쳐다보고 있었다.

미안한 표정으로 눈인사를 하니 체육 선생님은 웃으며 황급히 나를 교내 매점으로 안내했다. 매점의 난로 주위에 있던 선생들은 한국에서 온 나그네를 매우 반겼다. 그 중에 영어 선생님이 있어 의사 소통에는 문제가 없었다. 얘기를 나누다 오스만투르크에 대한 화제가 떠오르자 그는 분노한 듯 이렇게 말을 했다.

"원래, 우리 터키는 광대한 영토를 갖고 있었어요. 우즈베키스탄, 카자흐스탄 등…… 그런데 강대국에 의해 갈가리 찢겨진 겁니다."

"메블라나 루미의 수피즘에 대해서는 어떻게 생각해요?"

"글쎄요. 나는 별로라고 생각해요…… 물론, 우리의 전통이긴 하지만 요즘에는 상업적으로 이용되는 것 같아요. 축제도 유럽 관광객들을 위한 상품으로 변한 것 같고. 그리고 수피즘은 너무 수동적이에요. 그것은 불교나 힌두교에서 영향을 받은 것이 틀림없어요. 너무 내적인 평화나 신비에 집착하는 나머지 세상의 개혁 같은 것은 등한시한단 말이에요."

그들은 메블라나 루미에 대해서 다소 비판적이었다.

한참 얘기를 나눈 후 운동장으로 나와 선생님 몇 분과 사진을 찍으려고 했는데 그게 또 실수였다. 그 장면을 본 체육하던 아이들이 또 선생님을 팽개치고 모두 내게 달려오고 말았으니.

하여튼 아이들의 호기심이란…… 수업이 다 난장판이 되었고 결국, 체육 선생님도 수업을 포기하고 모두 단체 사진을 찍기로 했다.

"비르(하나), 이키(둘), 위치(셋)!"

"와와."

아이들은 내가 하는 터키 말에 감격을 해서 소리를 질러댔다. 학교를 떠날 때, 교문까지 따라와 두 손 모아 합장하고 무릎을 약간 굽히며 인사를 하는 아이들도 있었다.

선생님들이, 아이들이, 길거리에서 만난 사람들이 정말 고마웠다. 관광지가 아닌 샛길에서 만난 사람들은 그렇게 정에 넘치고 있었다.

|카파도키아|

동굴에서 자다

터키의 중부에 카파도키아란 매우 기괴한 지역이 있다. 마치 다른 행성에라도 온 듯한 착각을 느끼게 하는 곳인데 내가 처음 갔을 때는 한겨울이었다.

괴레메는 카파도키아 지역의 중심 도시로 유명한 관광지였지만 1991년 12월, 하얀 눈으로 뒤덮인 겨울 괴레메는 인적이 드물었고 날씨가 보통 추운 게 아니었다. 내륙 지방이라 영하 20도 정도는 되는 것 같았다.

버스에서 내려, 온몸으로 파고드는 한기에 몸을 잔뜩 웅크린 채, 걷다 보면 숙소가 나오려니 하는 마음으로 인적 없는 어둑어둑한 길을 무작정 걸었다. 그때, 버스에서 같이 내린 청년이 다가와 일본인이냐고 물었다. 한국인이라 대답하며 잠시 긴장했다.

또 카펫 호객꾼인가?

그런 의심이 들었는데 청년은 싸고 좋은 펜션이 저쪽에 있다고 가리켜준 후 다른 길로 가버렸으니, 후방에서 홀연히 나타난 '귀인' 임에 틀

카파도키아

림없었다.
청년이 가리켜준 방향으로 가다 언덕길을 오르는데 기괴한 풍경이 펼쳐지기 시작했다.
이게 뭔가…… 나는 걷다 말고 서서 주변을 돌아볼 수밖에 없었다.
어둠 속에서 길쭉하고 집채만한 바위들이 땅 위로 불쑥불쑥 솟아나 있어 갑자기 낯선 세상에 온 것만 같았다.
그렇게 몇 분 동안 컴컴한 어둠 속을 걸어가는데 높은 바위 한가운데 만들어진 창문에서 불빛도 새어나오고 있었고 어디선가 아이들의 목소리도 들려왔다.
고개를 들어보니 아이들이 저만치 있는 커다란 바위 위에서 나를 내려다보고 있었다. 바로 청년이 말한 사라헨 펜션이었다. 바위 위로 올라가 보니 엄청나게 큰 바위 속에 집이 있었다.
안에 들어가 보니 네다섯 평 정도 되는 동굴 안에 방들이 여러 개 있었는데 주인은 그중 하나의 방문을 열어주었다. 동굴 안이라 그런지 난로라도 피워놓은 듯 훈훈한 기운이 감돌았고 깔끔한 화장실 안은 타일이 깔려 있었으며 샤워기에 서양식 변기가 설치되어 있었다. 비수기라 숙박비도 매우 쌌다.
짐을 푼 후 밖으로 나와 식당을 찾았지만 이미 다 문이 닫혀 있었다. 낮이라 해도 관광객이 없으니 문을 열지 않았던 것이다. 다만 불을 밝히고 있는 슈퍼마켓 하나가 보였다.
그날 저녁, 슈퍼마켓에서 산 캔맥주와 빵으로 저녁을 때웠다. 메마른 빵을 씹어 먹으려니 영 맛이 없었고 그렇게 먹은 빵이 괜찮을 리 없었다. 자다 말고 속이 답답하고 아랫배도 아파서 깨고 말았다. 소화제를 먹고 바늘로 손끝 발끝을 땄다. 그리고 배를 수백 번 정도 문지르고 나니 트림이 나오며 속이 조금 편해졌다.

그러나 잠이 잘 안 왔다. 동굴 안을 둘러보니 그냥 방이 아니었다. 정면 벽은 가로 세로 약 2미터 정도가 약간 들어가 있어서 제단처럼 보였고 좌우 벽에도 그런 것이 파져 있었다. 화장실을 만드느라 시멘트벽을 만들어 조금 찌그러진 모양이지만 전체적으로 직사각형의 반듯한 방이었다.

이 괴레메에는 예로부터 수많은 바위 동굴들이 있었고 4세기부터는 금욕적인 고행을 하는 기독교 수도사들이 세상을 버리고 이곳에 동굴 교회를 만든 후, 수행을 했었다. 내 방도 아마 그런 수도사들이 묵었던 곳이었을 것이다.

약 천칠백 년 전, 세상에 등 돌린 채 자신의 청춘과 삶을 모두 포기하고 이 동굴에서 하루 종일 기도하며 구원을 꿈꾸었을 그는 과연 어떤 사람이었을까?

그는 구원받았을까? 육신은 갔지만 영혼은 다른 세상에 가 있을까?

홀로 드러누워 있자니 생각이 끊이질 않았지만, 바위 덕에 바람 소리도 들리지 않는 동굴은 적막하기 그지없었다.

다음날 주변을 돌아본 후, 어둑어둑해지는 저녁 나절 기괴한 바위들이 들이찬 길을 걸어보았다. 어디선가 나타난 개들에게 빵을 뜯어 주었더니 한참 동안이나 따라왔다. 그렇게 개와 함께 눈에 푹푹 빠지며 길을 걸었다. 어느샌가 길은 어둠 속에 잠겨가고 있었고 솟아오른 바위에 난 창문에서 불빛이 새어나오고 있었다.

다람쥐처럼 딱다구리처럼 바위 속에서 살아가고 있는 사람들…….

불현듯, 나도 저렇게 바위 속에 숨어 살았으면 좋겠다는 생각이 들었다. 낮에는 땀 흘려 일하고, 세간도 없는 단순한 바위 속에서 책 읽고,

기도하고, 명상하는 단순 소박한 삶은 얼마나 행복할까? 춥고 컴컴한 그 길에서 바라본 바위 동굴들은 세상에서 가장 아늑한 집으로 다가왔다.

동굴 숙소로 돌아온 나는 전날 먹다 남은 빵으로 저녁을 때웠다. 비록 맛없는 빵이나마 그렇게 씹을 수 있다는 게 행복했다.

맛? 적어도 그런 것으로부터 자유롭고 싶었다.

내 몸을 유지하기 위해 잠시 먹어두면 그뿐이지, 뱃속에 들어가면 다 똑같은 게 아닌가. 정 목이 메면 꼭꼭 씹을 일이었다. 몇십 번만 씹으면 입안에 단맛이 가득 뱄다.

나는 왜 이렇게 행복한가? 만약 돈이 없이 이렇게 딱딱한 빵을 씹고 있다면 나는 비참한 눈물을 흘릴지도 모른다. 그러나 내가 가고 싶은 길을 가고 있기 때문에 행복한 것이겠지.

동굴 속에 홀로 앉아 빵을 씹던 순간이 꽤나 행복했다.

야외 박물관

새벽에 일어나니 세상이 꽁꽁 얼어붙은 것 같았다. 눈길을 엉금엉금 걸어 마을에서 약 2킬로미터 떨어진 야외 박물관이란 곳을 갔다. 박물관이라면 건물을 연상하겠지만, 이곳은 커다란 바위 안에 굴을 파고 만든 동굴 교회가 많이 있는 지역에 붙인 이름이었다.

그곳으로 가는 동안 뾰죽뾰죽 솟아오른 거대한 바위들이 이어지고 있었다.

황량하고 기괴했다. 이런 풍경은 이곳의 자연환경 때문에 우연히 생긴 것이었다.

수백만 년 전, 해발 약 4천 미터의 에르지예스 산이 폭발한 후, 엄청난 화산재가 쌓였고 그것이 엉기고 응고해 응회암들이 생겼다. 그것은 열에 강하고 가공이 편리했는데 수백만 년 동안 바람과 물에 의해 깎이고 떨어져나가며 지금처럼 기괴한 바위들이 만들어진 것이다.

이윽고 야외 박물관에 도착하니 거대한 바위들이 모여 있고 눈을 밟

아가며 구경하는 관광객이 가끔 보였을 뿐, 텅 비어 있었다. 비록 춥고 사람 없는 곳이었지만 텅 빈 동굴 속을 드나들며 구경하자니 짜릿했다.
　수많은 동굴 교회들이 있었다.
　카란르크 킬리제(어두운 교회), 일란르 킬리제(뱀교회), 엘말르 킬리제(사과교회), 차르클르 킬리제(신발교회)……
　이 동굴 교회들은 대개 6세기에서부터 12세기에 걸쳐 만들어진 것들인데, 물론 지금 이곳에 수도사들은 없고 다만 그들의 흔적만 남아 있었다. 동굴 안에 그려진 대부분의 프레스코화들은 모두 예수의 탄생과 십자가 사건 그리고 그와 관련된 인물들의 얘기였다.
　여름에는 엄청나게 덥고 건조하며 겨울에는 혹독하게 추운 이곳은 금욕이나 단식 등의 고행을 주로 하는 수도사들에게는 이상적인 장소였고 그들은 이곳에서 속세의 욕망을 잊은 채 오로지 신만을 생각했을지도 모른다.
　예전에 인도에서 아잔타 석굴, 엘로라 석굴 등을 보았었고 몇 달 전 중국의 둔황 석굴에서 부처의 일대기가 그려진 벽화를 보다가 이곳에 도착해 중세 기독교의 흔적을 보던 나로서는 감개무량했다. 동굴 속에 새겨진 하나하나의 벽화에서 감동을 받아서라기보다, 종교를 초월한 인류 공통의 어떤 열정과 염원을 느낄 수가 있었기 때문이다.
　길을 따라오며 조금씩 변해가는 종교와 문화를 접하다 보면, 우리는 결국 하나이며 그 모든 종교와 사상을 떠나, 절대자와 절대 평화를 그리는 똑같은 인간들이란 생각이 들었다. 또한, 그 욕망에 목숨을 걸 정도로 지고한 존재며 다만, 그들의 순수한 바람, 열망은 다른 공간과 다른 시간대 속에 잠시 모습을 달리해 나타날 뿐이지 근본은 같다는 느낌들이 온몸을 덮쳐왔다.

동굴 교회들

카펫 공장

괴레메는 질 좋은 카펫 산지였고 터키 어디 가나 있지만 여기에도 카펫 호객꾼들이 있었다.

야외 박물관을 구경하고 나오다 웬 터키 사내를 만났다.

"이 차 타세요. 마을로 돌아가는데 태워다드리지요. 이 근처에 있는 내 동생 집에 가서 점심이나 먹고 갑시다."

별로 위험한 사람 같지는 않아 보였고 한번 터키 사람 사는 집을 보고 싶은 충동이 일어 가기로 했다. 그러나 그가 나를 데리고 간 곳은 카펫 공장이었다.

아아아아. 터키에 와서는 어딜 가나 카펫 귀신들이 나를 쫓아다니고 있었다. 주인이 진짜 그의 동생인지는 알 수가 없었다. 같은 동네에 살면, 대개 모두 형, 동생이라고 부를 테니 말이다.

"자, 우선 차나 한잔 드시고, 안 사도 되니 구경이나 하면서 조금 있다 점심이나 합시다."

기분이 썩 좋지는 않았지만 할 수 없었다. 그의 말을 믿기로 하고 나는 마음을 편히 먹은 채 구경을 했다. 안에서는 여인들이 카펫을 짜고 있었고 가게 주인은 친절히 설명해주기 시작했다.

"이 카파도키아 카펫은 품질이 좋고 가격이 싸요. 코니아는 단지 이곳에서 사다가 비싸게 파는 거예요. 혹시 파키스탄 여행해보았어요?"

"예."

"파키스탄이나 아프가니스탄의 카펫은 매듭을 한 개로 끝내는데 이곳에서는 두 번 매듭을 만들어요. 그래서 파키스탄 것은 잘 풀어지지만 카파도키아 카펫은 매우 튼튼해요. 그래서 만들기도 힘들지요. 한 사람이 하루에 세 시간 이상을 못해요. 눈이 아프기 때문이에요."

여인은 직조기 앞에 앉아서 양털실로 정성 들여 카펫을 만들고 있었다. 그냥 단순하게 만드는 것이 아니라 무늬를 만들기 위해서는 몇 가지 색깔의 양털실을 군데군데 섞어가며 만들려니 꽤 정교하고 힘이 들어 보였다.

"가로 4.6미터, 세로 3.3미터 정도의 카펫 하나 만드는 데 약 3, 4개월 걸려요. 비단으로 카펫을 만들 경우 3, 4년은 걸리구요."

그러니 비쌀 수밖에 없다는 생각이 들었다.

"염색하는 데는 화학 약품으로 염색하거나 식물 염료를 사용하여 염색하는 방법이 있지요. 아니면 처음부터 색깔 있는 자연적인 실을 이용하거나요. 지금 짜고 있는 실은 자연적인 실인데, 검은 색실은 검은 양털, 하얀 실은 하얀 양털에서 나온 거예요."

"이런 무늬는 무엇을 의미하는 것이지요?"

완성된 카펫들에는 낙타 무늬, 거미 무늬, 또는 형체를 알 수 없는 무늬 등이 보였다.

"아, 무늬마다 의미가 있어요. 이 거미 무늬는 이런 얘기가 있어요.

선지자 모하메드가 622년 메카에서 메디나로 갈 때 적군에게 쫓겨 동굴에 숨은 적이 있었지요. 그때 거미가 입구에 거미줄을 쳐주어서 적들이 지나쳤어요. 이 사건은 무슬림들에게 매우 중요했고 그후 거미 무늬는 우리를 보호해주는 의미를 갖게 되었지요. 그리고 저 형태는 알라신을 의미하는데 세상의 주인, 통일 등을 나타내는 것이지요."

"이런 것은 얼마 합니까"

"칠천오백 달러입니다."

어억. 가로 4.6미터, 세로 3.3미터인 저 카펫의 가격이 7천5백 달러?

"사시겠습니까?"

사람을 어떻게 보시고…… 물론, 카펫 가격을 모르는 나로서는 그것이 다른 나라와 비교할 때 비싼 건지 싼 건지 모른다. 또 막상 산다면 많이 깎아줄 것이다…… 그러나, 내가 그 돈이 있으면 여행을 더 하지.

"난, 가난한 여행자입니다. 돈이 없어요."

"예?…… 그럼 여긴 왜 왔어요?"

여긴 왜 왔다니? 그의 퉁명스런 말투와 상을 찡그린 표정이 나를 불쾌하게 했다.

"내가 여기 온 것은 저 사람이……."

그러자 나를 가게에 데리고 온 사내가 미안한 표정을 지으며 내 말을 막았다.

"아, 안 사도 좋아요. 그냥 점심이나 합시다."

그러나 그런 상황에서 점심 먹을 기분이 나겠는가.

"관둡시다. 난 돌아갈 테요."

씁쓸했다. 그들이 나쁜 사람은 아닐 것이다. 다 먹고살려고 하는 일일 테니…… 그러나 나도 그들의 기분만 맞춰줄 수는 없었다.

그때, 그 숙소

처음 묵었던 동굴 숙소를 십여 년만에 다시 가보았다.

2002년 8월, 이스탄불과 남쪽 해안은 습하고 더웠지만 괴레메의 여름 아침은 선선했다. 이스탄불에서 밤차를 타고 갔던 아내와 나는 아침에 버스에서 내리자 피곤한 몸을 이끌고 예전에 내가 묵었던 그 숙소를 향해 걸어갔다.

괴레메는 예전의 을씨년스런 겨울 풍경이 아니었다. 울퉁불퉁 솟아오른 거대한 바위들은 마찬가지였지만 버스터미널 앞에 수많은 외국 여행자들이 보였고 깔끔한 노천 레스토랑과 카페들이 온 동네에 들어서 있었다.

"이게 뭐야…… 다른 행성에 온 것 같아. 아까 관광안내소에 앉아 있던 할아버지는 행성의 문지기 같고."

숙소로 가는 길에, 아내는 불쑥불쑥 솟아오른 거대한 바위들을 바라보며 그렇게 중얼거렸다.

점점 그 동굴 숙소로 다가갈수록 내 가슴도 두근거려왔다.

예전에 나 혼자 와서 쓸쓸하게 묵었던 그 동굴 숙소는 어떻게 변해 있을까? 그 주인 가족은 계속 있을까?

언덕길을 올라가는데 어디선가 돌 쪼는 소리가 들려왔다. 왼쪽에 솟아오른 바위에서 굴을 파는 인부들이 보였다. 그곳에도 동굴 숙소가 있었는데 동굴을 더 파서 새로운 방을 만드는 것 같았다.

드디어 거대한 암벽이 솟아올라 있고 그 밑에 Sarihen Pension이란 간판이 보였다.

'사리헨 펜션?' 내 기억에 의하면 사라헨 펜션이었는데…….

조금 이상했지만 분명히 그 자리는 맞았다. 들어가 보니 늙수그레한 사내가 나타났다.

아…… 그 사람, 십여 년 전 나를 맞은 사람이었다. 그때 오십대 초반이었던 사내는 이제 주름이 많이 잡혀 환갑이 넘은 노인으로 보였지만 분명히 예전의 모습이 남아 있었다.

"저, 기억해요? 십여 년 전 겨울에 이곳에 묵었었는데?"

"아, 그래요? 허허."

할아버지, 아니 나에게는 여전히 아저씨처럼 보이는 그는 나를 기억하지는 못했지만 반가워했다.

그때 웬 터키 청년이 나타났는데 어, 빨간 '붉은 악마' 유니폼을 입고 있는 게 아닌가.

"아니, 어떻게 이 옷을?"

"아, 여기 묵었던 한국 사람이 주었어요."

참, 대단한 한국인들이다.

예전에도 비슷한 것을 보았었다. 1996년 초던가, 월드컵 유치를 위한 홍보 기간 중이었는데 인도의 바라나시의 게스트하우스 문 혹은 동네

담벼락에 2002 Korea Worldcup 스티커들이 붙여져 있는 것을 보고 놀란 적이 있었다.

무거운 배낭에 스티커 다발을 넣고 다니며 세상 구석구석에 붙이고 다니는 그들이 어디 돈 받아서 하는 일이겠는가. 극성스럽게 보일 수도 있지만 외세의 억눌림 속에서 당하고 당하다, 이제 나도 살아 있다고 외치는 기개요, 에너지일 것이다. '붉은 악마' 유니폼도 그럴 것이다. 미리 선물용으로 준비해 왔거나 자기가 입던 것을 훌렁 벗어서 준 것일 게다. 대단한 민간 외교사절들이다.

"그때, 애들이 있었는데 혹시 이 청년이 그 애예요?"

"아, 걔는 군대갔고 얘는 내 조카요. 그리고 내 딸은 시집갔고. 허허."

그렇구나. 그때 이 집의 아이들이 열 살 남짓했는데 벌써 시집가고 군대를 갔구나.

"내가 묵던 데가 바로 저 방인 것 같은데……."

"그때 당신이 혼자 왔었다면 저 방일 거요."

"그 방 줄 수 있어요?"

"아, 그 방은 침대가 하나밖에 없는데다 사람이 있어요. 대신 삼층의 좋은 방을 줄게요."

삼층으로 올라가니 전망이 탁 트인 베란다가 있었고 동굴 속에 방들이 있었다.

"이건 새로 동굴을 파서 만든 겁니다."

깔끔한 곳이었다.

"얼마예요?"

"에…… 이게 원래 삼천오백만 리라 받는 건데 삼천만 리라만 내요. 아침 포함해서."

카파도키아

"그러지요."

다시 왔다는 것을 빌미로 깎고 싶지 않았다. 또한, 성수기에 그 정도 깎아준 것도 고맙게 생각되었다. 약 18.5달러였으니, 전망 좋은 곳에서 둘이 자는데 그 정도 가격이면 결코 비싸게 느껴지지 않았다.(주인은 떠나던 날 나에게 포도주 한 병을 선물로 주려고 했다. 거절을 했지만 그 정이 참 고마웠다.)

카파도키아 투어

카파도키아 지역 부근의 관광지는 넓게 흩어져 있고 공공 버스가 안 다녀 혼자서 볼 수 없으므로 여행사의 투어에 참가해야 하는데 겨울에는 사람이 없어 그럴 수가 없었다. 하지만 여름 여행에서는 여행자가 많아 투어 프로그램에 참가하기가 쉬웠다.

그런데 웬 한국 사람이 이렇게 많은가?

모두 열 명이 가는데 직장 휴가 내서 왔다는 청년 하나와 그 일행인 학생 둘, 혼자 두 달 동안 그리스와 터키를 여행한다는 여학생 하나, 그리고 우리 둘 합해서 모두 여섯 명이 한국인이었다. 나머지 일행은 혼자서 여행한다는 일본 중년 여인, 월남계 호주 남자, 미국 여인과 그 젊은 아들이었다. 그리고 몸집이 작고 쾌활한 터키 여자 가이드가 따라붙었다.

"야호!"

미니 버스가 출발하자 뒷자리의 젊은 한국 친구들이 소리를 질렀다. 젊음의 열기가 팍팍 느껴지고 있었다.

가다 보니 들판에 감자와 호박밭이 많이 보였다. 건조하고 척박한 땅에서조차 저런 것을 재배하고 있으니 터키가 식량이 풍부하지 않을 리가 없을 것이다.

터키의 인구는 약 6천5백만 명, 면적은 약 78만 제곱킬로미터다. 남북한 인구 다 합쳐서 약 7천만이고 한반도의 넓이는 약 22만 제곱킬로미터이니, 터키 인구는 우리와 비슷하지만 넓이는 약 3.5배나 넓은 셈이다. 이 넓은 국토에서 생산되는 주요 농산물은 밀, 보리, 옥수수 등으로 특히 밀은 자급자족을 하고 수출까지 하는데 총 수출품의 84퍼센트를 차지하고 있다. 거기다 석탄, 철광석 등의 지하자원이 풍부하고 비록 자급자족은 못하고 있지만 수요의 절반에 해당하는 석유도 나고 있으니 무궁한 잠재력이 있는 나라다.

그러니, 국민 소득은 3천 달러 정도밖에 안 되고 경제가 불안하며 인플레이션이 심하지만 먹는 걱정을 하지 않기에 터키 사람들의 분위기가 느긋한 것은 아닐까?

그에 비하면 한국은 경제가 발전했고 국민 소득이 높지만 어쩐지 불안하다. 외부의 여건에 의해 경제가 영향을 너무 받다 보니 온 국민이 노심초사하고 있다. 터키처럼 식량이라도 자급자족하면 먹는 걱정은 덜겠는데 우리의 식량 자급률은 약 30퍼센트 정도. IMF 때 겪은 일이지만, 평화시에는 잘 돌아가는 식량 공급도 경제가 기우뚱하면 큰일나는 것이다.

거기다 한국에서 나는 농산품은 농약에 오염되고, 중국에서 오는 농수산물은 중금속, 납 등에 오염되기도 하고, 미국에서 오는 수입농산물들 중 많은 것들이 유전자 조작 식품이다. 나도 그것을 모르는 사이 먹고 있지만 후일 내 건강에 어떤 해를 끼칠지도 모른다는 생각을 하면 오싹 소름이 끼친다.

컴퓨터와 자동차와 핸드폰이 행복의 척도라고 생각하는 사람들은 여전히 우리가 낫게 보이겠지만, 건강, 스트레스 없는 삶, 깨끗한 공기와 물, 무공해 농산물을 먹는 기쁨 같은 것이 더욱 소중하다고 생각하는 사람들에게는 터키인의 삶이 우리의 삶보다 질이 낮을 이유는 없어 보였다.

물론 터키 사람들 중에는 한국을 부러워하는 사람들도 있을 것이다. 사람들의 욕심은 끝이 없고 앞서간 나라와 비교하면 불편한 점, 가난한 점만 두드러져 보이니 말이다. 결국 사람들은 자기가 갖지 못한 것을 서로 부러워하나 보다.

이런 상념에 젖어 있는 사이, 땅이 푹 꺼지고 멀리 건너편에 울퉁불퉁한 암반들이 계속 이어지는 계곡 앞에 차가 섰다.

모두 내리자 가이드의 설명이 시작되었다.

"이곳은 비둘기 계곡입니다. 예전에 비둘기들이 많이 살아서 그런 이름이 붙여졌어요. 비둘기는 효용가치가 많았어요. 전시에 연락용으로 썼고 비둘기 똥은 비료로 썼습니다. 그리고 비둘기 알과 석회를 섞어 회반죽을 만들어 프레스코화를 그릴 때 사용했습니다."

"지금은 비둘기가 안 보이는데요?"

"아, 지금은 별로 필요가 없으니까 사람들이 기르지를 않아요."

"그러면 예전에 자연적으로 비둘기들이 산 게 아니라 사람들이 길렀군요."

"그렇지요."

사람들은 모두 눈을 반짝거리며 듣고 질문들을 했다.

잠시 휴식시간을 갖고 다시 떠났는데 터키 여자 가이드는 자기가 알고 있는 것을 다 말해주려는 듯 달리는 버스 안에서도 계속 쉬지 않고 얘기했다.

"카파도키아란 말은 원래 카트파두키아라는 말에서 유래했는데 뜻은 '아름다운 말들의 땅' 입니다. 그만큼 이 지방의 말들이 우수했다는 얘기지요. 저기 보이는 하얀 눈 덮인 산이 보이지요? 에르지예스 산입니다. 그 산이 폭발해서 화산재가 이곳을 뒤덮은 후, 풍화, 침식 작용에 의해서 지금의 지형이 만들어진 겁니다. 이곳은 예전부터 히타이트 족이 거주하던 곳이고 그들이 멸망한 후, 페르시아인, 알렉산더 대왕의 마케도니아인 지배를 받았지요. 그리고 로마 시대에는 늘 외부의 침입을 받다가 7세기경부터 페르시아인, 아랍인의 침입을 받으면서 황폐화되었는데, 이때를 전후로 지하 도시가 건설됩니다. 지금 가게 되는 데린쿠유 지하 도시도 바로 그 중의 하나입니다."

드디어 데린쿠유에 도착하자 모두들 기대감에 얼굴들이 상기되고 있었다.

"추위를 느낄지도 모르니 스웨터를 가져가세요."

이 여름에 춥다? 그만큼 동굴이 깊다는 얘기였다.

드디어 좁은 입구를 통과해 동굴을 따라 지하로 내려가기 시작했다.

"바로 여기 입구 옆이 마구간이 있던 곳이에요. 그 옆에는 포도주를 익히던 곳이고요."

조금 내려가다 이층 통로 내려가는 양쪽으로 불에 그을린 자국이 보이는 방들이 나타난다.

"여기가 부엌입니다. 이곳의 온도는 평균 15도에서 18도 정도라서 선선하지요. 히타이트 족들은 지하 이층 정도에서만 살던 것으로 추정되는데 그후 페르시아와 전쟁을 치르면서 더 깊이 들어가 살게 되었어요."

조금씩 내려갈수록 기가 막혀왔다. 자연 동굴이라면 모르겠는데 사람들이 이 속에서 살았다고 생각하니 마치 개미집으로 들어가는 기분이 들었다.

예전에 월남 호치민(사이공)의 근교에 있는 구찌 땅굴에 가본 적이 있었다. 그때 감탄한 것은 마른 월남 사람이나 간신히 빠져나갈 수 있는 좁은 통로와 함정들이었다. 그런데 데린쿠유 동굴은 규모에 있어서 그것과는 비교가 안 될 정도로 컸다.

"여기 도대체 몇 명이나 들어올 수 있어요?"

"약 이만 명 정도요. 이 근처 인구는 현재 삼만 명인데 예전의 인구는 오천 명 정도였으니까 다 수용할 수 있었어요."

"야, 대단하군, 대단해. 핵전쟁이 나도 피할 수 있겠네."

젊은 한국 친구들이 호들갑스럽게 말했다.

"이곳은 한때 잊혀졌다가 1968년 한 목동에 의해 우연히 재발견되었습니다. 지하 도시는 약 지하 십팔층에서 이십층이라고 추정되는데 우리가 볼 수 있는 곳은 팔층까지입니다."

정말 어마어마한 곳이었다.

계속 삼층으로 내려가니 식량 창고들이 나타나기 시작했다. 이층, 삼층 하니까 엘리베이터 타고 오르락내리락하는 것을 연상할지 모르겠지만 그게 아니라, 비탈길 혹은 경사진 계단을 따라 조금씩 내려가는 것이었다.

한참 내려가니 평평한 곳에 방들이 나왔다. 이리저리 얽힌 동굴 안에는 불이 밝혀져 있어서 다니기에는 힘들지 않았지만 종종 머리를 부딪치지 않기 위해 몸을 굽히고 걷자니 숨이 가빠졌다.

마침내 미국 할머니는 숨을 헐떡거리기 시작했다.

카파도키아

"여기 환기는 어떻게 돼요?"

지하 오층쯤 왔을 때 할머니가 물었다.

"네, 그렇지 않아도 그 얘기를 하려고 했습니다. 여기 위로 통하는 구멍이 보이지요?"

올려다보니 수직으로 뚫린 커다란 통로가 보였다.

"저기서 신선한 공기가 들어오는 겁니다."

모두 감탄을 하는데 한국 청년들이 자기들끼리 이런 얘기를 했다.

"이상한데…… 차가운 공기는 밑으로 가라앉고 더운 공기는 위로 올라가잖아…… 그런데 지금 여기 동굴이 더 춥잖아. 그렇다면 저 땅 위의 더운 공기가 어떻게 밑으로 들어오지?"

꽤 날카로운 관찰이었다.

"형, 그건 말야. 무슨 바람개비 같은 기계를 돌려서 공기를 빨아들이고, 오염된 공기를 뽑아내지 않았을까?"

"글쎄, 무슨 수가 있겠지만……."

청년은 그것에 대해 물어보려고 했지만 이미 가이드는 저 앞으로 가고 있었다.

그것 이외에도 볼 것과 감탄할 것이 너무 많아 우리는 정신을 차릴 수가 없었다.

다시 한 층을 내려가니 통로 구석에 엄청나게 큰 맷돌 모양의 돌이 보였다.

"저건 방어용 맷돌입니다. 만약 적들이 여기까지 내려올 경우 저 맷돌로 통로를 막아버리면 밖에서 들어올 수가 없었지요."

드디어 칠층에 오니 세 개의 기둥이 받치고 있는 넓은 광장 같은 곳이 나왔다. 기가 막혔다.

카파도키아

어떻게 이 지하에 이런 곳이 있단 말인가. 또 여기서 끝나는 게 아니라 사방으로 끝없이 펼쳐진 길들……

"이층에서는 약 만 명 정도를 수용할 수 있는데 여기는 교회입니다. 표시를 내지 않기 위해 프레스코화를 그리지 않았어요. 그리고 저기 보이는 게 우물입니다. 여기에는 많은 우물과 저장실이 있어요. 그리고 환기를 위한 통풍구가 현재까지 파악된 것에 의하면 쉰두 개가 있다고 합니다. 그리고 저기는 학교고 여기는 고해성사를 하는 곳입니다."

근처에는 장례식장도 있었고 시신을 묻는 곳도 있었다.

"이곳에서 장례를 치를 땐, 시신을 일단 묻고 그것이 썩은 후에 뼈만 추려서 다시 보관을 했지요. 그리고 저 공간들은 아마 동물이 거주하는 곳으로 보입니다."

놀라웠다. 동물도 지하에서 같이 살았다니. 그러니까 모든 것이 완벽하게 자체적으로 해결되었던 것이다.

그런데, 의문이 하나 있었다.

"화장실 문제는 어떻게 처리했습니까?"

나의 질문이 엉뚱하다고 생각해서였을까, 사람들이 폭소를 터뜨렸다.

"아, 좋은 질문입니다. 한번 추측해보세요."

"……"

"저기 토기들 보이지요. 저기다 해결한 후, 밀봉을 한 후, 나중에 바깥 농토의 비료로 썼습니다."

그러니까, 요강인 셈이다.

팔층까지 내려가 보니 환기를 위한 통풍구가 있었고 거기서 우리의 동굴 도시 탐험은 끝났다.

"우리는 더이상 내려갈 수는 없습니다. 이 밑의 층도 계속해서 이런 형식이니까, 대충 짐작을 할 수 있을 겁니다…… 카파도키아 지역에는 데린쿠유뿐만 아니라 카이막클르, 외즈코낙, 아즈골 등의 지하 도시가 있는데 여기가 가장 유명한 곳입니다."

데린쿠유 지하 도시는 정말 글로 그 충격과 감동을 다 전하지 못할 정도로 인상적인 곳이었다. 카파도키아의 진수를 데린쿠유에서 맛본 우리는 가이드의 수고에 아낌없는 박수를 보냈다.

동굴을 나온 우리는 차를 타고 이하라 계곡으로 향했다. 그곳은 마치 그랜드캐니언 같은 협곡이었다.

비탈길을 따라 밑에까지 내려가니 그곳에도 동굴 교회가 있었다. 그러니까, 이 지역은 바위 안이든, 계곡이든, 지하든 어디나 동굴들이 많았고 그 동굴 안에 수많은 교회를 만들었던 것이다.

모두들 하이킹하는 기분으로 계곡을 걸었다. 강물이 흐르고 있었고 푸른 나무들이 우거져 있었다. 카파도키아 지방에서는 보기 힘든 녹색이었다. 날씨는 조금씩 더워지고 있었지만 그래도 그늘이 있고 강 옆이니까 시원해서 좋았다.

구경하느라 서로 얘기할 시간이 없었던 우리는 앞서거니 뒤서거니 하면서 서로 대화를 나누었다. 한국 청년들 중 이십대 후반의 직장인이 같이 여행하는 우리 부부가 부럽다고 했다.

"사실, 저도 얼마 안 있으면 결혼하게 되는데, 제 여자 친구는 이렇게 걷고 여행하는 것을 싫어해요."

"여행 싫어하는 사람도 있나?"

"이런 여행이 귀찮다는 거지요. 호텔에서 먹고 자는 패키지 여행이라면 모를까, 그런데 저는 그런 게 싫거든요…… 같이 이렇게 여행하면 얼마나 좋겠어요? 부럽습니다."

"훈련을 시켜. 훈련. 우리가 인도 갔을 때 말이야……."

인도에서 아내가 힘들어하던 상황과 극기 훈련 비슷할 정도의 과정을 재미있게 얘기해주자 모두 배꼽을 잡고 웃어댔다.

그런데, 이 한국 청년들 참 마음에 들었다. 자신감 있고 예의 바르며 인정도 있었다. 아까 동굴에서 미국 할머니나 다른 외국인들에게 대하는 것을 보면서 그런 것을 느꼈다.

한국 여학생도 그들 못지 않게 당차고 성실한 여행자였다. 그녀는 터키가 너무너무 좋다고 했다. 그리스 여행할 때는 사람들이 쌀쌀맞아 주눅들었었는데 터키에 오니 사람들 환대가 대단하다는 것이었다. 그리고 남쪽 해안은 너무 더워서 힘들었는데 카파도키아는 건조하고 서늘해서 좋다고 했다.

오십대 초반의 월남계 호주인은 초췌한 차림이었는데 열심히 사진을 찍었다. 취미로 찍는다는데 독신인 것 같았다. 많은 사연이 있을 법한 사내였지만 그런 개인적인 것을 물을 수는 없었다. 우리는 우리가 가본 호치민 근교의 구찌 땅굴과 인도에 대한 얘기를 하며 즐거운 대화를 나누었다.

그렇게 한 시간쯤 걸은 후, 강 옆의 오픈 레스토랑에 도착했다. 그곳에서 점심을 먹은 후 간 곳도 인상적인 곳이었다. 셀리메 마을이란 곳인데, 정말 다른 행성에서나 볼 만한 풍경이 펼쳐지고 있었다.

삭막한 사막 같은 곳에 불쑥불쑥 솟아오른 구멍 숭숭 뚫린 바위 같은 산들…… 정말 뭐, 이런 데가 다 있을까? 모두들 입을 다문 채 이상한 풍경을 바라보았다.

예전에 야외 박물관만 달랑 보고 갔을 때도 인상적이었는데 이번 여

름 여행은 더욱 충격적이었다. 역시 카파도키아는 터키 최고의 여행지인 것이다.

"여긴, 마치 영화 스타워즈에서 나오는 외계의 어느 행성 같아서, 종종 스타워즈를 여기서 촬영한 것이라고 생각하는 사람도 있는데, 그건 아닙니다. 하지만 분위기가 정말 비슷하지요?"

가이드는 그렇게 말한 후 우리를 부근에 있는 바위산으로 인도했다. 우리는 직접 바위산을 오르기 시작했다. 크게 위험하지는 않지만 잘못하면 다칠 수 있을 정도로 험한 곳이었다. 산 중턱에는 역시 동굴들이 있었고 교회 흔적이 많았다. 하지만 사람들은 다른 행성에 도착한 우주인들처럼 그늘 밑에 앉아 망연히 이상한 세상을 바라보았다.

다음에 들른 곳은 길가에 있는 아즈카라 한이었다. 캐러반 사라이고도 불리는 이곳은 중국에서부터 시작해 파키스탄, 이란을 거쳐 터키까지 거치는 실크로드 대상들의 숙소였던 곳이다.

"'한'이란 말은 대상들의 숙소를 의미합니다. 터키에는 대상들을 위해서 10킬로미터마다 조그만 '한'이 있었고 40킬로미터마다 큰 '한'이 있었어요. 대상들은 이곳에서 삼일간 무료로 지낼 수 있었습니다. 큰길을 따라 달리다 보면 이런 크고 작은 '한'들을 많이 볼 수 있습니다."

아즈카라 한은 성채처럼 튼튼한 벽으로 둘러싸여 있었고 정문의 입구 위 부분은 푹 들어가 있는데 마치 돌을 쪼아서 만든 꽃봉오리처럼 보였다.

안에는 중앙에 석조 건물이 있고 주변에는 높고 넓은 회랑들이 있었다. 아즈카라 한은 13세기에 지어진 것인데 대상들은 겨울에 안에서 잤고 여름에는 밖에서 잤다는데 중앙에는 이슬람 사원이 있었다.

다음에 간 곳은 파샤바란 곳으로 점입가경이었다.

그림엽서나 안내책자에 많이 등장하는 사진들의 배경인 곳으로, 거대하고 길쭉한 바위들이 죽 늘어서 있는데 버섯 같기도 하고 모자를 쓴 바위 혹은 남근 같기도 해서 묘한 느낌을 주고 있었다. 여태까지 오면서 이상한 바위들을 많이 보았지만 이런 형태는 처음이었다. 멀리 높은 언덕까지 걸어 올라가 전경을 바라보니 뾰족뾰족한 바위들이 끝없이 행렬을 이룬 풍경이 장관이었다.

그런데 다음 행선지가 좀 석연치 않았다. 예정에 없던 보석집에 들르려는데 어떠냐고 가이드가 조심스럽게 물었다. 이른바 쇼핑을 시키려는 것이었다.

가이드인 그녀의 입장을 이해는 했지만 나는 솔직히 조금 귀찮았다. 일본 중년 여자 역시 필요 없다는 얘기를 했고 아내는 내 눈치를 보았는데, 월남 사내와 다른 한국인들과 미국인 모자는 가자고 했다.

아니, 이렇게 보석에 관심 있는 사람들이 많았단 말인가?

나는 내심 속으로 충격을 받으며 결국 안으로 들어갔는데 안에는 화려한 보석들이 즐비했다. 아내의 말에 의하면 값도 그다지 비싼 것은 아니라 했다. 나는 그 말에 바짝 긴장을 했다.

그런데 그곳에서 내가 이상한 사람이 되어버렸다. 눈빛을 반짝이며 구경하던 거의 모든 사람들이 목걸이, 귀걸이 등등을 사기 시작하는 것이 아닌가. 남학생들은 어머니를 위해서, 직장인은 애인을 위해서, 여학생은 자신을 위해서 샀다. 또한 미국 할머니도 샀고 월남 아저씨도 샀다. 물론 아내도 열풍에 휩싸여 호박 목걸이를 사버렸다. 다들 사는데 못 사게 하는 것도 뭐해서 꾹 참을 수밖에 없었다.

"얼마야?"

"십오 달러."

큰돈은 아니었지만, 이거 벌써부터 이렇게 새기 시작하면 감당할 수 없는데. 앞으로 갈 길이 먼데……

"걱정하지 마. 이제 안 살게."

아내는 심란한 내 표정을 읽었는지 그렇게 나를 안심시켰다.

다시 차를 타고 마지막으로 간 곳은 도자기 공장이었다. 그런데 들어가자마자 일본 여자가 가이드에게 강하게 항의를 하기 시작했다. 우리 모두 어리둥절했는데 나중에 듣고 보니 화낼 만도 했다.

우리가 간 곳은 '차부신'이란 도자기 공장이었는데 원래 프로그램에 적혀 있는 곳은 '아바노스'란 곳이었다. 아바노스 도자기 공장이 더 유명한 곳인데 차부신으로 데려왔으니 일본 여자가 항의한 것이다. 일본 여자가 말했으니 알았지 그곳이 차부신인지 아바노스인지 안 사람은 아무도 없었다.

"그걸 어떻게 알았어요?"

이상해서 내가 물어보았다.

"어제 나 혼자 이곳에 와봤거든요. 그런데 이곳에 또 데리고 오니 화가 난 거지요. 그리고 어제 돈 낼 때, 담당자에게 아바노스에 오는 것을 몇 번이나 확인했는데 이곳에 데려왔으니 화가 안 나요?…… 참, 터키 사람들 이게 문제예요. 종종 이 사람 말 다르고, 저 사람 말 다르니, 신뢰가 안 가요."

그 여인은 일본의 여행사에 근무한다고 했는데 아마 이런 것을 답사하고 다니는 것 같았다.

터키 여자 가이드는 휴대폰을 들고 본사와 연락하고 또 일본 여자의 화를 달래느라 안절부절하고 있었다.

그렇게 난리를 치는 사이 우리들은 도자기 만드는 과정과 각종 접시들을 구경했다. 화려했다. 우리나라에서는 쉽게 볼 수 없는 각종 문양과 디자인이 탐이 났다. 내 눈에도 아름답게 보여서 이곳에서 여행을 마친다면 사고 싶은 생각이 들 정도였다. 그러나, 그럴 수는 없는 일이어서 열심히 사진에 담기만 했다.

그것으로 투어는 끝났다. 비록 하늘이 흐려서 계획에 있던 일몰은 보지 못했지만 대단히 만족스러운 투어였다.

괴레메의 밤

　서늘한 밤공기 속에서 괴레메의 여름밤은 은근히 흥청거리고 있었다. 노천 레스토랑의 나무들에 매달린 조그만 전구들이 축제 분위기를 내고 있었으나 그렇게 시끄러운 분위기는 아니었다.
　그중의 한 곳에 들어가 우리는 시시케밥, 치킨케밥, 올리브샐러드, 버섯샐러드 그리고 차이 두 잔을 시켰다. 케밥에는 토마토샐러드와 밥이 포함되어 있었다. 예전에 괴레메에서 딱딱한 빵으로 끼니를 때우던 생각을 하면 진수성찬이었다. 그런데 웨이터는 시키지도 않은 밥까지 또 갖고 왔다.
　"어, 이건 시키지 않은 건데?"
　"아, 그래요?…… 뭐, 이왕 갖고 온 거니 드세요. 돈 안 받을 테니까요."
　터키다웠다. 겉보기로는 서양을 닮았는데 속을 들여다보면 아니었다. 투어에서도 그랬지만 일 처리가 허술하고 얼렁뚱땅 넘어가는 경우도 있었다.

자신들도 그렇고 남에게도 너무 따지길 싫어하는 것 같았다. 그러니, 치밀하고 합리적인 것을 원하는 선진국 사람들은 그런 분위기가 황당하게 느껴지고 때로는 손해보는 일도 생길 것이다. 하지만 여행자의 입장에서 예기치 않게 이익을 보거나 도움을 받는 경우도 숱하게 많아서 나는 터키의 허술한 분위기가 짜증이 나기보다는 차라리 더 편하게 느껴졌다. 비즈니스를 한다면 모르겠지만 나는 급할 것 없는 여행자였기 때문이다.

천천히 식사를 즐긴 후 계산을 하니 약 8천 원 정도. 1인당 4천 원에 좋은 분위기 속에서 그 정도 먹을 수 있다는 것이 결코 비싸게 생각되지 않았다.

서울에 있는 터키 레스토랑에서 파는 터키 음식 가격 생각하면 터키 음식 많이 먹고 가는 게 돈 버는 것이란 생각도 들었다.

숙소로 돌아와 방 앞의 넓은 테라스에 마련된 탁자에 앉아 시원한 맥주를 들이켰다. 멀리 반짝거리는 야경이 정겨웠다.

"아, 상쾌한 여름밤. 예전 겨울에는 덜덜 떨었었는데 여름 괴레메는 정말 낭만적이야."

한 십 년 후에, 이곳은 어떻게 변해 있을까? 그때 저 할아버지는 여전히 살아 있을까? 아마 군대 갔다온 아들이 운영하고 있을지도 모르지. 세월은 화살처럼 흐르고 있다. 지금 괴레메의 야경을 바라보며 시원한 맥주를 들이키는 이 순간도 속절없이 지나가고 있다…… 한 백 년 후면 이곳에서 바글거리는 모든 인간들이 다 사라질 것이다. 그때, 어느 누가 이 자리에 앉아 저 불빛들을 바라보려나……

지중해, 에게 해를 따라

골짜기 사이로 지는 석양을 바라보며
혹은 컴컴한 밤에 달빛을 벗삼아 온천욕을 즐겼던 그 시절의 사람들

|아다나|

아다나의 포르노 극장

　남쪽 해안 지방에 아다나란 도시가 있다.
　내가 그곳을 찾아간 이유는 근처에 있다는 바울의 고향인 타르수스(닷소)와 기독교의 초대 교회가 있다는 안타키아(안디옥)를 찾아가기 위해서였다.
　아다나는 터키에서 네번째로 큰 도시다. 번잡한 대도시일 것 같았지만 꽤 깔끔했다. 건물은 오류층 미만으로 낮아서 안정감이 있었고 야자나무 가로수 밑으로 이어진 길이 널찍해서 시원스러웠다. 거리의 핑크색 빨간색 간판들은 깔끔했고 상점들이 화려해서 별로 볼 것이 없는 교통의 요충지였지만 산뜻한 거리를 걷는 즐거움이 있었다.
　그런데 여기에 포르노 극장이 있었다.
　명색이 이슬람 국가인데 이들의 포르노 극장은 어떨까?
　호기심이 일어 한번 들어가 보았다. 입장료는 1달러 정도. 안에는 낡은 의자가 오백여 개 정도 있었는데 삼사십 명의 관객이 있었다. 비오는 화면에서 장발의 서양 남녀가 벌거벗은 채 열심히 섹스를 하고 있었다.

잠시 후 한 편이 끝나고 쉬는 시간이 되자, 콜라와 과자를 파는 청년이 화통 삶아 먹은 듯, 목청이 찢어져라 소리를 쳐댔다. 사람도 별로 없는데 고래고래 소리치는 게 영 이상해 보였다.

주변을 슬그머니 돌아보니 풍경이 재미있었다. 남자 열댓 명이 모두 턱을 괴거나 코나 입을 손으로 가리고 고개를 숙인 채 부끄러워하는 모습이 역력했다.

잠시 불빛 아래서 어색한 풍경이 이어지다 다시 영화가 시작되었다. 또다시 시작된 영화는 미국 포르노였는데 포르노란 것이, 처음엔 흥미 있다가 시간이 지나면 그 반복성과 노골성 때문에 흥미를 잃게 된다.

중간에 일어나 밖으로 나오니 거리에는 건전한 현실이 버티고 있었다. 무조건 억누를 수도, 방임할 수도 없는 것이 성이기에 터키 정부는 건전한 현실을 유지하기 위해 포르노 극장이란 하수구를 만들어놓은 것 같았다. 그렇지 않고서야 전체 대다수가 이슬람교를 믿는 나라에서 포르노 극장을 허용할 리 없지 않은가.

|타르수스|

바울의 고향 타르수스(닷소)

터키는 예로부터 소아시아로 불렸는데, 베드로가 이스라엘 내에서 기독교의 씨앗을 뿌렸다면 바울은 주로 그 밖에서, 특히 소아시아와 그리스에서 널리 전파했다.

바울로. 기독교도들에게는 흔히 바울로 불리는 그의 고향 타르수스는 아다나에서 서쪽으로 약 40킬로미터 떨어진 곳에 있어서 아다나에서 당일치기로 소풍가듯이 갔다올 수 있는 곳이었다.

타르수스에 도착하니 한적한 촌마을일 것이라고 생각했는데 넓은 대로에는 돌무시(미니 버스), 택시들이 바삐 다녔고 거리에는 낮은 건물들이 즐비하게 들어선 중소 도시였다.

거리에는, 전설에서 하반신은 뱀이고 상반신은 사람인 뱀의 왕 '사흐메란'의 동상과 못이 있었다. 옛날에 이곳을 통치하던 왕이 병이 들자 사흐메란을 잡아먹었다는데, 지금도 사흐메란의 피가 욕조의 대리석 밑으로 흐르고 있고, 이 세계의 뱀들은 아직도 그들의 왕이 죽었는지 모르지만, 만약 이 사실을 알게 되면 세상의 뱀들이 모두 타르수스를 공격

한다는 것이다.

그만큼 이 지역에 뱀이 많았다는 얘기일까?

그곳에서 얼마 안 떨어진 곳에는 클레오파트라 문도 있었다. 보수하느라 어수선했던 이 문에는 이런 역사가 깃들여져 있다.

시저가 암살당하자 그의 부하였던 옥타비아누스와 안토니우스 사이에 싸움이 일어났고 이때 이집트의 여왕 클레오파트라는 소아시아(터키)와 이집트를 지배하던 안토니우스 편에 붙는다. 그것은 자신의 왕국을 살리기 위한 전략이었다.

그리고 기원전 31년 악티움 해전에서 안토니우스를 지원하기 위해 클레오파트라가 군대를 이끌고 온 곳이 바로 타르수스였다. 그러나 전쟁에서 패한 클레오파트라는 자신의 가슴을 독사가 물게 하여 자살하고 만다.

언제 이 클레오파트라의 문이 세워졌는지는 모르지만 사람들은 이곳을 그렇게 불렀고 후일 바울의 고향인 탓에 바울의 문이라고도 불렀다고 한다.

바울의 집은 그곳에서 십 분쯤 떨어진 '예니 자미'란 모스크 근처에 있었다.

활짝 열려진 철문 안에 매표소가 있고 사오십 평 되어 보이는 정원이 깔끔하게 가꾸어져 있었다. 옆 건물은 무슨 공장인지 계속 쿵쿵 소리가 들려왔다.

집 안에는 조그만 우물이 보였고 근처에 하얀 수염이 그려진 바울의 초상화가 보였다. 그 우물은 철 뚜껑으로 닫혀 있는데 자물쇠가 잠겨 있었다. 매표소 직원이 뚜껑을 열어주어, 안을 들여다보니 직경 1미터도 안 돼 보이는 우물은 까마득하게 깊어 보였다. 직원의 말로는 깊이

가 35미터이며 샘은 수천 년 동안 마르지 않고 있다 했다.

바울은 유대인이었으나 날 때부터 로마 시민이었다. 그의 원래 이름은 헤브라이어로 사울이었고, 유대교 바리새파에 속해 있었다.

신약성경에서 보면 예수는 바리새파와 사두개파를 수없이 비판한다. 불교의 상좌부불교(소승불교)와 대승불교, 기독교의 가톨릭과 프로테스탄트, 또 이슬람교의 수니파와 시아파가 있듯이, 2천 년 전 그 시절에도 유대교에는 사두개파와 바리새파가 있었다.

사두개파는 주로 제사장으로 구성되었는데 이들은 구약성서 본문의 글자 하나하나를 그대로 지키기를 고집했고 제의를 중시했다. 반면, 바리새파는 율법을 새롭고 유연하게 해석하려는 기원전 2세기부터 시작된 평신도의 운동이었으나 그후 율법학자가 지도적인 위치를 차지하였다.

예수는 이 사두개파들의 제사장들과 바리새파의 율법학자들을 자기들만 의인이라 여기는 위선자라 비판했었다.

그들은 결국 예수를 십자가 처형에 처했으나 그후 기독교의 불길이 퍼지자 극심한 탄압을 하게 되는데 사울은 그 앞잡이였다.

기독교 신자를 색출하는 데 동분서주했던 이십대 중반의 사울이 변하게 된 것은 어느 날 다메섹으로 가는 길에서의 사건 때문이었다.

'사울아, 사울아, 네가 나를 왜 핍박하느냐' 라는 말을 듣고 난 후, 그는 눈이 먼다. 그리고 다시 눈을 뜨기까지 그 캄캄한 암흑의 삼일 동안 사울은 완전히 변한다. 예수를 믿게 된 사울은 이름도 바울로 바꾸고 약 이십 년 동안 죽을 때까지 선교를 하게 된다.

그는 개종했지만 처음에 예루살렘의 베드로와 신자들은 바울이 자신들을 잡아넣기 위해 음모를 꾀하는 것으로 보고 그를 쫓아냈다.

바울의 집

타르수스

결국 그는 고향 타르수스로 돌아와 기도하고 사색하며 십 년 동안 외톨이로 보냈다. 그후 안디옥으로 가 일 년을 머물렀고, 마침내 예루살렘으로 가 비로소 교회 지도자들로부터 이방인 선교사역을 인정받는다. 그때부터 바울은 현재의 그리스, 터키 지방을 무대로 계속 선교 활동을 하다 후일 로마에 가서 죽게 된다.

형식에 얽매이지 않은 예수의 사랑을 바울이 너무 형식주의적으로 곡해했다고 비판하는 이들도 있지만, 바울이 없었다면 원시 기독교는 세상에 그만큼 널리 퍼져 나가지 못했을 것이다. 바울은 몸이 약해서 선교를 하는 동안 많이 앓았다고 한다. 또한 수많은 위험에 처하기도 했었다.

어떤 종교나 이데올로기든 한 인간이 자신의 전 생애를 걸었다는 사실 앞에서 나는 종종 감동했다.

젊은 바울은 한때 자신의 세계가 모두 무너진 상태에서, 새로운 세계로 진입하지 못한 채 홀로 십 년이란 세월을 자신의 고향 타르수스에서 보냈었다. 말이 십 년이지, 그 막막한 세월을 고독 속에서 보내는 동안 그의 마음은 한없이 맑아졌고, 그 맑아진 마음에 하늘에서 내려오는 사랑의 말이 새겨졌던 것은 아닐까?

야채 장수의 차이 대접

타르수스에는 일곱 사람이 잠들었다는 동굴이 있었는데 안내판에는 바로 가까운 것처럼 표시되어 있었다. 사람들에게 물어보아도 손가락으로 방향을 가리켜서 가까운 곳에 있을 것만 같아 무작정 걸어보기로 했다.

그런데 언제부턴가 누군가 나를 따라오고 있었다. 슬쩍 보니 고등학생 정도로 보이는 남자애였다. 내가 천천히 걸으면 그도 천천히, 속도를 높이면 그도 속도를 높였다.

소매치기일까?

주의를 단단히 하면서 한 삼십 분을 걸었는데도 동굴이 나오지 않아 거리에서 빵을 파는 소년에게 다시 물으니 계속 가라고 했다. 그때 내 뒤를 따라오던 소년이 다가와 입을 벌리고 고개를 절레절레 흔들며 얼굴이 빨개진 채 뭐라 터키말로 떠들었다. 눈치를 보니 동굴이 너무 멀다는 뜻 같았다.

그러니까 소년은 아까 내가 어디로 가는가를 사람들에게 묻는 것을 보고는 그 말을 해주고 싶어도 부끄러워서 그저 무작정 나를 따라왔던 것이다.

이런 소년을 두고 의심을 하다니. 하여튼 터키 사람들, 남의 일에 관심이 많았다. 소년에게 고마웠고 미안했다.

잠시 얘기를 나누는 사이 차차 사람들이 모여들고 있었다. 무슨 난리 난 것처럼 웅성거리는 상황에 조금 당황했는데 마침, 영어를 할 줄 아는 대학생 하나가 나타나 의사 소통을 할 수 있었다.

"그 동굴은 여기서 30킬로미터나 돼요. 도저히 걸어갈 수 없어요."

"그 동굴은 뭡니까?"

"아, 그 동굴에는 이런 전설이 있어요. 예전에 이 동굴에서 일곱 명이 한숨 자고 나니 이백 년이나 흘렀다는 거지요."

이건 우리에게도 익숙한 전설 아닌가. 그런데 클레오파트라 문에 있던 안내판에는 바로 저기인 것처럼 그려놓았으니 착각할 수밖에.

할 수 없이 차를 타야 했는데 마침 거리의 리어카에서 야채를 팔던 사십대 초반의 사내가 자신이 앉아 있던 나무의자를 내놓으며 앉아서 기다리라고 권했다.

우두커니 앉아 차를 기다리는 동안 야채 장수는 바빴다. 돌무시가 오면 달려가 나를 위해 행선지를 물었고 다시 리어카로 달려와 야채를 팔았다. 그의 리어카에는 배추, 당근, 양파 등이 있었고 옆에는 자식으로 보이는 어린아이가 도와주고 있었다. 그때, 찻잔을 들고 지나가는 소년이 보였다. 야채 장수는 한잔 마시지 않겠냐는 듯 나에게 눈짓을 보냈다. 마다할 리 없었다.

잠시, 그들은 일을 잠시 쉬고 나와 함께 차를 마셨다. 다 마시고 나니 한잔 더 마시라고 권했다. 나는 그의 고마움에 보답하기 위해 찻값을 모두 내가 내리라고 생각했기에, 거리낌없이 더 시켰다. 다시 또 한잔이 왔을 때 배달하는 소년에게 찻값을 내려고 하니 야채 장수는 손을 휘저으며 자신이 내는 게 아닌가.

훌쩍 돈을 내는 그를 바라보며 나는 말을 잊고 말았다.

참…… 터키 사람들, 나를 또 감동시키는구나.

이런 감정은 길을 가다 체험해본 사람들은 알리라. 그들이 잘 먹고 잘 사는 사람 같다면 그냥 고마운 정도였을 것이다. 그러나 넉넉하지 못한 사람들이 그럴 때는 그만 가슴이 떨려왔다.

얼마 지나지 않아 돌무시가 왔고 사내는 바로 저 차를 타라며 급하게 손을 흔들었다. 허겁지겁 버스에 타서 창 밖을 바라보니 사내와 아이가 밝게 웃으며 손을 흔들고 있었다.

고맙습니다.

정말, 말로 표현할 수 없을 정도로 고마웠다.

차를 타니 노인들이 많이 있었다. 그중의 한 노인이 나에게 질문을 했다.

터키말은 몰랐지만 눈치로 보아 어디서 왔느냐는 말 같았다. 코리아라고 하자 다시 뭐라 물었는데 남한이냐, 북한이냐는 말 같았다. 하도 그런 질문을 많이 들어 눈치로 알아들은 것이다. 귀네이 코리아(남한)라고 대답하자, 이번에는 동굴에 갔다가 다시 타르수스로 돌아오느냐는 것을 묻는 것 같아, 그렇다고 대답했다.

신기한 일이었다. 말은 안 통해도 대화가 척척 통하니.

그런데 그 노인의 옆에 있던 다른 노인이 왜 사람을 귀찮게 하냐고 그 노인을 구박했고, 그 노인은 '이 사람 내 말 다 알아듣는데, 네가 무슨 참견이냐' 뜻의 말을 한 것 같았다. 급기야, 그들끼리 언성을 높이며 말

타르수스 173

싸움을 벌이기 시작했다. 나를 사이에 두고 그러니 영 황당하기만 했다.

그렇게 말싸움 하는 사이, 차는 동굴 앞에 섰다. 동굴은 회교 사원 옆에 있었는데 고개를 숙이고 3, 4미터 정도 내려가니 십여 평 되는 평평한 공간이 나왔다. 그게 끝이었다. 허무했다.

여기서 잠을 자고 나니 200년이 흘렀단 말인가?

전설 때문이지 동굴 자체만으로는 하나도 볼 것 없는 곳이었다. 허탈한 마음으로 사람이 차야 떠난다는 돌무시를 기다리는데 가족으로 보이는 중년들과 아이들이 공터에서 줄넘기 놀이를 하고 있었다.

물끄러미 그것을 구경하고 있는데 그들 가족 중의 한 명이 나에게 같이 공놀이를 하자고 권했다. 조금 있으면 돌무시가 시내로 돌아갈 시간이었지만 그들은 자기들도 차가 있으니 걱정하지 말라고 했다.

한참 동안 피구 놀이를 한 후, 돌아오는 길에 그들은 연신 나에게 오렌지, 사과 등을 주며 깔깔거렸다. 비록 말은 안 통했지만 그들의 따스한 웃음과 눈빛 속에서 여독이 봄 눈 녹듯이 풀어지고 있었다.

고마운 사람들.

동굴은 볼 게 별로 없었지만 그곳을 가는 길에 만난 야채 장수와 이들 가족 때문에 나는 행복했다.

|안타키아|

안디옥의 기독교 초대 교회

아다나에서 버스를 타고 동쪽으로 서너 시간 정도 달리면 안타키아란 곳이 나온다. 바로 기독교의 초대 교회가 있는 안디옥을 말하는데 이곳도 아다나를 베이스 캠프로 하고 당일치기로 길을 나섰다.

버스가 지중해를 따라 달린 지 두 시간 정도가 지났을 때, 해안 도시 이스켄데룬이란 곳에 잠시 들렀다. 이곳은 바로 구약성경의 요나가 큰 물고기 뱃속에서 튀어져 나왔다는 곳인데 나중에 들러보기로 하고 그곳을 지나쳤다.

안타키아에 도착하니 넓은 아스팔트길을 자동차가 정신없이 다니는데 가끔 마차가 거리를 달리고 있어 고풍스러움도 느껴졌다.

이곳은 전체가 산으로 둘러싸인 분지였는데 특히 성 베드로 교회는 시내에서 약 2킬로미터 떨어진, 하늘을 가로지른 험한 바위산에 있었다.

차가 별로 다니지 않는 아스팔트길을 따라 계속 산으로 올라가며 아이에게 "킬리제 네레데?(교회 어디)"라고 문자 손가락으로 방향을 가리켜주었다. 서툰 단어의 나열이었지만 그 정도 아는 것만 해도 꽤 효과가 있었다. 비탈길을 오르다 왼쪽의 계단을 오르니 하얀 건물이 보였다. 그런데 올라가 보니 문이 닫혀 있는 게 아닌가. 맥이 빠졌다. 그렇다고 이내 가기도 싫어서 교회 앞에 앉아서 하모니카를 불었다.

그래, 안 보면 어떤가. 대충 분위기만 보았으면 되었지. 하모니카나 불다 가지.

나는 혼자서 흥에 겨워 하모니카를 불어댔다. 나는 악기 다루는 것에 재주는 없지만 하모니카만큼은 그냥 음을 들으면 쉽게 따라할 수 있다. 그래서 여행중 하모니카를 종종 갖고 다녔었다. 외로워서였다. 인적 드문 산에서, 강가에서 그리고 텅 빈 게스트하우스에서 종종 불었었는데 그곳에서도 이런저런 곡을 불었다.

그런데 내 하모니카 소리를 들어서였을까? 어디선가 나타난 안내인이 다가와 철문을 따주는게 아닌가.

생각지 못한 일이어서 반가웠다. 들어가 보니 그리 넓지 않은 동굴 안에 예배를 볼 수 있게 나무벤치 대여섯 개가 놓여져 있었고, 앞에는 돌제단이 있었다. 또한 동굴 정면 상단에 움푹 들어간 곳에 새것으로 보이는 베드로의 조각이 안치되어 있었고 벽에는 이런 안내문이 걸려 있었다.

서기 29년에서 40년, 베드로는 안타키아(안디옥)로 왔고 신자와의 만남이 동굴에서 이루어진다. 이때 그들의 종교와 모임 이름은 갖고 있지 않았는데, 여기서 자신들을 크리스천이라 부르기로 결정했다. 7세기, 8세기에 이 동굴의 앞부분을 신축해서 교회로 사용했는데 넓이 9.5미터, 길이 7미터, 높이 약 13미터이다. 오른쪽의 통은 바위에서부터 떨어지는 물을 받는 곳이며 이 물은 초창기 기독교 신자들이 세례받을 때 사용했다. 지금 이 동굴 교회에서는 매년 6월 29일, 성 베드로를 위한 축제일날 안타키아 고고학 박물관에서 주최하는 의식이 열린다.

과연 오른쪽에 물이 담겨진 통이 있었다. 그 옛날 이 물로 베드로와 그 신도들이 의식을 치렀을 것이다.

천장을 보니 약 3분의 2 정도는 동굴의 암벽이지만 3분의 1 정도는 사람이 세운 건축물의 일부로 그 건축물을 두 개의 둥근 기둥이 받치고 있었다. 동굴 곳곳이 연기에 그을렸는지 검게 변색되어 있었고 한쪽에 위로 비스듬하게 움푹 파진 작은 동굴 같은 게 보였는데 손전등을 비춰보니 사람 몸 하나 들어갈 수 있는 곳이었다. 매끄럽지 않고 울퉁불퉁한 좁은 통로에서 집회를 갖다가 로마 병정이나 위험한 인물들이 접근하면 도망쳤던 것 같았다.

아무도 없는 텅 빈 동굴 안은 정적에 싸여 있었고 나의 숨소리만 가느다랗게 들려오고 있었다.

예수를 직접 만났고 부활을 믿었던 베드로와 그 신도들에게 천국과 구원은 관념이 아니었을 것이다. 예수 그리스도의 재림은 자신들이 살아 생전 곧 일어날 사건이었다. 그러나 그후에도 시간은 무심하게 흘러 이천 년이 지났다.

기독교뿐만 아니라, 유대교에도, 이슬람교에도, 불교에도, 힌두교에도 그리고 수많은 소수 종교에도 종말과 개벽과 부활 사상이 있어왔고 세상의 종말에 대한 믿음도 역시 세월 따라 이어져왔다. 역사적 사건의 고비마다 이제 곧 세상의 종말이 온다는 소문이 무성했었다. 그러나 세상은 여전히 무심하고 얄밉게 이어지고 있다.
  과연 세상의 종말과 개벽은 언제 올 것인가?
  나는 종종 십자가 속에서 종말과 개벽을 상상했다. 수평으로 이어지는 시간의 흐름 속에서 영혼의 깨달음이 수직으로 세워지는 전광석화 같은 그 순간, 그때야말로 아집에 싸인 자아의 몰락이요 세상의 종말이며 또한 개벽과 우리가 부활하는 순간이 아닐까? 시간도 사라지고 세상도 사라지는 저 영원과 통하는 접점, 그곳에 시공을 초월한 경계 없는 사랑이 있으며 예수 그리스도는 바로 그 지점에서 피를 흘리며 매달려 있는 것 아닐까? 그렇다면 세상의 종말과 개벽은 이 순간, 여기서, 고통과 번민 속에서 깊은 심연을 들여다보며 슬픈 사랑, 즉 자비(慈悲)를 느끼는 순간, 섬광처럼 나타나는 것은 아닐까?
  그런 상념에 젖다 동굴 교회를 나와 위로 올라가 보니 비탈길 사이에 집들과 밭과 목초지가 평화롭게 펼쳐지고 있었고 그 위쪽으로는 험준한 바위산이 하늘 중간까지 치솟아 있었다.
  베드로 교회는 바로 이 산의 동굴인 셈이며 아까 보았던 피신 통로를 따라 위로 오르면 저 바위산 어딘가로 나올 것이다. 신도들이 그렇게 도망쳐 바위산으로 숨으면 아무도 쉽게 찾을 수가 없었을 것이다. 인간의 신앙과 험준한 자연의 절묘한 조화였다.
  지금 이곳에는 이슬람교도들이 살고 있는데 산에서 내려다보다 문득, TV 안테나가 잠자리 날개처럼 집집마다 꽂혀 있는 것을 발견했다.
  놀라운 일이었다. 이 험준한 산에까지 수많은 환영과 메시지들이 날아들고 있다니.
  내려오다 허름한 토담집 안에서 웬 아줌마가 난(밀개떡)을 빚고 있는 것이 보였다. 화덕에 굽고 있어서 우두커니 구경을 했는데 별로 경계심

기독교 초대 동굴 교회

을 품고 있는 것 같지 않았다.

  그러나 사진을 찍으려고 카메라를 빼어들자 여인은 "노" 하며 몸을 돌렸다. 그렇다고 크게 놀라거나 불쾌한 기색을 보이지는 않았다.

  나는 이내 사과하고 카메라를 집어넣었는데 문제는 다른 데서 발생했다. 옆에 있던 초등학교 1, 2학년 정도 되는 아들애가 황급한 표정으로 어디론가 뛰어가고 있는 게 아닌가. 분명히, 자기 엄마를 누가 와서 괴롭힌다는 식으로 고자질하러 가는 것 같았다.

  '어마 뜨거라.'

  동네 사람들에게 봉변 당할까봐 나는 빠른 발걸음으로 버스터미널로 향했다.

  그런 나의 모습에 스스로 웃음이 터져나오고 말았다. 동쪽으로 올수록 사람들이 점점 더 보수적인 것 같았다.

|이스켄데룬|

요나가 물고기 뱃속에서 토해진 곳

　아다나로 돌아가는 길에 잠시 이스켄데룬에 들렀다. 이곳은 영화〈인디애나 존스 3편〉에도 등장하는 곳인데, 기독교 구약성경에 의하면 기원전 약 7세기 무렵 요나라는 예언자가 있었다. 요나는 여호와(하나님)로부터 아시리아의 수도 니네베로 가서 그곳이 멸망할 것임을 예언하라는 명령을 받았으나 그 사명을 회피하고 배를 타고 바다로 달아난다.
　그러나 태풍을 만나고 사공들에 의해 바다 속으로 던져진 요나는 큰 물고기에 먹히고 물고기 뱃속에서 삼일낮, 삼일밤을 지낸 후, 결국 육지로 토해진다.
　그후 요나는 니네베로 가서 이곳이 사십 일 후 멸망할 것이라는 예언을 하자 사람들은 두려워하며 회개하고 기도를 함으로써 멸망을 면하게 된다.
　니네베는 실제로 이라크 북부에 있었던 고대 아시리아의 수도로 티그리스 강 유역에 있다고 한다. 프랑스와 영국이 유적지를 발견했는데 그곳에서 직선 거리로 약 600킬로미터 떨어진 지중해 연안 이스켄데룬

이 얼마나 고고학적인 증명을 받았는지는 모르겠지만 바로 이스켄데룬 해안이 요나가 물고기 입에서 토해졌던 곳으로 알려져 있었다.
　이스켄데룬은 옛날 알렉산더 대왕이 세운 도시로서 알렉산드레타라고 불렸는데 지금은 무슬림들이 살고 있는 해안 도시일 뿐이다.
　야자나무 사이를 걸어 시원한 바닷가로 가니 사람들이 제방에 앉아 바닷바람을 쐬며 한가로이 낚싯대를 드리우고 있었다.
　나도 제방에 걸터앉아 망망대해를 바라보았다. 이미 네시, 날이 서서히 저물고 있었고 하얀 갈매기 떼가 무심하게 바다 위를 날고 있었다. 볼을 스치는 싸늘한 바람이 상쾌했다.
　그곳에 앉아 먼 옛날 요나가 이곳 어딘가에서 물고기 뱃속에서 토해져 나오는 광경을 상상해보았다.
　나는 종교의 수많은 얘기들을 언제나 시로 읽었다.
　시는 사실과 환상의 접점에서 태동하며, 그 이미지와 상징으로 새로운 세계를 보여주지 않던가. 시심(詩心)으로 이루어진 세계나 믿음 앞에서 구체적 사실을 따진다는 것은 무의미해 보였다.
　나는 그렇게 보았기에 그 시절의 흔적 하나 없는 바닷가에서 잠시 신의 의지와 인간의 운명에 대해서 생각했다. 그 신이 여호와건, 알라건, 하나님이건 하느님이건, 부처님이건, 운명이건, 팔자건, 업보건, 우리를 끌고 가는 어떤 힘이 있음을 느끼곤 했다.
　가고 싶어도 갈 수 없는 길, 가기 싫어도 가야만 하는 길…… 그 수많은 길 속에서 때때로 혼란스러웠지만 결국 사람은 자신에게 주어진 길을 가야 한다고 나는 생각했다. 아니 믿었다. 그 믿음과 열정이 나를 고향을 떠나게 했고 이곳까지 끌고 왔다.
　그 힘은 나에게 언제나 욕망이라는 형태로 나타났다. 하여 나의 욕망이 이제 나를 끌고 간다. 어디로 갈 것인가 묻지 말라. 내가 가는 길이, 결국 길이 된다. 모든 것은 사후인정(事後認定)을 받는 것, 의미도 섭리도 내가 가고 난 후에 따라오는 것, 그러므로 한 걸음 한 걸음 어디론가 가고 있다는 사실, 이것만이 나에게 가장 확실한 것이리라…… 모든 관념은 행동의 시녀일 뿐.

그런 생각 속에 젖어 있는데 어디선가 어린애들이 나타났다. 열 살 전후로 보이는 아이들이 나를 호기심 어린 눈초리로 바라보았고 그 뒤에서 삼십대 초반의 여인이 수줍은 몸짓으로 머뭇거리고 있었다. 아이들이 외국인인 나에게 꽤 호기심을 갖는 것 같았고 여인은 아이들을 따라온 것 같았다.

여인은 테이블로 가서 차나 한잔 마시자는 제스처를 취했다. 여인은 영어를 전혀 하지 못했지만 뜻은 통할 수 있었다. 눈빛과 수첩에 적는 숫자로 다 알 수 있었다.

그녀는 서른한 살의 이혼녀로 콧날이 오뚝한 여자였다. 아이 둘은 이스켄데룬의 아버지하고 사는데 가끔 와서 이렇게 본다고 했다.

그녀의 얼굴엔 그늘이 져 있었다. 이유야 어쨌든 아이들과 헤어져 살다가 가끔 와서 보고 헤어질 때 그 마음은 오죽하겠는가.

그러나 그녀는 상처를 털어내기라도 하듯 쾌활하게 웃었고 나에게 자꾸 담배를 권했다. 그리고 자기는 타이피스트라는 듯, 타자기 치는 시늉을 했다.

삼십 분 정도 얘기했을까, 그녀는 가야 된다는 듯 일어서려다 메모지에 주소를 적어주었다. 그리고 터키말로 한참을 얘기했다. 눈치를 보니 자기는 내일 자신의 집이 있는 A라는 마을로 가는데 나중에 자기에게 꼭 들르라는 말 같았다.

　내가 웃으며 약속을 했지만 여인은 못 믿겠다는 듯 손바닥을 세우며 나에게도 세우라고 했다. 선서를 하는 것처럼. 손바닥을 마주친 후 깔깔거리고 웃는 모습이 마치 소녀 같았다. 그런 모습에 가슴이 설레었는데 여인은 악수를 한 후, 뒤도 돌아보지 않고 떠났다.

　무슨 사건, 무슨 인연이 앞으로 나를 기다리려나.

이스켄데룬

|우르파|

창세기의 무대

이라크와의 국경 가까운 곳에 우르파라는 곳이 있다.

그곳으로 가는 길은 풀 한 포기 없는 황토빛 구릉이 물결 굽이치듯 사방으로 펼쳐졌고 가끔 바위들이 퉁겨나온 암반지대가 나타나기도 했다. 바로 아브라함과 그의 자손들이 유목민 생활을 하던 황량한 무대였다.

기독교 성경의 창세기에는 아담과 하와(이브)가 나오고 대홍수와 노아의 방주 얘기가 나오지만, 유태인들이 시조로 모시는 인물은 노아의 아들 중에서 셈의 자손인 아브람(후일 아브라함으로 이름이 바뀜)이다.

아브라함이 살던 곳이 바로 티그리스, 유프라테스 강 유역의 수메르 문명, 즉 메소포타미아 문명권으로 이라크와 터키 동부에 속해 있다.

그렇다면 과연 정확한 위치는 어딜까?

그 의문을 풀려면 이제 종교가 아니라 고고학의 영역으로 들어가야 한다. 그러나 수천 년 전에 일어났던 일들을 그 누가 정확히 알랴. 그래서 결국 떠도는 얘기들은 모두 설의 한계를 쉽게 벗어나지 못한다.

그 설 중의 하나로서 내가 갔던 우르파가 아브라함의 탄생지라고 했다. 유프라테스 강의 상류 지역으로 현재는 터키 땅에 속해 있으며 정식 명칭으로 하면 샨르우르파인 이곳에 아브라함이 탄생한 동굴이 있다는 것이다.

아다나를 떠난 지 다섯 시간이 지나서야 버스는 우르파에 도착했다. 주변은 썰렁한 벌판이었고 도로로 나오니 근처에는 번듯한 건물 하나 안 보였다. 배낭을 메고 어슬렁거리다 마침 시내로 들어가는 돌무시를 잡아 탈 수 있었다.

우선 숙소에 배낭을 푼 후, 아브라함이 탄생한 동굴로 향했다. 시내에서 이십 분쯤 걸으니 산 위에 거대한 성벽과 모스크가 보였다. 성벽문을 통해 들어가니 바위산 앞에 호수가 있었다. 우상 숭배를 반대하던 아브라함을 사람들이 불에 태워 죽이려 하자, 여호와가 구출해주었는데 그때 불 붙은 나무들이 물고기가 되었다는 전설이 서린 호수였다.

호수 근처에 아브라함의 탄생지라는 동굴이 있었다. 신발을 벗고 안으로 들어가니 십여 평 정도 되는 공간에 붉은색 카펫이 깔려 있었다.

그곳에서 몇 사람이 기도를 하고 있었다. 동굴 안에는 움푹 들어간 웅덩이에 물이 고여 있었고 사람들은 그것을 성수라며 마셨다. 앞의 사내는 양손바닥을 하늘로 향한 채 기도를 하는데 터키인이었고 무슬림(이슬람교도)임에 틀림없었다.

아브라함은 유태인뿐만 아니라 아랍인의 조상이기도 하다. 아브라함의 자손이 내려오면서 갈라졌기에 아랍인들도 그를 조상으로 모시고, 또한 무슬림들도 그를 모시는 것이다.

나는 구석으로 가 조용히 앉았다.

이곳이 정말 아브라함이 탄생한 곳일까?

그런 의문이 들면서도 어차피 상징 아니겠는가라는 심정으로 받아들였는데 후일, 자료를 보면서 몇 가지 다른 견해가 있다는 것을 알게 되었다.

학자들은 처음에 아브라함의 고향 '우르' 를 유프라테스 강 상류 지역에 있는 이곳 '우르파' 로 추정했으나, 영국의 고고학자 테일러가 1854년 유프라테스 강 하류, 즉 이라크 남부지역에 있는 '우르' 라는 곳을 조사함으로써 혼란스럽게 된다. 현재 이라크 남부에 있는 우르는 우르파로부터 무려 1,500킬로미터나 떨어져 있다.

과연 어디가 진정한 아브라함의 고향일까?

아직 확실한 것은 밝혀지지 않았지만, 분명한 것은 아브라함 이전의 조상들은 바로 유프라테스 강과 티그리스 강 유역에서 일어난 메소포타미아 문명 속에서 생활했었고 진정한 이스라엘의 역사, 신화, 종교는 아브라함이 가나안을 향해 떠나면서부터 시작된다는 것이다.

아브라함의 묘의 근처에서 돌무시를 타고 얼마 안 가면 욥의 동굴이 나온다. 회교 사원 근처에 동굴이 있었는데 계단을 따라 내려가니 네다섯 평 정도 되는 공간이 나왔다. 입구는 철문으로 잠겨져 있는데 쇠창살을 통해 안을 들여다보니 동전이 흩어져 있었다.

구약의 욥기에 의하면 욥은 여호와의 시험을 받아 병을 앓고 재산과 자식을 잃은 채 주위 사람들의 비웃음을 당했어도 여호와를 원망하지 않고 끝까지 믿음을 지켰는데, 그가 앓아 누워 있던 동굴이 바로 이곳이라 했다.

근처에 앉아 나는 욥을 생각했다.

한없는 절망 속에서도 한치의 흔들림도 없던 그의 믿음. 믿음의 대상이 무엇이든, 어느 종교든, 인간의 믿음이란 참으로 위대하다. 겸손한 그러나 굳건한 믿음은 누구나 흉내낼 수 있는 것은 아니다.

그런데 이 믿음의 땅 위에는 갈등이 감돌고 있다. 터키와 이라크 국경 사이의 불쌍한 쿠르드 족들은 양쪽으로부터 엄청난 탄압을 받고 있고 또한 저 국경선 너머 지중해로 연안으로 가면 '오만한 믿음'이 충돌하는 살육의 땅, 이스라엘이 있다.

그 당사자들은 모두 아브라함의 자손들이고 똑같은 인간들이다. 그런데 형제들을 죽인 피 묻은 손을 허공에 내저으며 무슨 믿음을 말하는가. 차라리 자신이 죽어버리겠다면 하늘의 축복을 받지 않을까? 욥처럼…… 그러나 그 자손들은 한치의 양보도 거절하고 있다. 특히 강대국의 지원을 받은 힘이 센 진영일수록, 자신들이야말로 하나님의 선택을 받았다는 믿음이 강한 민족일수록, 강한 확신으로 남을 죽인다.

니체가 말한 대로 집단과 조직에는 항상 광기가 서려 있으며 그래서 무리가 이루어지는 순간, 믿음은 타락의 징조를 보이는지도 모른다.

위험한 사기꾼

이곳에서 사기꾼을 만났었다.

웬 청년이 접근했는데, 그는 내가 한국 사람이란 것을 알자 얼마 전 자신이 안내해주었다는 한국 모녀의 주소를 보여주었다.

인천시 송월동…… 분명 한글이었다. 척 보니 사내의 인상이 나빠 보이지는 않았다. 자신의 이름은 모하메드이며 학생인데 고고학 선생이 되는 것이 꿈이라 했다.

그는 처음에 나의 신뢰를 얻기 위해 많은 이야기를 성실하게 얘기해주었다.

그런데 얘기 도중 그는 같이 하맘(터키탕)에 가자고 했다. 전통적인 하맘은 언젠가 한번 가고 싶었는데 배에 찬 전대가 문제였다. 이것을 풀어 옷 보관함에 넣었다가 그대로 털릴 수도 있는 것이다. 이 친구가 혹시…… 문득, 의심이 들었지만 눈빛이 맑은 친구였다.

우선 내 숙소로 같이 갔다. 들어서니 마침 로비에 앉아 있던 남녀 두 사람을 보고 모하메드는 반색을 했다.

우르파

"저 사람들 내 친구예요."

그들을 남겨두고 방에 들어가 전대를 침대 밑에 넣고 나오니 쑥덕거리고 있던 그들은 얘기를 멈추었다. 그리고 모하메드가 나를 보며 씩 웃는데 그 웃음이 별로 상쾌하지 않았다.

근처의 하맘으로 가며 계속 불안했다. 하지만 열쇠를 내가 갖고 있으니…… 그런 마음으로 불안을 달랬는데 모하메드가 갑자기 클클거리며 웃다가 나에게 물었다.

"아까 그 여자가 뭐 하는 사람인 줄 알아요?"
"몰라."
"후후. 창녀예요…… 당신, 생각 있어요?"

아, 이 녀석은 학생이 아니었구나.

등골이 서늘해지고 있었다. 나는 돌아설 핑계를 찾기 시작했다. 마침 도착한 하맘은 남자가 들어갈 수 있는 시간이 아니었다. 하맘은 우리처럼 남녀 탕이 따로 있는 것이 아니라, 하나의 욕탕에 남녀 사용 시간이 다르게 되어 있었다.

조금 기다리면 된다는 그 녀석의 말을 뒤로 하고 나는 돌아서서 뛰었다.

"나, 갑자기 배가 아파서 목욕 못하겠어."

모하메드가 다급하게 나를 불렀지만 나는 뒤돌아보지 않았다.

아, 바보같이 저런 놈한테 속을 뻔하다니. 그놈들이 내 방을 이미 뒤졌으면 어떻게 하지?

입이 타고 있었다. 호텔로 뛰어들어 이층으로 올라서니 아니나 다를까 아까 보았던 모하메드의 친구라는 사내가 허리를 구부린 채 내 방 열쇠 구멍을 만지작거리고 있었다. 씩씩거리며 나타난 나를 보고 당황한 그는 옆방으로 쑥 들어가버렸다.

이 녀석들은 상습범인 것 같았다. 비록 그곳에 진치고 있던 것은 우연이겠지만 만약 그들이 다른 곳에 있었더라도 모하메드는 연락을 해서 하맘에 간 동안 내 방을 뒤지라고 시켰을 것이다. 하맘에 가기 위해 틀림없이 돈을 방에 두고 갈 것이라는 것을 모하메드는 다 계산하고 있던 것이다.

관광지란 곳이 다 이렇다.

예나 지금이나 나그네를 괴롭히는 도둑놈들은 어디나 있다. 그리고 그들은 수많은 수련을 거쳐 이 세상에서 가장 다정한 미소와 가장 맑은 눈빛으로 위장하고 있는 것이다.

숙소 창문을 보니 앞에 베란다가 있고 옆 방에서 베란다를 통해 안으로 들어올 수도 있게 되어 있었다.

이스티칼 호텔.

이 호텔은 값쌌지만 영 불안한 곳이었다.

|A시|

세니 세비요룸, 당신을 사랑해요

나는 이스켄데룬 해변에서 보았던 여인을 찾아 나서기로 했다.

우르파에서 버스로 한 시간 반 정도 떨어진 A는 조그만 마을이었다. 한국의 읍 정도나 될까.

버스에서 내려 천천히 골목길을 걷는데 이쪽저쪽의 상점문이 열리며 사람들이 빠끔히 나를 쳐다보기 시작했다. 관광객이 찾아올 리 없는 조그만 마을이었기에 나의 출현은 하나의 사건이었을 것이다.

거리에는 식당, 빵가게, 문방구점, 옷가게, 화장품점, 식료품점 들이 다닥다닥 들어서 있었다. 주택가까지 포함해 걸어다녀도 약 삼십 분이면 다 돌아볼 수 있는 조그만 마을이었다.

우선 숙소에 짐을 풀고 나서 여인이 써준 주소를 들고 찾아간 곳은 사층짜리 흰 건물이었다. 이층으로 무작정 올라가 경비원에게 메모지를 보여주자 사내는 잘 안다는 듯, 활짝 웃으며 크게 외쳤다. 이미 그녀가 나에 대한 얘기를 했던 것 같다.

"제에라, 제에라."

사내의 눈에는 장난기가 잔뜩 서려 있었다. 잠시 후 나온 그녀는 믿을 수 없다는 듯, 눈을 크게 뜨며 외쳤다.

"리!"

흥분한 제에라는 나를 사무실로 데려갔고 안에서 대여섯 명의 사내들이 호기심과 호의 어린 눈빛으로 나를 쳐다보고 있었다.

제에라는 일일이 그들을 소개시켜주었다.

알리, 슐레이만, 모하메드, 외케시…….

그런데 어째 복장이 이상했다. 사복도 있었지만 경찰관 제복을 입은 이들도 있었다. 알고 보니 그곳은 경찰서였고 제에라는 그곳의 타이피스트였다.

영어를 할 줄 아는 사람은 거의 없었는데 어떻게 뜻은 통했다. 어제 저녁 누가 칼로 사람을 찔러서 수사하느라 좀 바빴지만 이들은 내 주변에 몰려들어 얘기를 나누고 싶어했다.

사무실의 일하는 분위기가 갑자기 나 때문에 망가진 것만 같아 조금 미안했다. 한참 얘기를 나누다 자리를 뜨려는데 제에라가 나에게 자기 집으로 와서 자라는 제스처를 했다.

자기네 집에서 자자?…… 이걸 어떻게 받아들여야 하나.

옆에 있던 알리가 "가요, 같이 가서 자요"라고 부추겼고 통통한 사내 모하메드는 싱글거리며 내 등을 두드렸다.

이게, 도대체 어찌 된 영문일꼬? 이곳에서는 여자가, 많은 직장 동료 앞에서 자기 집에 가서 자자고 말할 수 있는 것일까?

혼란스러웠지만 퇴근 시간에 다시 들르기로 하고 나는 마을을 돌아보다 다섯시가 다 되어 처음에 짐을 풀어놓았던 숙소로 갔다. 방을 이미 썼던 터라 미안했다. 카운터의 사내에게 친구 집에서 자게 되었다고 기어드는 목소리로 말한 후, 얼마를 내야 되냐고 물었다. 반액 정도는 낼 생각이었다. 그런데 사내는 선선히 고개를 끄덕이며 이렇게 말하는 것 아닌가.

"타맘(괜찮아요), 타맘."

이렇게 고마울 수가. 사실 방값이 2달러 정도밖에 안 되는 곳이었지만 선선하게 '타맘'이라고 말하는 그 사내가 매우 고마웠다. 이 마을에 와 부딪치는 사람 모두가 그렇게 순박하고 친절했다.

제에라의 사무실로 가니 그녀는 퇴근 준비를 끝내고 있었다. 검은색 가죽 스커트에 부츠, 그리고 털외투를 걸친 그녀는 조금 흥분해 있었다.

사무실을 나오는데 통통한 중년 사내 모하메드가 나에게 다가와 흑백 사진을 내밀었다. 그 빛바랜 사진에는 터키의 젊은 군인과 검정 치마에 흰 저고리를 입은 여인이 부끄러운 표정으로 서 있었다.

바로 한국전 때 참전했던 그의 사진인 것이다.

약 사십 년 전의 사진……

모하메드는 흐뭇한 미소로 사진을 바라보았다. 사진 속의 한국 여인은 순박한 우리의 시골 처녀였고 모하메드는 차려 자세로 공손하게 서 있었다. 비록 전쟁의 상흔이 담겨진 사진이었지만 비참하거나 추해 보이지 않았다. 한 사내의 호기심과 순정 그리고 한 여인의 수줍음이 담겨진 사진을 향해 그는 감회 어린 눈길을 보내고 있었다.

모하메드와 악수를 하고 거리로 나왔다. 제에라는 약 사십 년 전, 사진 속의 한국 여인이 그랬던 것처럼 조금 수줍은 표정으로 나를 바라보았다. 순간, 나는 그 눈길에 취해 몽롱한 기분이 되고 말았다.

배낭을 멘 나는 그녀의 뒤를 졸졸 따라 갔는데 그녀의 집은 사무실에서 엎어지면 코 닿을 데 있었다. 어두컴컴한 골목길로 들어서자 낮은 담장의 집들이 이어졌는데 제에라는 그중의 하나로 가 창문을 서슴없이 두드렸다.

이윽고 창문을 열고 얼굴이 조금 큰 여자가 고개를 쑥 내밀었다. 제에라가 이미 말했는지 나를 소개하자 여인은 안다는 듯 가볍게 인사했다.

이 여자가 왜 이리도 동네방네 소문을 내는 것일까?

그러나 의문은 곧 풀렸다. 집으로 들어가니 제법 큰 마당이 있었고 정원에는 오렌지 나무들이 있었다. 조금 걸어 들어가자 낡은 건물이 보였고 현관문을 열자 사내 둘이 나를 반겼다.

그녀의 남동생들이었다. 첫째는 양쪽 다리가 소아마비였고 머리가 약간 벗겨졌는데 눈빛이 꽤 선량해 보였다. 아직 고등학생이라는 동생은 매부리코에 호리호리했다. 잠시 후, 나타난 매부리코에 얼굴이 납작한 그녀의 할머니가 천천히 걸어 나왔다.

"메하바(안녕하세요)."

내가 고개를 꾸벅 숙이며 터키말로 인사하자 할머니는 내 손을 잡고 좋아서 어쩔 줄을 몰라했다. 그 집은 대가족이었다. 할머니, 그녀의 부모, 이모, 언니 하나, 여동생 하나, 남동생 둘이 같이 살고 있던 것이다.

다행히 그녀의 남동생이 영어 사전을 찾아가며 통역을 해주어서 얘기가 그런 대로 통했다.

그들은 중국부터 시작되었던 나의 여행 얘기를 귀를 기울이며 들어주었다. 그리고 나는 그녀의 남동생으로부터 약간의 터키말을 배울 수 있었다. 저녁은 악샴, 어제는 뒨, 오늘은 부귄, 내일은 야른, 나중에는 덴손라, 친구는 알카다쉬. 약은 톱, 매우는 촉 등등.

한참 후 제에라가 물었다.

"아취?"

배고프냐는 뜻이었다.

'아, 이렇게 몇 달만 여기 있으면 터키어 다 배우겠구나.'

잠시 후 저녁상이 차려졌다. 국에 통닭에 밥, 빵 그리고 야채 등이 차려졌는데 내가 온다고 특별히 준비한 것 같았다. 제에라는 내 옆에 앉아서 닭을 뜯어 내 밥그릇에 자꾸 놓아주었다. 마치 남편에게 하듯이.

밥을 먹고 나니 동네 사람들이 놀러 왔다. 코리안 하나 나타난 것이 이 동네에서는 큰 사건인 것이다.

한참 얘기를 나누다 제에라가 슬그머니 나를 끌어냈고 그녀의 남동생 둘과 그녀의 친구들도 슬그머니 따라 나왔다.

뜰에서 제에라가 녹음기를 틀었다. 모두들 나무걸상에 앉아 느린 곡을 들었는데 갑자기 답답하다는 듯 테이프를 바꿨다. 그러자 빠른 댄스곡이 흘러나오면서 믿을 수 없는 일들이 눈앞에 펼쳐지기 시작했다. 여자들이 모두 일어나 엉덩이를 흔들고 어깨를 들썩거리며 춤을 추는 게 아닌가.

그리고 갑자기 제에라의 얌전해 보이던 여동생이 내 앞에 오더니 바로 코앞에서 엉덩이를 퉁퉁 퉁기며 춤을 추기 시작했다. 배꼽만 안 나왔지 영화에서 보던 벨리댄스였다.

그러자 또 한 친구가 그 자리를 이어받아 춤을 추었는데 두 손을 하늘 높이 들고 흔들어서 가슴이 몹시도 철렁거리고 있었다. 그리고 내 눈을 뚫어지게 쳐다보았다.

아…… 그것은 달콤한 고문이었다. 나는 시선을 어디다 둬야 할지 몰라 헤매었고 그녀의 남동생 둘도 얼굴을 붉힌 채 아예 땅만 쳐다보고 있었다. 터키 여자들의 열정이 남자들을 완전히 압도하는 순간이었다.

아, 터키 여자들…… 정말, 대단했다. 이 청순하고 얌전해 보이던 여자들의 어디에 이런 열정이 숨어 있던 것일까? 옛날 영화에 보면 배꼽춤을 이렇게 추던데 거짓은 아니었구나.

다시 음악이 트위스트로 바뀌자 모두 광란의 춤을 추기 시작했다. 이미 기분이 고조된 나도 사정없이 발을 비벼대자 이번에는 여자들이 까무러치기 시작했다.

다른 곡이 나오자 이번에는 어깨동무를 하고 둥글게 원을 그리기 시작했다. 오른쪽으로 두 걸음 옮기고 오른발 내뻗고, 다시 왼쪽으로 두 걸음 옮기다 왼발 내뻗으며 박수를 쳤다.

그러다 템포가 느린 노래가 나오자 이번에는 여자들끼리 부둥켜안고 블루스를 추는데 제에라가 나를 끌어냈다.

비몽사몽이란 이런 것을 두고 말하는 것일 게다. 뭔가에 홀린 것 같았는데, 나는 그 두근거림 속에서 거의 혼절 직전이었다.

모든 여자들이 나와 춤추길 원했다. 행복했던 내가 한바퀴 돌아 다시 제에라의 품으로 돌아왔을 때, 제에라는 내 가슴에 얼굴을 기댄 채 낮게 노래를 부르기 시작했다.

삼십대 초반의 이 여자. 아들과 딸을 남편에게 뺏긴 슬픔을 삼키며 살아가고 있는 여자, 제에라는 슬픈 표정을 짓다가 나와 눈이 마주치자 행복한 미소를 지었다.

그때 한 여자가 갑자기 볼륨을 낮추고 '쉿' 소리를 냈다. 울타리 밖에서 뭔 소리가 들린 것이다.

시끄러워서 동네 사람들이 항의한 것일까?

모두 문 쪽을 바라보는데 여인 서넛이 들어오고 있었다.

"와!"

여인들의 입에서 탄성이 나왔다. 모두 제에라의 친구들이었다. 이렇게 해서 다시 광란의 밤은 이어졌다. 하도 시끄러우니 제에라의 할머니와 어머니가 나와 불을 켰고 젊은 여자들이 펼치는 광란의 몸짓을 보고 입을 딱 벌린 채 놀랐건만 아무도 신경쓰지 않고 춤을 췄다.

그렇게 두 시간 정도 이어지던 열기가 식자, 여자들은 방으로 들어갔고 제에라의 남동생들과 나는 담배를 피워 물었다.

그들은 예전에 월드컵에 출전한 한국 축구 선수 중 '김주성'을 좋아한다고 했다. 여기까지 우리의 김주성 선수가 알려져 있는 것이다.

잠시 후, 방으로 들어가니 그 말 같던 처녀들은 얌전히 앉아 뜨개질을 하고 있었다.

아, 저런 내숭들…….

이윽고 동네 사람들과 제에라의 친구들이 모두 돌아가고 두런두런 우리끼리 얘기를 나누는데 제에라의 남동생이 통역을 제법 하자 제에라의 어머니는 자식이 자랑스럽다는 듯 등을 토닥거리다 큰아들의 다리를 쓰다듬으며 눈물을 지었다.

큰아들은 소아마비, 큰딸은 사팔뜨기며, 둘째딸은 이혼했으니 얼마나 가슴이 아프겠는가. 그래도 집안은 참 화목해 보였다.

잠 잘 시간이 되자 사람들은 남녀로 갈렸다. 나는 그녀의 남동생들과 같이 자기로 했다. 누우려고 하는데 제에라가 이불을 들고 왔고 뒤에서 그것을 바라보는 어머니가 슬픈 표정을 지었다.

아마도 사위가 오면 덮어주었던 이불이리라.

제에라가 나를 물끄러미 바라보다 뭐라 중얼거렸다. 제에라의 남동생이 그것을 통역해주었다.

"촉 셰키야르, 즉 당신이 달콤하다는 겁니다. 여자들은 달콤한 것을 좋아하잖아요? 초콜렛이나 사탕 같은 거…… 그러니까 당신이 사랑스럽다는 얘기입니다. 아까 누나 친구들도 모두 그렇게 말했어요. 내가 보아도 당신은 미남인데요."

허허. 이렇게 봉두난발에 콧수염 기른 내가 달콤하고 미남이라니. 아마 외국인이라 호감이 가서일 것이다.

남동생들과 얘기를 나눠보니 그들에게는 그늘이 있었다. 아버지는 구멍가게를 하고 어머니는 텃밭을 가꾸는 것 같았다. 그리고 소아마비인 큰아들은 실업자, 둘째아들은 고등학생, 큰딸과 셋째딸은 집안 일을 도우니 돈 버는 자식은 제에라 하나뿐인 것 같았다.

그녀가 돈을 벌어 식구들을 먹여 살리고, 나머지 식구들은 이 촌구석에서 미래가 없는 것이다. 터키의 겉모습을 보면 화려하지만 많은 사람들이 이런 가난 속에 살고 있을 것이다.

다음날 아침, 닭울음 소리에 깼다. 빵, 치즈, 버터, 차 그리고 오믈렛이 차려진 아침을 먹었고 제에라는 출근하며 나중에 사무실에서 만나자고 했다. 집 밖으로 나가다 아쉬운 듯 나를 돌아보다 뭐라 말했다. 그러자 남동생이 영어로 통역을 해주었다.

"그녀는, 당신이 여기서 살라고 말했다."

살라고…… 나를 여기서 살라고.

그녀의 어머니는 그 말을 듣더니 "오, 알라" 하며 나의 옷깃을 잡았다.

아, 저 어머니는 내가 알라신이 보낸 천생연분의 인물인 줄 알고 있는 것일까? 하긴, 어디선가 비슷한 얘기를 들은 적이 있었다. 김삿갓 방랑기던가? 방랑하다가 어느 처녀와 정이 들어 몇 년 살았는데, 결국은 자유가 그리워 도망갔다는 얘기.

A시

터키 연인들

"세니 세비요룸."

제에라가 낮게 속삭였고 남동생이 또 통역을 했다.

"그녀는, 당신을 사랑한다고 말했다."

제에라는 주변을 의식하지 않은 채, 열정적으로 나를 처다보았다. 정열이 넘치는 여자였다.

그녀가 출근한 후, 남동생은 나를 동네 이곳저곳에 데리고 다니며 인사를 시켰고 버스터미널로 안내했다. 그곳에서 아다나로 떠나는 버스표를 샀다.

그녀의 식구들과 마지막 인사를 하는데 모두 섭섭한 표정을 지었다. 제에라의 아버지는 배추, 파, 오렌지, 그리고 빵과 과자를 놓은 조그만 구멍가게에서 신문을 읽다가 나를 껴안고 양볼을 비벼댔다. 이들의 열정이 자꾸 나를 흔들리게 하고 있었다. 한참을 걸어오다 뒤를 돌아보니 모두 그 자리에서 손을 흔들고 있었다.

정 많은 사람들…… 행복하게 사세요.

버스터미널로 오니 제에라가 기다리고 있었다. 그녀는 나에게 선물을 건넸다. 가죽 지갑이었다. 그리고 다시 나에게 속삭였다.

"촉, 셰키야르……(달콤한 사람)."

드디어 버스가 왔다. 버스가 떠나기까지 그들은 서서 나를 바라보았다. 그녀는 자꾸 웃으려 했지만 이내 얼굴은 슬프게 변했다. 드디어 차가 움직이자 손을 흔들던 제에라는 눈물을 떨구고 말았다.

버스는 다시 산골길을 오르기 시작했다. 아름다운 풍경이 펼쳐지고 있건만 내 가슴은 텅 비어가고 있었다.

미안했지만 어쩔 수 없었다. 그녀의 사랑을 받아들일 수도 없었고 정착하고 싶지도 않았다. 한국 땅에서도 정착하고 싶지 않았는데 이국 땅에서 내 생을 마무리할 수는 없었으며, 또한 김삿갓처럼 살다가 도망치고 싶지도 않았다.

한국에 돌아온 후 나는 그녀에게 선물과 함께 감사의 편지를 보냈으며 그녀로부터 답장이 왔다. 그렇게, 몇 번의 편지 왕래가 있었지만 자연스럽게 연락은 끊겼다. 나는 들락날락하며 늘 여행하느라 편지 답장을 제때 해줄 수가 없었고 그녀 또한 세월이 흐르며 차차 나에 대한 관심이 사라졌을 것이다. 안 보면 잊혀지는 법이었다.

그리고 몇 년이 지난 후 새벽에 전화가 왔다. 영어를 못하는 그녀는 다른 사람의 통역에 의지해 전화를 했는데 그녀는 내가 죽지 않았나 걱정했다고 했다. 그 무렵 성수대교와 삼풍백화점이 무너진 사실이 온 세계에 알려졌기 때문이다.

나는 그날밤 잠을 설쳤고 얼마 후, 그녀의 편지가 도착했다. 남부의 어느 해안으로 이사간다는 말이 적혀 있었다. 그게 끝이었다.

내가 만약 그때, 그곳에서 그녀와 함께 살았다면?…… 그녀는 지금쯤 어떻게 살아가고 있을까?

얼마 전, 터키에 엄청난 지진이 났을 때 나는 가만히 있을 수가 없었다. 은행으로 달려가 약간의 돈을 성금으로 내며 제에라와 그녀의 가족들의 얼굴을 떠올렸다. 부디, 그들의 앞날에 신의 가호가 있기를…….

|지중해를 따라|

성룡의 사부

제에라와 헤어진 후, 남부 해안의 아다나에서 서부 해안의 에페스(에베소)까지 가기 위해 지중해를 따라 달리기로 했다. 그러나 그 거리가 워낙 길어서 우선 야간버스로 안탈리아까지 가기로 했다.

버스 표를 사고 나니 시간이 남아 저녁나절 공원에서 잠시 휴식을 취할 때였다. 벤치에 앉아 있던 나에게 구두통을 둘러멘 아이들이 달려들어 신발을 닦으라고 했다. 여행중 트레킹화를 닦을 일은 없었지만 심심해서 내버려두었더니 아이는 닦는 게 아니라 구두약을 된장처럼 신발 위에 덮은 후 몇 번 문지르고 나서 돈을 요구했다. 돈을 주고 나니 또 팁을 요구했다. 그래도 달라는 대로 다 주었다.

"너, 어디에서 왔니?"

"우르파요."

그 아브라함의 성지에서 온 가난한 아이들이었다. 열 살이나 간신히 넘겼을까? 학교도 못 가고 구두통을 들고 도시를 배회하는 아이들이었지만 간단한 영어를 꽤 잘했다. 많은 외국 관광객을 상대한 것 같았다.

"아저씨, 재키 찬(성룡) 닮았어요."

동양인은 다 그렇게 보이는지, 나는 여행하며 브루스 리나, 성룡을 닮았다는 얘기를 종종 들었었다. 인도의 어느 식당에서는 공손하고 진지한 표정으로 내가 혹시 '브루스 리 동생' 아니냐고 묻는 사람도 있었고, 후일 이집트의 알렉산드리아에서는 나를 따라와 대련 한번 해보자는 친구도 있었다. 또, 예루살렘에서는 자동소총으로 무장한 이스라엘 군인이 다가와 '브루스 리' 하며 악수를 청한 적도 있었다. 황당하기는 했지만 기분이 별로 나쁘지 않아 가끔 누가 이름을 물으면 그렇게 대답한 적도 있었는데 여기서도 장난기가 발동했다.

"아니, 난 브루스 리야."

"브루스 리가 누군데요?"

이미 수십 년 전에 죽어버린 이소룡을 아이들은 몰랐다.

"재키 찬의 사부."

농담으로 던진 내 말에 아이의 얼굴이 굳어졌다.

"정말요?"

"정말이라니까."

나는 어깨를 세우며 근엄하게 대답했다.

그러자 아이는 어디론가 급히 뛰어가기 시작했다.

우스운 녀석이라고 생각하며 한참 동안 일기를 쓰고 있는데 분위기가 좀 이상했다. 고개를 들어보니 이런, 구두통을 든 아이들 수십 명이 저만치서 둥글게 둘러싸고 경외의 눈초리로 쳐다보고 있는 게 아닌가.

웃음이 터져나오고 말았다. 아이가 동네방네 소문을 내자 전 도시의 구두닦이들이 '재키 찬의 사부'를 보자고 달려온 것임에 틀림없었다.

그중에 한 십대 중반쯤 되어 보이는 애가 팔짱을 끼고 유심히 나를 바라보고 있었다. 무리 중의 보스 정도 되는 것 같았다. 아이는 긴장된 표정을 짓다가 결심한 듯, 나에게 걸어왔다.

"당신이 정, 정말 재키 찬의 사부예요?"

떨리는 목소리였다.

"으응……."

꼴깍, 아이의 침 넘어가는 소리가 들려왔다.

그때였다. 어디선가 빗자루를 든 공원 관리인이 고래고래 소리를 지르며 달려들자 아이들은 삽시간에 파리 떼처럼 흩어지고 말았다.

그렇게 우리들의 대화는 끝나고 말았는데 잠시 후 보니 아이들이 여전히 멀리서 나를 바라보고 있었다. 공원을 떠나며 그들에게 손을 흔들자 아이들도 함성을 지르며 같이 손을 흔들었다.

찰거머리 알렉스

안탈리아로 가던 야간버스 안에서 차멀미를 했다. 저녁 먹은 것이 소화도 잘 안 되었고 버스가 구불구불 이어지는 해안도로를 몇 시간 동안 계속 휘어지며 달리다 보니 그렇게 된 것이다.

속이 울렁거려 도저히 갈 수 없어서 다섯 시간 정도 달린 후 조그만 해변가 마을에 급히 내렸다. 내리자마자 먹은 것을 다 토한 후, 기진맥진한 채 컴컴한 어둠 속에 한동안 앉아 있었다.

시계를 보니 아홉시. 컴컴한 어둠 속에서 철썩철썩 파도치는 소리만 요란했다. 바로 길 옆은 바다였는데 저만치 불빛이 보이고 있었다. 집 몇 채 보이지 않는 조그만 마을이었는데 다행스럽게도 바닷가 옆에 조그만 모텔이 있었다.

들어가 보니 손님이라고는 나 하나. 깨끗한 방에 배낭을 풀고 누우니 긴장이 풀려왔다. 직원에게 물어보니 마을 이름이 아이딘시크라고 했다.

관광객이라고는 들를 리 없는 한적한 마을에서 아픈 채, 파도 소리를 듣고 있자니 큰 파도에 휩쓸려 어디론가 휩쓸려가는 것만 같았다.

그러나 내일은 내일의 해가 뜨겠지. 그러면 이 불안감도 그 햇살 앞에서 사라지겠지.

나는 그런 희망을 안고 잠을 청했고 과연 아침이 되자 하늘은 맑게 개었다. 태양은 따스했으며 푸른 지중해의 아침은 평화로웠다.

바닷가에서 버스를 기다리다 계획을 바꾸기로 했다.

한번에 먼 안탈리아까지 가지 않고 우선 아날리야까지만 가기로 했다.

그런데, 생각지 못한 문제가 생겼다. 이윽고 온 버스를 탔는데 버스 차장이 바가지를 씌운 것이다.

이제 터키 물가를 어느 정도 파악한 후라 대충 시간에 따른 버스 요금이 짐작이 되었는데 차장은 터무니없는 돈을 요구했다. 항의를 하자 깎아주긴 했지만 여전히 바가지 요금이란 생각이 들었다. 계속 싸우다 중간에 내려야겠다는 생각을 하고 있을 때 끼어든 인물이 청년 알렉스였다.

영어를 곧잘 하는 그는 통역을 해주었는데 급기야 그도 화를 내기 시작했다.

"저 친구 말이 당신이 외국인이니까 그렇다는 것인데 터키 사람들이 다 그런 것이 아니에요. 에잇, 나도 당신과 함께 내리겠습니다."

"아, 그만두세요. 그럴 것까지."

"이건 터키인의 수치입니다. 내가 도와드리리다."

이것이 찰거머리 알렉스와의 첫 인연이었다. 나는 그의 도움이 전혀 필요하지 않았지만 자청해서 내리는 그를 막을 수 없었다. 버스에서 내린 우리는 근처 바닷가에 앉아 얘기를 나누었는데 좀 복잡한 삶을 사는 친구였다.
 그의 나이는 스물일곱. 한 여자와 몇 년 전 동거를 했었다. 그러다 군대를 갔는데 휴가 나와서 보니 여자가 아기를 낳았다. 헤퍼 보이는 아내를 믿을 수가 없어 자기 아이가 아니라고 우겼지만 병원에 가서 확인해보니 자기 아이였다.
 심란한 그는 훌쩍 네덜란드로 떠나 일 년 정도 살면서 그곳 여자와 동거를 했고 다시 터키로 온 후 키프로스에서 일하다 자신의 친구들이 많은 안탈리아로 가던 중이었는데 차장에게 사정해서 무임 승차를 했다는 것이었다.
 무임 승차라…… 그렇다면, 나를 따라 내리지 말았어야지.
 청하지도 않았지만 나를 돕기 위해 내렸다고 주장하니 적어도 그의 목적지인 안탈리아까지는 무일푼의 그를 도와야 한다는 책임을 느끼기 시작했다.
 할 수 없이 오늘 하루 숙식비를 내가 내기로 했다. 그런데 함께 호텔을 찾으면서 조금씩 이 친구가 수상해지기 시작했다. 자기가 잘 안다며 안내를 한 호텔은 나에게 조금 부담이 되는 숙소였는데 그는 싼 곳이라며 'nothing' 이라 했고 허름한 음식점에 들어가려고 하니 저기는 별로 먹을 것이 없다며 다른 비싼 곳을 찾으러 했다. 결국 찾지 못하고 다시 그 식당으로 가서 먹었는데 나는 음식값이 결코 싸게 느껴지지 않았지만 그는 또 'nothing' 이라 외쳤다.
 한푼 없는 친구가 매사에 'nothing' 이라니.
 그리고 그는 계속 여자 나오는 술집을 찾으려 했다. 그러면서 계속 안탈리아에 가면 자기 친구들이 많으니 잠자리는 걱정 말 것이며 여자들도 바람기가 많아 마음만 맞으면 돈 안 주고 잘 수 있으니, 기대를 하시라는 요지의 말을 계속 흘렸다.

아아아아. 우르파에서도 그랬는데, 결국은 이놈도…… 조심해야 한다.

나는 원래 사람을 잘 의심하지 않았다. 아니, 함부로 사람을 의심하는 것에 대해 죄책감까지 느끼던 사람이었다. 그러나 여행하며 수많은 사건을 아슬아슬하게 겪으면서 나는 변해갔다. 세상 사람이 다 내 마음 같지 않으며 정말 알 수 없는 게 사람이란 생각이 들었다. 물론, 열에 아홉은 좋은 사람들이었다. 언제나 한 사람이 문제였고 그 한 사람에게 당하는 순간, 나는 길에서 죽을 수도 있다는 것을 깨달았기에 늘 조심해야 했다.

알렉스에게서는 처음에 만났을 때 보였던 공손한 몸짓, 맑은 눈빛이 사라지며 점점 탁한 본색이 드러나고 있었다. 잠을 자다 내 목을 조르고 도망갈지도 모를 놈이란 생각이 드니 등골이 서늘해지고 말았다. 그렇다고 당장 도망갈 수도 없어서, 결국 오늘 밤 목숨을 부지하기 위해서라도 그의 비위를 맞춰주기로 했다.

그가 안심해야 거사일을 좀 늦추지 않겠는가라는 나의 계산 때문이었다. 나의 비위 맞춤에 그는 들뜨고 말았다.

"안탈리아에서 나의 고향 코니아까지 같이 갑시다. 거기 며칠 머무르며 아버지에게 돈을 타낼 겁니다. 우리 형이 버스 운전사니까 그 버스를 타고 여행해요. 코니아까지만 가면 돈 걱정은 마쇼. 내가 다 낼 거니까. 또 페티에와 보드럼에는 내 친구가 1월 1일날 나를 위해서 술집 문을 열기로 했어요. 그리고 이스탄불에 가면 끝내주는 여자들이 많아요. 내가 다 안내해줄 테니까 걱정 말아요."

"아, 이렇게 고마울 수가. 그래, 고마워. 사실 난 그 동안 외로웠어."

들뜬 표정을 지으며 그의 앞에서 연기를 하는 내 마음은 비참해지고 있었다.

이게 무슨 봉변인고. 돈 내주고 이런 쇼를 해야 하다니.

어쨌든 나는 다음날 아침에 내 목이 붙어 있음을 확인했고 허리에 찬 전대도 그대로 있음을 확인했다.

자, 결전의 날이 왔다. 찰거머리 알렉스가 이기느냐, 내가 이기느냐.

우선 같이 버스터미널로 갔다. 버스표 가격을 흥정하는데 그는 청하지 않는 통역을 자청했다. 그에 의하면 버스비가 일인당 4만 5천 리라인데 자기에게 돈을 주면 4만 리라에 살 수 있다는 것이었다. 그러나 내가 직접 나서서 알아보니 3만 5천 리라였다.

알렉스는 당황한 표정을 지었다. 사실, 내가 좀 독한 마음을 먹었더라면 거기서 차갑게 쫓아버릴 수도 있었다. 그러나 일말의 연민 같은 것이 있었기에 그를 안탈리아까지는 데리고 가기로 했다.

버스 안에서 그는 진절머리가 날 정도로 이스탄불의 여자 나오는 술집 얘기를 해대었다. 그러나 어제처럼 내가 그의 비위를 맞춰줄 필요는 없었다.

"알렉스, 난 너의 고향 코니아에 가기 싫어. 거긴 가보았거든. 난 데므레로 가겠어. 해안가로 가고 싶어. 그러니까 안탈리아에서 헤어지자구."

그는 뒤통수를 맞은 듯 멍한 표정을 지었다. 한동안 침묵이 흐른 후, 안탈리아에 도착할 무렵 다시 수다를 떨었다.

"안탈리아에서 매우 싼 호텔을 내가 알아요. 여기서 하루 묵으면서 여자 나오는 술집……."

어이구, 이 여자에 환장한 놈아.

안탈리아에 도착하자마자 나는 매표소로 가 마침 이십 분 후 데므레로 떠나는 버스표를 샀고 알렉스에게 작별 인사를 했다.

그는 닭 쫓던 개처럼 조금 허탈한 표정으로 나를 바라보았다. 좀 안됐다는 생각도 들었지만 나는 값싼 감상을 버리기로 했다. 만약 그가 성실한 사람이었다면 나는 그에게 약간의 도움을 베풀었을 것이다. 그러나 그는 전혀 신뢰할 수 없는 친구였다. 또한 그의 목적지였던 안탈리아에까지 데려왔기에 부담감도 없었다.

길을 가다 보면 별 사람, 별 사건을 다 만난다. 그 길을 헤쳐 나가기 위해서는 착하기만 하면 안 되었다. 때로는 비둘기처럼 온순해야 했고 때로는 뱀처럼 지혜로워야 했다. 그 말이 무엇을 의미하는지를 깨닫기까지 오랜 세월이 걸렸다.

그후, 나는 데므레에 들러 산타클로스의 기원이 된 니콜라우스 성인을 기념하는 성 니콜라우스 교회를 보았고, 아름다운 해변 카쉬와 페티에에서 쉬어가며 지중해안을 달렸다. 겨울 지중해는 아름다웠지만 쓸쓸했다. 그렇게 외로움에 지쳐갈 무렵 나는 마침내 터키 최고의 관광지인 에페스에 도착했다.

|에페스|

아르테미스 신전

에페스 근처에는 세계 7대 불가사의 중의 하나인 아르테미스 신전터가 있었다. 나는 셀주크에서 약 3킬로미터 떨어진 에페스까지 걸어가다 중간에 그것을 보았다. 아르테미스 신전은 7대 불가사의 중의 하나라고 했지만, 지금은 커다란 기둥 하나만 남아 있었다.

세계 7대 불가사의.

이것은 도대체 어디서 연유된 것일까?

원래 세계 고대 7대 불가사의란 알렉산더 대왕의 동방 원정 이후 그리스인들의 눈에 비친 일곱 가지의 신비한 건축물들이었다고 한다. 그들이 본 세계 7대 불가사의는 이집트 쿠푸 왕의 피라미드, 바빌론의 공중 정원, 올림피아의 제우스 상, 에페스의 아르테미스 신전, 할리카르나소스의 마우솔로스 묘, 로도스의 크로이소스 거상, 알렉산드리아의 파로스 등대였다.

그러나 후일 세상을 보는 폭이 넓어지면서 세계 7대 불가사의는 피라미드, 로마의 콜로세움, 영국의 스톤헨지, 이탈리아의 피사의 사탑, 이

아르테미스 여신

스탄불의 아야 소피아 사원, 중국의 만리장성, 알렉산드리아의 등대로 일컬어졌으며 그 밖에도 자기 나름대로 크레타 섬의 미노스 궁전, 시리아의 팔미라 고도, 델포이의 아테네 신전 등을 거론하며 새로운 7대 불가사의를 주장하는 사람도 있었다.

이런 상황에서 현지인들은 조그만 근거만 있어도 자기네 유적지가 바로 7대 불가사의 중의 하나라고 선전했기에 현장에 가서 보는 여행자들은 혼란스러울 수밖에 없는 것이다. 이럭저럭 거론된 것을 다 합하면 7대가 아니라 14대도 넘지 않을까?

아르테미스 신전은 결코 많은 사람들이 오는 곳은 아니었다. 남아 있는 것이 별로 없기 때문이다. 하지만 그것이 만들어졌던 기원전 6세기경에는 대단한 신전이었다고 한다.

아르테미스 여신은 풍요의 여신으로 이 지방에서 매우 인기 있던 신이었다. 약 백이십 년에 걸쳐 만들어진 이 신전은 그리스의 역사가 헤로도투스도 이집트의 피라미드 못지 않다는 감탄의 기록을 남겨놓을 정도였다.

그리스인들의 일파인 이오니아인들은 기원전 11세기 말에 이미 에페스를 건설했고 본격적으로 이 도시가 발전한 것은 기원전 6세기부터였는데 아테네 다음으로 컸던 도시였다. 그때가 바로 수많은 그리스 도시 국가들이 체제를 정비하면서 비약적인 발전을 하던 시기였으니 아르테미스 신전은 그 시절의 번영의 상징이었다.

이런 신전도 기원전 356년 '헤로스트라투스'라는 자에 의해 불에 태워지고 만다. 그가 그 짓을 한 이유는 간단했다. 세상에서 유명해지는 가장 손쉬운 길은 그런 어마어마하게 나쁜 짓을 하는 것이라 생각했기 때문이다.

그런 정신 나간 친구에 의해 결국 신전은 잿더미가 되었고 이어서 거대한 신전 재건 운동이 일어났다. 에페스인들은 아테네에 있는 파르테논 신전보다 두 배나 큰 신전을 짓겠다면서 하얀 순백색의 대리석으로 높이 18미터짜리 기둥을 127개나 만들었다. 전체 신전의 길이는 120미터, 폭은 60미터였다고 하니 어마어마한 신전이었을 것이다.

그러나 그후 서기 3세기경에 이곳을 침략한 고트인들에 의해 파괴되었고 현재는 달랑 기둥 하나만 남아 있을 뿐이고 그 시절 추앙받던 아르테미스 여신의 모습은 셀주크에 있는 박물관에 있었다. 이곳에는 가슴에 수많은 유방들이 달린 여신상이 두 개가 전시되어 있는데 이것이 바로 풍요와 다산을 상징하는 아르테미스 여신상이다.

그리스의 신화는 재미있기도 하지만 그 계보가 복잡해 혼란스러울 때가 많은데, 이 여신 역시 그렇다. 제우스 신은 아내가 많았는데 그중의 하나인 레토 여신은 임신을 한 후, 제우스의 아내 헤라의 방해로 출산지를 찾지 못해 방황하다 델로스 섬에서 해산하게 된다. 그때 탄생한 신들이 아폴론과 아르테미스 여신으로 이들은 쌍둥이였다.

아폴론은 잘 아는 바와 같이 태양의 신이 되었고 아르테미스는 달의 여신으로 불리기도 했다. 아르테미스는 들짐승을 지배하고 사냥을 좋아해서 숲속의 여신, 사냥의 여신으로도 불렸는데, 그녀는 좀 무시무시한 성격을 갖고 있었다. 해산하려는 여인에게 화살을 쏘아 고통 없는 죽음을 주기도 하는데 그녀는 주로 그리스 산악지역에서 숭배되었다고 한다. 동시에 수많은 유방을 갖고 있어, 그 당시에 소아시아에서 인기 있던 풍요와 다산을 약속하는 대지모신(大地母神)의 영향을 받았다고 한다. 어쨌든 아르테미스 여신은 그 당시 에페스인들에게 엄청난 인기를 끌고 있었음에 틀림없다.

에페스의 영광

　겨울의 에페스는 엄청난 눈으로 뒤덮여 있었고 관광객도 별로 많지 않아 쓸쓸했으나 눈으로 뒤덮인 그곳을 차분히 돌아보는 재미가 있었다.
　반면 여름에는 수많은 관광객으로 흥청거려 마치 시장에 온 것 같았고, 이제는 한국 사람들도 많이 와서 한글 안내책자도 만들어 팔고 있었으니 격세지감이었다.
　이곳의 입구에는 예나 지금이나 한글 안내판이 있다. 터키 한인회에서 제공하고 대전 신학교 성지 순례단이 협찬한 안내판인데, 그것을 참고하면 이곳은 기독교 신약에는 '에베소'로 기록되어 있는데, 로마제국의 아우구스투스 황제 시대 때는 인구가 20만을 넘었고, 서기 1세기 때 사도 바울이 선도를 했으며 후일 7대 교회 중의 하나가 이곳에 있었다고 한다. 그러나 번영했던 이곳도 비잔틴 시대에 들어서 말라리아가 퍼지면서 몰락하게 되었다. 그후 현재 셀주크의 아야술룩 언덕에 세워진 '사도 요한'의 교회가 기독교의 중심지로 번영하게 되면서 중심지는 고대 에베소에서 현재의 셀주크 쪽으로 이전하게 된 것이다.

들어가니 왼쪽에 원형 극장이 있었다. 약 2만 4천 명의 관중을 수용할 수 있는 크기인데 시민들은 이 극장에서 각종 연극을 즐겼고 집회를 가졌다고 한다.

극장의 꼭대기에 올라가 바라보니 넓은 평야가 펼쳐졌고 그 가운데 메인 로드가 시원스럽게 뚫어져 있었다. 그리고 양쪽에 높은 기둥들이 열을 지어 서 있었는데 그 길을 따라가면 해안가 도시 쿠사다시가 나오니 바로 지중해 연안까지 이어지는 고속도로였던 셈이다.

극장에서 나와 바닥이 아름답다는 대리석 길을 따라가니 중간에 관광객들이 웅성거리며 모여 있었다. 길가 바닥에 발 그림과 여인의 상체가 새겨져 있었는데 영어로 설명하는 가이드의 설명은 이러했다.

"이게 세계 최초의 광고였습니다. 바로 저기 도서관 맞은편에 있는 창녀촌 광고인데, 창녀촌이란 아무나 갈 수 있는 곳은 아니었지요. 여기 새겨진 발보다 큰 사람, 즉 성인만 오라는 얘기였어요…… 여기 어디 발 작은 남자 있어요?"

그러자 관광객들이 폭소가 터졌다.

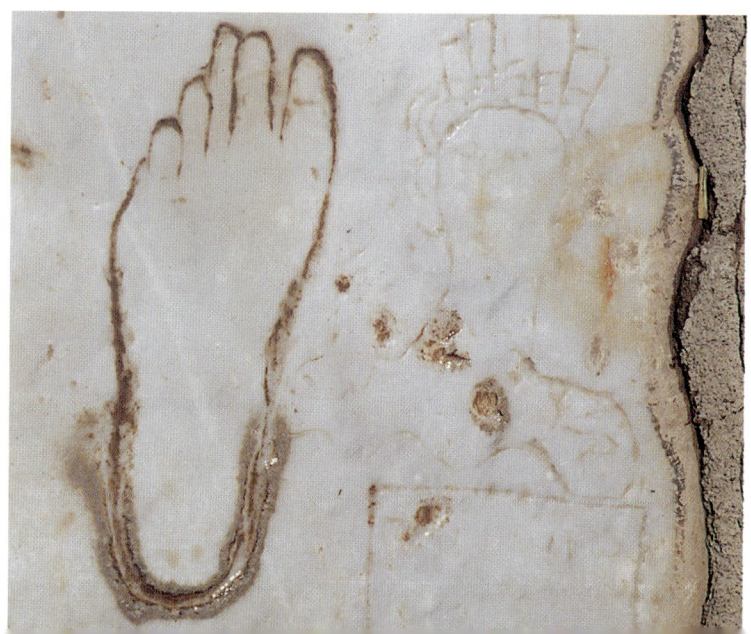

　　오른쪽 위쪽으로는 시장이며 동시에 집회장이었던 거대한 아고라 폐허가 있었고 조금 더 올라가니 왼쪽에 창녀의 집이 있었다. 지금은 비록 폐허지만 창녀의 집은 가로 세로 각각 20.5미터의 터에 정원이 있었고 방들과 거실들은 많은 모자이크들로 장식되어 있었다고 한다. 창녀들은 교육 수준이 높았고 각자 자기 소유의 집들이 있었으며 손님을 선택할 권리를 가졌다고 하니, 요즘의 창녀들의 지위와는 전혀 달랐었다.

　그 부근에는 공중 화장실 터가 있었다. 약 20평 정도 되어 보였는데 벽쪽에 큰 열쇠 구멍처럼 만들어진 돌변기들이 수십 개가 놓여져 있었고 그 밑에는 5미터 정도의 깊이로 도랑이 파져 있었다.
　이곳은 원래 양과 염소 가죽을 부드럽게 만드는 데 사용할 사람 오줌 속의 요산을 얻기 위해 만들었는데, 남자만 썼고 이용료를 냈다 한다.
　그 맞은편의 여덟 개의 대리석 기둥이 우뚝 솟아 있는 웅장한 건물은

에페스

이 유적지에서 가장 잘 보존된 건축물로 셀수스 도서관이었다.

2세기에 만들어진 것으로 비록 내부는 화재로 파괴되었으나 건물의 정면은 그대로 남아 있어서 그 시절의 화려함을 보여주고 있었다.

근처에는 우물터도 있었고 아름다운 신전, 집터, 분수대, 극장, 목욕탕 터도 있었으며 언덕길을 따라 올라가니 평야 같은 곳에 유적들이 계속 이어져 있었다.

이름을 열거하기에도 너무 많은 유적지들을 차근차근히 보자니 서너 시간이나 걸렸는데 여름에는 그 뜨거운 햇볕을 받다 보니 거의 탈진 상태에 이를 정도였다. 많은 서양 여인들은 탱크톱 차림으로 다녔고 남자들은 윗옷을 벗어 던진 채 맨몸으로 다니기도 했다.

에페스 유적지가 이 정도로 끝나는 것은 아니었다.

이 근처의 산에는 성모 마리아가 살던 집이 있었다. 겨울에 홀로 왔을 때는 후문으로 나가 택시를 타고 산 위로 갔었는데 우거진 숲 근처에 아담한 돌이 보였고 그 앞에 한글 간판이 있었다.

예수의 십자가 사건 이후, 예수의 제자 요한은 성모 마리아를 모시고 이곳에 오게 된다. 에베소 3차 종교 회의록에 기록되어 있기를 요한이 성모 마리아께 산 위에 집 한 채를 지어 드렸다고 기록되어 있었는데 그 집터는 세월 속에서 잊혀졌다.

그후 1878년 독일 수녀가 꿈에서 계시받은 내용을 '성모 마리아의 생애' 라는 제목으로 책을 내었고, 이 책에 성모 마리아의 집터가 기록되어 있었다. 그후 1891년 탐사반이 이곳을 발견했는데, 꿈속에서 보았다며 묘사한 그 집터가 실제 장소와 너무 일치하였다. 신기하게도 수녀는 고향을 떠난 적이 한번도 없었는데. 그후 위치에 대한 논란이 있었으나 1961년 교황 요한 23세가 이곳을 정식 성지로 선포함으로써 인정받게 된 것이다.

집 안에는 성모 마리아 입상이 서 있고 좌우에 촛대가 놓여 있었다.

성모 마리아, 그녀가 살았다는 곳…… 십자가에 매달린 예수는 비통에 젖었던 어머니를 요한에게 부탁했고 그후 그들은 이곳에서 긴 여생을 보냈다고 한다.

자식이 십자가에 매달리는 것을 보던 성모 마리아의 슬픔은 말로 표현하기 힘들었을 것이다. 처음에 마리아는 예수 제자들에게 어머니로 다가왔을 것이고 그런 그들 가슴에 구세주의 어머니에 대한 존경심과 사랑은 자연스럽게 확장되었으리라.

그런데, 이 마리아 숭배 사상은 얼마 전 앙카라의 문명박물관에서 보았던 지모신(地母神)의 영향을 받았다는 설도 있고, 역사학자 토인비가 언급했듯이 이집트의 가장 인기 있던 여신 이시스의 영향을 받았다는 얘기도 있다. 이시스 여신은 죽었다가 다시 부활한 오시리스 신의 부인이며 여동생이었다. 여신 이시스가 후일 그리스와 로마로 확산되며 인기 있는 여신이 되었고, 이 여신은 후일 성모 마리아 신앙에도 영향을 주었다는 것이다. 그래서 프로테스탄트에서는 성모 마리아를 우상 숭배로 보고 배격하고 있다.

그러나 초기의 순수한 믿음 혹은 이론만 갖고 이루어진 종교, 종파가 어디 있겠는가? 다, 세월 속에서 수많은 인간의 관습과 전통이 스며들어 이룩된 것일 텐데…… 그렇다면 존중받지 못할 까닭이 없지 않을까?

어차피 온갖 문화와 종교를 존중하는 마음으로 볼 수밖에 없는 여행자였던 나는 그곳을 경건한 마음으로 돌아보았다.

에페스에는 성모 마리아의 집과는 별도로 성모 마리아 교회라는 곳도 있었다. 이 교회는 2세기경에 세워진 교회로 역사적으로 매우 중요한 곳인데 사람들이 그냥 지나치는 곳으로 나 역시 겨울에 왔을 때는 지나쳤지만 여름에 다시 갔을 때 들렸었다.

입구에서 들어오자마자 원형극장 못 미쳐서 오른쪽에 샛길이 있었다. 그냥 흙길이고 마치 다시 입구 쪽으로 나가는 것 같은 방향인데 오분 정도 걸으니 왼쪽에 성모 마리아 교회가 나타났다. 거대한 교회 건물의 일부분만 남았는데 매우 낡았고 보수도 별로 안한 듯한 분위기였다.

로마가 기독교를 공인한 후, 교리에 관한 분쟁 등이 있을 때마다 종교회의를 했었는데 3차 종교회의는 그리스도의 품격 때문에 열렸다고 한다. 그리스도의 신성(神性)을 강조하여 신인설(神人說)을 주장하며 마리아가 신의 어머니라는 파가 있었고 그것을 부정하는 파가 있었다. 콘스탄티노플 총 대주교인 네스토리우스는 신인설을 부정하고 신성(神性)과 인성(人性)은 엄격히 구별되어야 한다며 그리스도의 이성설(二性說)을 주장했는데 그에 의하면 마리아는 인간 그리스도의 어머니이기는 하지만 신으로서의 그리스도의 어머니는 아니란 것이었다.

이 논란을 해결하기 위한 종교회의가 서기 431년 바로 내 눈앞에 있는 성모 마리아 교회에서 열렸었다. 이 회의에서 네스토리우스파는 패하면서 이단으로 몰렸고 네스토리우스는 추방된 후 451년경 리비아의 사막에서 죽었다. 그후 제자들에 의해서 퍼져 나간 네스토리우스파는 동방 선도를 했는데 이란을 거쳐 635년에는 중국의 장안(長安, 현재의 시안)에까지 전도단을 보냈다.

나는 십여 년 전, 중국 실크로드 여행을 하며 시안(西安)의 비림 박물관에서 그 흔적을 보았었다. 네스토리우스파는 중국에 경교(景敎)로 알려졌는데 박물관의 커다란 비문에는 경교의 전래과정이 한자로 빼곡이 적혀 있었다. 경교는 한때 황제의 보호를 받아 번성도 했고 몽골 시대에는 많은 신자가 생겼으나 지금은 그 명맥이 끊겨 있다.

경교, 네스토리우스파.

그 옛날 중국 시안에서 보았던 그 흔적의 진원지 앞에 서니 감회가 일었다. 역사의 현장인 것이다. 이렇게 길을 따라가다 죽 이어진 어떤 흔적을 발견하는 기쁨은 대단했다.

그때 만약, 네스토리우스파가 종교회의에서 이겼다면 지금쯤 기독교는 어떻게 바뀌어져 있을까?

많은 생각을 하게 하는 역사적인 교회였다.

성모 마리아의 집

사도 요한의 무덤

셀주크 중심지 언덕에 사도 요한의 무덤이 있었다.

입구 안내판에는 서기 37년에서 48년 사이에 이 지방 어딘가에 사도 요한과 성모 마리아가 와서 여생을 보냈고 그후 요한은 백 살 정도까지 살다가 죽은 후 이곳에 묻혔다고 쓰여져 있었다.

이제 폐허로 남긴 했지만 여전히 그 웅장함을 엿볼 수 있는 웅장한 대리석 문을 지나니 거대한 대리석 기둥들이 죽 늘어서 있었다.

처음에 요한의 무덤 위에 교회를 지었을 때는 작았는데 후일 기독교가 로마의 국교로 인정된 후 큰 교회가 세워졌다고 한다. 길이 130미터, 폭 40미터에 달했다니 엄청난 교회였을 것이다.

안쪽으로 들어가니 조그만 원형 극장처럼 사람들이 앉는 계단식 좌석이 있고 뒤로 터널처럼 둥글게 길이 나 있었다. 앞에는 땅 밑으로 내려가는 좁은 계단이 보였으나 닫혀 있었다. 바로 그곳이 요한이 묻혀 있었다는 곳이었다. 원래 요한의 묘가 남아 있었으나 아랍인들이 침입했을 때 교회당과 함께 묘가 없어졌고 후일 다시 교회가 세워지면서 저렇게 대리석을 땅에 깔고 표시를 해둔 것이었다.

이스탄불의 톱카프 궁전에서 요한의 팔과 두개골을 금틀로 씌워놓은 것을 보았었는데…… 그건 여기서 온 것일까?

요한, 그는 예수의 애제자였다. 예수는 요한에게 배신자가 유다라는 것을 알려주었고, 성모 마리아를 앞으로 어머니로 삼으라고 부탁한 제자도 요한이었다. 그는 후일 그리스의 섬인 파트모스(밧모)에서 계시를 받아 요한계시록을 쓰기도 했다. (예전에 그 섬에 들렀을 때 보니 조그만 동굴이었다.)

사도 요한의 묘가 있다는 교회 주변에는 물이 나오는 곳도 있었고 사람이 들어갈 수 있을 만큼의 돌로 만들어진 웅덩이도 있었다. 아마 여기에 물을 가득 채워놓은 상태에서 사제가 신도에게 세례를 주었을 것이다.

그 세례 때의 광경은 어땠을까?

죽음을 넘어선 열정과 믿음 속에서 초기 기독교도들은 세례를 받는 순간 새 하늘이 열리는 것을 보았는지도 모른다. 그 환희의 순간들이 넘쳐났을 이곳은 이제 적막 속에서 바람만이 감돌고 어디선가 새소리가 들려오고 있을 뿐이다.

그 텅 빈 폐허가 지극히 평화스러웠다.

사도 요한의 교회

용감한 어머니

여행하다 보면 많은 사람을 만난다. 대개 패기만만한 젊은 사람들인데 이 에페스에서 아이들을 데리고 여행하는 한국의 어머니를 본 적이 있다.

그때 나는 아내와 함께 여행중이었는데 숙소로 들어와 저녁을 먹고 있던 중, 한국 여자가 있다고 주인이 말했다. 중년 여자가 아이들과 같이 여행하는데 몹시 아프다는 것이다.

동포가 아프다는데 모른 체할 수는 없었다. 아내가 그들의 방에 갔다 왔는데 더운 날씨에 점퍼를 입고 덜덜 떨고 있고 초등학생 아들과 중학생 딸은 걱정스러운 표정으로 옆에서 지켜보고 있다 했다.

"어디가 아프다는 거지?"

"글쎄, 확실히 모르셌대. 감기 몸살인지, 뭘 잘못 먹어서인지 열이 나고 설사도 하고……."

남의 일 같지 않았다. 여행하면서 아픈 것만큼 힘든 것은 없다. 그런데, 아이들까지 같이 있는 그 여자는 얼마나 걱정될까.

아내는 탈수가 될 때 수분을 보충하기 위해 먹는 포도당 분말과 항생제를 갖고 올라갔다. 아내는 늘 약품은 꼼꼼하게 챙겼는데 이번에 요긴하게 써먹게 된 것이다.

다음날 아침식사 시간에 식당으로 내려온 그 여인을 만났다. 중년 아줌마로 튼튼해 보였지만 앓고 나서인지 핼쑥했다.

"어떠세요?"

"예, 조금 나았어요."

그녀는 터키 여행이 이 주일이 넘어가고 있다는데 너무 강행군을 하다 탈이 난 것 같았다.

"원래, 여행 삼 주일 전후로 많이 앓아요. 일 주일째는 긴장해서 잘 다니고, 이 주일은 누적된 피로 때문에 힘들어하다가 삼 주일 정도 되어서 탈이 나는 거지요. 그런데, 참 용감하네요. 아이들 데리고……."

그녀는 우리 부부를 보고 부럽다고 했지만 나는 아이들을 데리고 용감하게 다니는 그녀가 존경스러웠다.

옆에 있는 아이들이 참 보기 좋았다. 듬직한 몸집의 아들과 딸이 우리를 보고 인사를 했다.

"그래, 엄마가 아프면 너희들이 앞장서야 해. 파이팅!"

내 자식들도 아닌데 한없이 대견해 보였다.

이제, 저 아이들은 평생 터키 여행과 그리고 셀주크에서 덜덜 떨던 엄마를 잊지 못할 것이다. 그렇게 아이들은 어른이 되어가겠지.

"몸조심하세요."

여행을 해본 사람은 알리라. 이렇게 오다가다 스쳐 지나가는 사소한 인연들이 얼마나 소중하게 생각되는지. 비록 다시 만날 일이 없어도.

|파묵칼레|

남극의 빙산

터키 관광에서 빠트릴 수 없는 곳이 파묵칼레다.

이곳은 관광 엽서에도 많이 등장하는 곳으로 원래 파묵칼레의 뜻은 하얀 솜으로 뒤덮인 목화성(木花城)이라는데 내가 처음 이곳에 들렀을 때는 우뚝 선 남극의 빙산처럼 보였다. 추운 겨울철이라 그랬던 것 같다.

이곳은 석회암이 산화칼슘에 녹아 종유석 모양, 계단식 모양이 되었는데 겨울철에는 관광객이 없어 조용했지만 다음번 여름철에 갔을 때는 엄청나게 사람들로 붐볐다.

따스한 온천물이 석회봉 사이를 졸졸 흘러내리고, 우뚝 치솟은 하얀 석회봉 밑에는 온천물이 고인 웅덩이들이 있었으며, 파란 하늘과 구름이 비치는 그곳에서 수영복 차림의 사람들이 기념 사진을 찍고 있었다.

하얀 석회봉을 오르니 언덕 위에 폐허가 있었다. 히에라폴리스라는 로마 시대의 유적지인데, 성스런 도시라는 의미를 지닌 이 도시는 기원전 2세기 말 패르가몬 왕국의 터전이었다. 후일 로마의 영토가 되고 2,3

파묵칼레

세기 때 번성했으나 11세기경 몰락한 후 지금은 폐허로 남았는데 군데군데 남아 있는 성벽과 문들로는 예전의 영광을 알 수가 없었다. 황제의 연회를 개최하던 커다란 건물은 박물관이 되었고 그 안에 전시된 유물들은 빈약한 편이었다.

히에라폴리스의 영광은 폐허나 박물관보다 멀리 떨어진 산 위의 원형 극장에 남아 있었다. 이 극장은 에페스의 원형 극장보다는 작았지만 극장 꼭대기 계단에 앉아 주변을 바라보는 풍광은 훨씬 뛰어났다.

나는 겨울에나 여름에나 해가 질 무렵에 그곳에 갔었다. 계단에 홀로 앉아 지는 해를 바라보던 순간이 좋았기 때문이다.

예전 로마 시대에는 현재 사람들이 살고 있는 곳이 거주지가 아니라 바로 이 산 쪽이었다. 그러니까 시민들은 이 산중턱에 흩어져서 일을 하며 살았고 저녁나절이면 바로 밑의 계단식 온천에 몸을 담근 채 골짜기를 바라보았을 것이다.

히에라폴리스

그 시절은 얼마나 좋았을까?

계단식 온천에서 골짜기 사이로 지는 석양을 바라보며 혹은 컴컴한 밤에 달빛을 벗삼아 온천욕을 즐겼던 그 시절의 사람들…… 그들은 온천욕을 끝낸 후, 밤이면 이 원형 극장에 와서 연극이나 음악회를 즐기지 않았을까?

아무리 생각해도 로마 시민들이 현대인들보다 더 행복한 삶을 살았을 것만 같았다.

숙소로 돌아오는 길, 어디선가 개 짖는 소리가 많이 들려왔다. 이곳에는 개가 많다는 소릴 들었는데 정말 그랬다. 시도 때도 없이 개 짖는 소리가 들려왔다.

나는 이곳에 한 가지 미련을 남겨놓고 왔다.
히에라폴리스 근처의 폐허 유적지에 온천물을 담가서 만든 수영장이 있었는데 그냥 지나치고 만 것이다.
수영장 안은 수목이 우거졌고 주변은 카페처럼 꾸며졌으며 밑바닥에는 무너진 거대한 대리석 기둥들이 그대로 남아 있었다. 사람들은 물고기 떼처럼 대리석 기둥에 매달린 채 발을 놀렸고 수풀 그늘에서 둥둥 떠다니고 있었다.
다음 번에 파묵칼레에 가면 나도 물고기처럼 자유롭게 폐허 위를 헤엄쳐보고 싶다.

|이즈미르|

이발소에서 차 한잔을

이즈미르는 터키 제 3의 도시다. 그리스의 위대한 시인인 호머의 고향이기도 한 이곳은 항구도시였으나 크게 볼 것은 없어 많은 사람들이 스쳐 지나가는 곳이었다.

내가 묵었던 숙소는 여행자 숙소들이 들어선 아나파르탈라르 거리(Anafartalar Caddesi)였는데 그곳은 나무 넝쿨이 우거져 있었고 주변에는 음식점, 과일가게, 잡화점, 술집, 찻집, 이발소 등 서민적인 분위기를 풍기는 작은 건물들이 있어 한적한 거리였다.

그런데 그 근처는 이상하게도 이발소가 많았다. 문이 활짝 열려 있고 커다란 거울 앞에 의자 두어 개 있는 한가한 이발소를 보니 문득, 더위 속에서 걸리적거리던 긴 머리를 깎고 싶은 충동이 일었다. 불쑥 들어가니 이발사들은 조금 놀란 눈초리로 나를 쳐다보았다. 모두 남자 이발사였다. 머리를 잡고 대충 길이를 알려주자 젊은 이발사가 정성껏 깎기 시작했는데, 얼마 안 가 옆의 노인 이발사가 "차이?"라고 물으며 차를 권했다. 권하는데야 거절할 이유가 없었다.

잠시 후, 차가 배달되자 이발은 중단되었다. 옆의 손님도, 이발사도, 나도 다같이 차를 마시기 시작했다.

하여튼 터키인들의 차 인심은 대단했다. 홍차에 각설탕 두 개를 넣어 마시는 터키차 맛도 좋았지만 손아귀 안에 쏙 들어오는 허리가 들어간 앙증맞은 찻잔이 마음에 들었다.

차를 마시며 월드컵 얘기, 이을용 얘기, 터키 축구 선수 핫산, 일한 얘기를 했다. 그들은 핫산을 더 좋아하고 있었다. 일한은 너무 잘난 체를 해서 싫다는 것이었다.

얘기를 나누면서도 머리카락이 뒤범벅이 된 채 차를 마시고 있는 내 모습에 자꾸 웃음이 나왔다.

나는 이런 풍경이 좋았다.

세상 만사, 뭐 급할 게 있는가. 한적한 오후, 시원한 그늘 밑에서 머리를 깎다 말고 차 한잔 하며 두런두런 세상 얘기를 하는 이 풍경. 매우 비효율적인 모습처럼 보이지만, 이런 여유를 잃어버린 발전된 사회는 뭐 그렇게 살기 좋은가?

나는 터키인들의 이런 느긋함과 여유가 좋았다.

한동안, 한담을 나누다 다시 이발을 시작했다.

이발은 마음에 들었다. 이발사는 머릴 감겨주고 물이 들어간 귀를 솜으로 정성스럽게 닦아주기까지 했다. 이발비는 5백만 리라로 약 4천 원 정도였는데 나는 이발사에게 팁으로 1백만 리라라는 거금(?)을 팁으로 주었다. 그들의 친절과 차 대접에 대한 고마움의 표시였다.

낭만적인 찻집

　이즈미르에서 또 좋았던 곳은 시장 안에 있는 찻집이었다.
　이즈미르에는 코낙(Kornak) 광장이란 곳이 있는데 근처의 시장은 매우 매력적인 곳이었다. 현지인들로 법석거리는 야외 시장은 엄청나게 크고 길었으며 안쪽에는 돔으로 덮인 실내 시장이 있었다.
　의류, 잡화, 액세서리 등의 일상용품은 물론, 도자기, 카펫, 귀금속, 물파이프, 혼수품 등을 파는 가게들이 있는 서민들의 활기와 체취가 물씬 풍겨오는 곳이었다.
　이 시장 안을 거니는데 어디선가 기타 소리와 노랫소리가 들려오고 있었다. 소리를 따라 가보니 넓은 공터에 낮고 조그만 의자들이 벽 따라 이어져 있는 카페가 나왔다. 이스탄불에서 본 관광객들 상대로 하는 카페가 아니라 현지인들이 오는 곳 같았다.
　마침 다리도 아파서 그곳에서 차를 마시기로 했다.
　터키에는 찻집이 어딜 가나 많았다. 관찰을 해보니 알록달록한 파라솔이 쳐진 예쁜 노천 카페에는 주로 관광객이나 젊은이들이 많이 가고,

실내에 목조 테이블과 의자를 갖다 놓은 허름한 카페에서는 현지의 노인들이 많이 이용하고 있었다. 그리고 노인들은 거의 틀림없이 카드 놀이나 마작, 혹은 주사위 놀이를 하고 있었다. 시골에서는 젊은이들도 그런 놀이를 하는 한가한 모습을 보았는데, 일이 없는 실업자들도 많아 보였다.

그들의 속사정을 모른 채 그런 모습만 보고 낭만적이라는 얘기를 함부로 할 수는 없겠지만, 그래도 실업자들이 갈 곳이 마땅치 않아 배회하는 한국과 비교하면 여유 있는 것은 분명했다.

그런데 이즈미르의 찻집은 관광객을 맞이하는 화려한 곳도 아니었고, 노인들이 시간을 죽이는 곳도 아니었다.

아나파르탈라르 거리

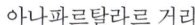

그곳은 지나가던 사람들이 다리를 쉬고 목을 축이는 한가한 휴식처였다. 구석에서 웬 청년이 애절한 터키 노래를 부르고 있었고 사람들은 차와 커피를 마시며 느긋하게 음악을 듣고 있었다. 화려한 장식도 없었지만, 푸른 담쟁이 덩굴 그늘 밑의 그 분위기가 매우 낭만적이었다.

나는 커피를 시켰다. 이윽고 조그만 잔에 담겨져 나온 터키 커피는 죽 같았다. 설탕을 듬뿍 넣지 않으면 써서 마실 수가 없을 정도였다.

터키 사람들은 차나 커피에 설탕을 많이 넣는 편이었다. 특히 터키 차는 으레 각설탕 두 개를 꼭 넣었다. 사실, 한 개만 넣어도 될 것 같은데 습관적으로 그러는 것 같았다. 글쎄, 무슨 이유가 있는 것일까?

옆에 앉은 청년이 아는 체하며 물었다.

"어느 나라에서 왔어요?"

"한국이요."

"아, 한국…… 난 정말 한국 좋아해요. 월드컵 때, 우리 응원해주어서 정말 고마워요. 정말."

학생처럼 보이는 그 청년은 정말(Really)이라는 말을 몇 번이나 강조했다. 표정에도 그것이 씌어져 있었다. 그리고 이 말을 덧붙였다.

"우리는 형제입니다."

6.25 때문이기도 하지만, 월드컵이 끝난 지 2개월도 채 안 된 기간이라, 터키 어딜 가나 그런 말을 들을 수 있었다.

차 맛도 좋았지만 한적한 분위기와 부드러운 음악과 사람들의 애정 어린 관심이 나는 좋았다.

커피값은 4백 원 정도. 얼마나 싸단 말인가?

그곳은 터키에서 가본 찻집 중에서 가장 좋은 곳은 아니었지만, 가장 한가하고 낭만적인 찻집이었다.

|트로이|

트로이 전쟁

트로이라는 곳이 있다.

역사와 신화가 어우러진 그 유명한 곳에 가기 위해 우선 차나칼레란 곳에 들렀다. 차나칼레는 볼 것이 별로 없는 도시였다. 다만 1차 세계대전 당시 연합군과 터키군 간의 치열한 전투가 벌어진 곳으로 서양인들 특히 호주와 뉴질랜드 여행객들이 종종 보였을 뿐 겨울에는 썰렁했다.

그러나 차나칼레에서 돌무시를 타고 트로이를 가고 있던 내 가슴은 몹시 설레었다. 시외로 벗어나자 낮은 구릉과 벌판이 펼쳐졌고 약 사십 분 정도 달리자 차가 섰다. 차장이 "트로이"라며 손가락으로 가리키는 곳을 보니 벌판 저 멀리 매표소가 보였다. 터벅터벅 그곳까지 가는데 겨울 바람에 코끝이 시려왔다.

매표소 앞에 있는 조그만 가게에서 트로이에 대한 영문 안내책자를 샀다. 유적지의 세부 지도와 해설이 꽤 자세하게 곁들여 있어 도움이 될 것 같았다.

포장된 도로를 따라 조금 걸어서 가니 멀리 커다란 나무목마가 길 옆에 세워져 있었고 목마의 배 부분이 나무계단을 통해 이어져 있었다. 서양 아이들 몇 명이 올라가 목마 몸통에 난 창문을 통해 엄마 아빠를 부르며 신이 나 있었다.

잘 알려진 바와 같이 그리스군이 퇴각하는 척하면서 남긴 목마를 승리감에 도취한 트로이군이 전리품으로 여겨 성안으로 끌어들였고 그날 밤 목마 속의 그리스군이 몰래 나와 성을 점령했던 것이다. 물론, 지금의 목마는 그 시절의 목마가 아니라 상상력을 동원해 복원해놓은 것이었다.

유적지는 목마에서 멀리 떨어진 곳에 있지 않았는데 막상 드넓은 벌판에 허물어진 돌무더기들만 이리저리 뒤엉킨 폐허 앞에 서니 실망감이 들었다.

책자를 보면 트로이 성터의 넓이는 가로 200미터 세로 150미터 정도라는데, 높은 탑, 거대한 성벽 등을 상상했던 나로서는 실망할 수밖에 없었다.

이곳은 히사를리크 언덕이라 불린다. 이 언덕에는 기원전 3천년경부터 시작해 로마 시대를 거치는 동안 무려 아홉 개의 도시가 건설되었다고 한다. 지진, 전쟁, 화재에 의해 소멸된 후 다시 그 위에 도시가 건설되곤 했는데 지금은 모두 파헤쳐져서 동시에 모습을 드러내고 있으니 혼란스럽게 보였다.

현지에서 산 안내책자를 들고 꼼꼼히 맞춰보니, 오른쪽에 비교적 잘 복원된 성벽은 로마 시대의 흔적이었고 그 앞의 허물어진 형태의 성벽은 여섯번째 건설된 시의 흔적으로 바로 트로이 전쟁 당시의 성벽이었다.

트로이 전쟁은 기원전 13세기경 그리스와 트로이 간에 일어난 전쟁

트로이

의 무대로 추정되는데, 호머의 유명한 대서사시 『일리아드』는 트로이 전쟁 십 년째 일어난 일들의 기록이고, 『오디세이』는 트로이 전쟁에서 승리한 그리스의 장군 오디세우스가 고향으로 가는 동안 겪는 온갖 모험과 사랑을 다룬 이야기다.

일리아드에 의하면 트로이 전쟁의 발단은 트로이의 왕자 파리스가 그리스 제일의 미녀인 스파르타의 왕 메넬라오스의 왕비 헬레네를 트로이로 납치하는 데서부터 비롯된다. 아내를 빼앗긴 메넬라오스는 그의 형인 미케네 왕 아가멤논을 움직여 그리스 여러 도시국가와 힘을 합쳐 트로이로 원정을 떠나게 된다.

그러나 역사가들이 분석한 트로이 전쟁의 이유는 조금 다르다. 그 당시 그리스인들은 시장확대와 무역을 위해 많은 섬과 소아시아의 도시들을 약탈했는데 트로이 전쟁은 바로 그 와중에 일어난 것이며, 다만 오래 끌었기에 화제가 되었다는 것이다.

오래 끌게 된 이유는 그 당시 아나톨리아 반도의 강국 히타이트 왕국이 트로이 편에 참가했기 때문이라고 추정하는데, 어쨌든 처음에 트로이 전쟁은 사실이 아니라 신화로 여겨지다 고고학자 슐리만에 의해 트로이가 발굴됨으로써 역사 속으로 편입된다.

그 트로이 폐허의 조그만 언덕에는 아테나 신전 터가 있었다. 기록에 의하면 페르시아 왕도 방문했고 알렉산더 대왕, 시저, 아우구스투스 로마 황제 등도 방문했던 곳이라 했으나 지금은 다만 초라할 뿐이었다.

언덕에 오르니 서 벌리 서쪽으로 해안이 보였고 넓게 평야가 펼쳐지고 있었다.

아가멤논, 아킬레우스, 파리스, 헥토르…… 그들이 저곳에서 싸웠단 말인가.

대군이 싸우기에는 그리 넓어 보이는 평원은 아니었다.

사실, 지금도 정확한 트로이의 유적지와 정말 트로이 전쟁이 역사 속에 있었는가에 대해서는 논란이 많다.

그 논란 속에, 트로이 전쟁 당시의 성터는 기원전 1900년에서 기원전 1240년 무렵에 번성했던 제6지층에 건설된 도시로 추정하고 있다.

추정…… 그렇다. 대개 고대사의 얘기에는 추정이 많다. 문자로 확실히 기록되지 않은 고대사는 약간의 자료로 단정짓기에는 무리가 있어 추정과 상상을 통해서 과거를 돌아볼 수밖에 없는 것이다.

근처에 슐리만 참호라는 곳도 있었다. 깊이 5미터, 길이 10여 미터 정도의 구덩이였는데 바로 이곳에서 슐리만이 처음 트로이의 유물들을 발굴했다고 한다.

그러나 슐리만의 추측은 틀렸다. 그것은 트로이 전쟁 시대 흔적이 아니라 그보다 앞선 시기의 두번째 트로이 도시에 속한 유물이었다. 정확한 트로이의 전쟁 당시의 터인 제6지층의 도시를 발견한 것은 슐리만이 죽고 나서 이 년 후에 그의 뒤를 이어 작업한 뒤르펠트였다.

조금 걷다 보니 서쪽 문이 나왔는데 가까이 가서 보니 성벽이 허물어져 있고 그곳을 막은 돌들은 잘 다듬은 돌이 아니라 급하게 이쪽저쪽에서 모은 돌처럼 보였다. 그래서 이곳이 아마도 트로이 목마를 안으로 들여온 후 급하게 막은 것이 아닐까라고 추정하고 있는데 정확한 사실을 지금 와서 누가 알 수 있으랴.

그리고 마침내 나는 남문으로 왔다.

바로 아킬레우스가 헥토르를 죽였던 그 남문.

나는 그 앞에 앉아 내 기억을 더듬었다.

처음에는 전쟁에 참여하지 않으려 했던 그리스의 영웅 아킬레우스,

라틴어 이름으로는 아킬레스인 그는 친구가 트로이의 장군 헥토르에게 죽음을 당하자 원수 헥토르를 바로 이곳에서 죽인 후, 시체를 전차에 매달고 성을 돌며 울분을 토한다. 그 광경을 보며 헥토르의 아버지인 늙은 왕은 울부짖고…….

어릴 때였지만 너무도 처절한 광경이어서 그것을 읽으며 가슴을 떨었던 기억이 있다.

그러나 그 아킬레우스도 나중에 트로이의 왕자 파리스가 쏜 화살에 발뒤꿈치를 맞고 전사하게 된다. 그의 어머니가 불사신으로 만들기 위해 아기였던 아킬레우스를 스틱스 강물에 적셨으나 그녀가 잡고 있던 발꿈치 부분만 물이 안 묻어 화살이 뚫고 들어갈 수 있었다 한다. 그 신화에서 유래되어 지금도 우리는 발꿈치 윗부분을 아킬레스건이라 하며 가장 취약한 점을 들어 아킬레스건이라 비유하지 않던가.

성의 남문은 명성에 걸맞지 않게 폭이 십여 미터 정도고 흩어진 돌무더기가 쌓여 있을 뿐이었다. 나는 그 초라한 현실 앞에서 한동안 앉아 있었다.

현실과 이미지.

이 사이에 얼마나 많은 차이가 있는 것인가.

하지만, 나의 상상력은 결코 그 초라한 현실 앞에 주눅들고 싶지 않았다.

진실이야 어찌 되었든 만약 호머가 일리아드, 오디세이를 신과 인간들이 어우러신 기가 낙힌 상상력을 농원해 쓰지 않았다면 현실이라는 올가미를 벗어나지 못한 인류 역사는 얼마나 삭막했을까?

해상 무역의 주도권을 잡기 위한 추악한 싸움이 호머의 글에 의해 여인이 등장하고 신이 등장하는 낭만적인 전쟁으로 변한 것이다.

문학의 힘에 감탄하면서도 가슴 한편에는 허전한 느낌도 들었다.
아킬레우스, 오디세이, 헥토르, 파리스…… 그 시절의 영웅들은 다 어디로 갔는가?
세월이 많이 흘렀다. 까마득한 삼천 년 전의 일인 것이다. 발 밑에서 개미가 기어가고 있었다. 따스한 햇살 속에서 어디론가 부지런히 가고 있었다. 삼천 년 전에도 기어갔고 삼천 년 후에도 기어갈 개미였다.
저 개미는 세월을 인식하고 있을까?
아무도 없는 유적지에 홀로 앉아 한동안 개미를 들여다보다 길을 나섰다.

트로이

| 부르사 |

부르사의 인심

부르사는 내가 터키에서 가장 좋아하는 도시 중의 하나다.

한때 오스만투르크 제국의 수도였고 미녀들이 많이 사는 매력적인 도시라서가 아니라, 포근하고 인심 좋은 부르사의 분위기 때문이었다.

부르사는 원래 '예실 부르사(녹색의 부르사)'라고 불리울 만큼 푸른 도시인데, 겨울에 처음 갔을 때는 눈이 덮여 있어 하얀 부르사였다.

부르사에 머무는 며칠 동안 안개가 매일 끼었고, 그 안개 속에 솟아오른 울루 자미, 예실 자미 등의 모스크들은 환상적이었다. 특히 양파를 얹어놓은 듯한 돔이 이십 개나 솟아오른 울루 자미는 이스탄불의 블루 모스크 못지 않게 아름다웠다.

또한, 비단 거래소 코자한도 인상적이었다. 터키어로 '코자'는 '누에고지'를 말하고 '한'은 집을 말하니 '누에고치의 집'이란 뜻인데, 옛날에는 실크로드를 거쳐오던 대상들이 쉬어가던 곳으로 일층은 대상들이 데리고 온 낙타나 말의 휴식처고 이층은 대상들의 숙소였지만 현재는 비단 제품 쇼핑센터로 변해 있었다.

그리고 여름에는 그 밑의 넓은 광장의 거대한 노천 카페에서는 수백 명의 사람들이 알록달록한 파라솔 밑에서 차를 마셨다.

부르사의 매력은 그것만이 아니었다.

부르사도 이스탄불처럼 언덕이 많은 도시였는데 언덕길에는 예쁜 돌이 깔린 고즈넉한 골목길이 있었으며, 그 골목길 사이에는 서민적이고 고풍스런 목조 하맘(터키탕)과 재건축된 제법 반듯하고 예쁜 건물과 현대식 레스토랑과 찻집들이 적절하게 조화를 이루고 있었다.

또한 부르사는 외국관광객이 별로 많이 오지 않아서인지, 사람들은 친절하고 수줍은 편이었다. 관광안내소 여직원도 수줍은 미소를 띠었고, 거리의 경찰도, 문방구의 여점원도, 모스크를 찾아가다 들른 언덕길의 인터넷 카페의 청년도 모두 한결같이 친절하고 예의가 바랐다.

어쩌다 그랬다면 모르리라. 그런데 이상하게도 거의 모든 이 도시의 사람들이 그런 느낌을 주고 있었다.

그러나 내가 예쁜 도시 풍경과 길 가다 만난 이들의 친절만 기억하고 있다면 부르사가 내 마음속에 그토록 깊게 남지는 않았을 것이다.

내가 부르사를 그토록 좋아하게 된 것은 작은 인연 때문이다.

영어-터키어 사전을 사기 위해 작은 책방에 들른 적이 있었다.

책방 주인은 내게 자퐁(일본인)이냐고 물었다. 워낙 일본인들이 많이 돌아다니니 그랬을 것이다.

"아니오, 코리아요."

그렇게 대답하자 노인은 눈을 크게 뜨며 외치기 시작했다.

"코리아…… 귀네이 코리아?(남한), 서울!"

"예."

그러자 노인은 흥분해서 내 손을 덥석 잡으며 한국어로 외쳤다.

"이리 와, 이리 와, 이리 와."

노인은 흥분한 채 계속 단어를 나열하기 시작했다. 발음은 정확했는데 해독이 불가능한 단어들도 있었다.

"밥산, 맘산, 보이다, 찹찹…… 서울, 인천."

터키 여행을 하며 한국전과 관련된 사람들을 종종 만났었다. 직접 참가한 사람도 있었지만 대개 삼촌, 외삼촌, 동네 사람 등등 한 다리 건넌 사람들이었는데 이들은 내가 한국에서 왔다고 하면 마치 형제 국가에서 온 것처럼 반가움을 표시했었다.

그런데, 노인은 자신이 직접 참전한 사람이라고 밝혔다. 영어를 할 줄 모르는 사람이었지만 말이 안 통해도 뜻은 다 알 수 있었다.

노인은 마치 잃어버린 자식이라도 찾은 듯 감격에 겨워 내 손을 꼭 잡았다. 손님이 들어왔는데도 귀찮다는 듯이 "요우크(없어)"라 외쳤고 나와 있기를 원했다. 노인은 어디론가 전화를 했는데 잠시 후 소년이 따끈한 터키 차를 들고 왔다.

차를 마시며 노인은 계속 몇 마디 단어를 나열했는데 눈에 눈물이 그렁그렁 맺혀가고 있었다. 노인의 그런 모습에 조금 당혹스럽기도 했지만, 차츰 내 가슴도 더워오기 시작했다.

세계에서 미국, 영국 다음으로 파병 숫자가 많다던가. 그리고 모두 지원병이라던가…… 수많은 사람들이 우리 땅에서 죽어갔을 것이다. 그러나 노인이 한국인을 반가워한 것은 이데올로기의 동지였기 때문이 아니라 아마도 정 때문이었을 것이다.

그렇다. 버스터미널에서 헤어지며 눈물을 흘릴 만큼 정 많은 터키 사람들이 1950년대의 불쌍하고 헐벗은 한국인들을 보며 어떤 감정을 느꼈을까? 나 또한 짧은 기간 여행하면서도 순박한 터키 사람들에게 얼마나 깊은 정이 들었던가.

그런데 이들은 죽음과 삶의 경계가 갈리는 그 땅에서 청춘의 한 시기를 바쳤던 사람들이었다.

그 땅에서 온 전후 세대의 한국 젊은이를 감격에 겨운 눈초리로 바라보는 노인. 그리고 그 앞에 앉은 나…… 말은 안 통했지만 뜨거운 감정을 우리는 서로 느낄 수 있었다.

그리고 십여 년만에 다시 가본 부르사에서 나는 그 책방을 다시 찾을 수 없었다. 그 거리조차도 기억해낼 수 없었다.

어찌 된 것일까? 흐릿한 내 기억 저 너머 어딘가에서 노인은 여전히 책을 팔고 있는 것일까, 아니면 세상을 떠난 것일까?

지금도 부르사를 생각하면 그 노인이 먼저 떠오른다.

부르사의 울루 자미

익명의 여행자

그해 겨울, 부르사에 머무는 며칠 동안 피곤한 몸을 이끌고 저녁에 숙소로 돌아오면 나는 배낭 속에 있던 싸구려 위스키를 두어 잔 정도 마신 후 복도의 난롯가에 앉아 일기를 쓰곤 했다.

숙소의 매니저는 중년 사내였는데 늘 난로 안의 나무가 훨훨 탈 때쯤이면 조개탄을 갖고 와 집어넣곤 했다. 학창 시절 교실에서 피웠던 조개탄 난로라 흥미로웠는데 매니저는 저녁에 조개탄을 넣고 나면 난롯가에 앉아 글을 쓰고 있는 나에게 차를 갖다 주었다. 무료였다.

그는 영어도 못했고 말수도 적었다. 그러나 손에 전해지는 찻잔의 온기 속에서 그의 따스한 마음을 느낄 수 있었다. 늘 각설탕 두 개를 얹어 주었는데 그것을 집어넣고 빨간 차 속에서 녹는 모습을 바라보는 순간이 행복했다.

내 방은 네 명이 같이 자는 곳이었다. 노인이 둘이었는데 아침이면 나갔다 저녁이면 들어왔다. 옷차림이 남루했으나 언제나 양복 한 벌이 구석에 곱게 걸려져 있었다. 막노동을 하는 사람들 같았다.

실내가 추워서 밤이면 다들 복도에 나와 벌겋게 달궈지는 난로 옆에서 죽 둘러앉아 서로 말없이 신문이나 책을 보거나 일기를 썼다.

나는 그들을 몰랐고 그들도 나를 몰랐다. 각자 가슴 깊이 비밀을 간직한 사람들처럼 우리는 밤마다 말없이 난롯가에 앉아 있곤 했다. 그렇게 앉아 있자면 장 그르니에가 쓴 글의 한 구절이 종종 떠올랐다.

혼자서, 아무것도 가진 것 없이, 낯선 도시에 도착하는 공상을 나는 몇 번씩이나 해보았었다. 그리하여 나는 겸허하게, 아니 남루하게 살아 보았으면 싶었다. 무엇보다도 그렇게 되면 '비밀'을 간직할 수 있을 것이다…… 고독한 삶이 아니라 비밀스러운 삶 말이다. (장 그르니에의 『케르겔렌 군도』에서)

낯선 도시에서 낯선 이들과 침묵 속에서 차를 마시는 동안 세상은 알 수 없는 신비와 풍요로 가득 차 보였으니, 그 순간은 헐벗은 현실 속에서 삭막해진 내 가슴을 어루만져주는 소중한 시간이었다.

흑해 연안과 동부

봉긋하게 솟아오른 산과 드넓은 대지에는 따스한 햇살이 그득했다.
그 텅 빈 벌판을 바람처럼 달리던 순간이 매우 행복했다.

|사프란볼루|

전통 가옥의 사프란볼루

이스탄불에서 버스를 타면 동쪽으로 일고여덟 시간, 만약 앙카라에서 버스를 타면 북쪽으로 네 시간 걸리는 곳에 사프란볼루란 매력적인 도시가 있다.

이 도시는 오토만 시대의 전통 가옥들 때문에 유네스코에서 세계 문화 유산으로 지정한 곳인데 차에서 내리는 순간, 둥근 돔 지붕 몇 개가 봉긋하게 올라선 조금 이상한 건물과 모스크가 보여서 뭔가 아기자기하고 비밀이 깃든 포근한 마을처럼 다가왔다.

예쁜 골목길 사이에 내가 찾고자 하는 전통 가옥 숙소가 숨듯이 있었다.

밑에 조그만 카페가 들어선 삼층짜리 목조 가옥이었는데, 안으로 들어가자마자 신발을 벗고 슬리퍼를 신어야 했으며 계단을 오르고 마루를 지날 때 삐걱거려서 마치 일본의 전통 여관에 온 것만 같은 느낌이 불현듯 들었다.

숙소 직원이 방 구경을 시켜주는데 모두 창문이 많은 방들로 예쁜 목조 장식들이 눈에 띄었고 침대 네 개가 있는 큰방에는 오스만투르크 시대의 전통 욕실이 있었다. 움푹 들어간 벽, 즉 다락 같은 곳에 있는 변기와 샤워실이 고개를 갸우뚱거리게 만들었다.

어떻게 저런 데서 일을 볼 수 있을까?

사내는 내 표정을 보더니 오스만투르크 시대의 전통 욕실이라며 슬며시 웃었다.

나는 조그만 방을 얻었다. 침대 옆에 커다란 목조 창문이 두 개나 있고 고개를 내밀면 바로 돌 깔린 골목길이 내려다보이는 마음에 드는 곳이었다.

짐을 푼 후 마을을 돌기 시작할 무렵 어디선가 석탄 태우는 냄새가 나고 있었다. 바로 그 둥근 돔들이 여러 개 올라와 있는 하맘, 즉 목욕탕에서 나는 냄새였다. 그 탁하고 아련한 냄세가 어린 시절의 향수를 자극하고 있었다.

사프란볼루는 예쁜 곳이었다.

사프란볼루란 지명은 원래 사프란이란 꽃에서 유래했다고 한다. 이 지역에서 많이 자생하는 사프란은 9월과 10월 사이 밤에만 피고, 피었을 때만 채취가 가능한 꽃인데, 약 4만 개의 씨를 뿌리면 그 중의 한 개만 살아날 정도로 귀해서 최고급 염색, 약 재료, 향신료로 쓰이는 매우 비싼 꽃이라고 한다.

내가 사프란볼루에 갔을 때는 6월이어서 사프란 꽃을 볼 기대는 접은 채 마을을 돌아보았다.

조그만 마을 중심지는 언덕에 있었다. 높고 낮은 언덕길, 비탈길에는 어디나 돌이 깔려져 있었고 길은 굽이굽이 시냇물처럼 돌고 돌았으며 그 길을 따라 오토만 하우스들이 들어서 있었다.

집들은 거의 모두 밋밋한 삼층이었는데 창문이 많았다. 목조로 골격을 만들고 흙과 벽돌로 벽을 만든 후 그 위에 하얀 칠을 해놓았는데 특이한 것은 창문이 한 개 있으면 될 만한 넓이에 보통 두세 개의 창문이 있다는 것이었다.

그리고 그 전통 가옥들에는 종종 무슨무슨 펜션, 무슨무슨 호텔 등의 간판이 붙어 있었으며 골목길 구석구석에는 전통가옥을 개조해 만든 기념품 상점, 가게, 이발소, 식당 등이 옹기종기 있었고 정원을 개조해 만든 세련된 오픈 레스토랑, 카페 등도 보였으며 동네 노인들이 모이는 조금 한적한 식당과 카페들도 뒤섞여 있었다.

해 저물어가는 저녁, 희미하게 코끝을 스치는 석탄 냄새를 맡아가며 또한 현지인들의 호기심 어린 눈초리를 받아가며 홀로 그런 골목길을 걷자니 문득 먼 과거로 돌아온 것만 같았다.

목조 가옥 안에 만들어진 이곳저곳의 카페에서는 노래가 흘러나왔다. 저녁을 먹고 들어와 일기를 쓰는 밤에도 시원한 바람을 타고 노랫소리가 들려오고 있었다. 바로 밑의 카페에서 흘러나오는 노래였는데, 단조로 이루어져 어딘지 애절하고 슬픈 민요풍이었다.

갑자기 모스크의 확성기에서 기도하라는 '알라아아' 소리가 들려오자 잠시 그쳤으나 얼마 후 다시 노랫소리는 이어졌고 그 부드러운 음악을 따라 나는 깊은 잠에 빠지고 말았다.

그리고 새소리에 잠을 깼다. 열린 창문으로 들어오는 새벽 공기가 쌀쌀해서 모포로 몸을 감은 채 숨을 깊이 늘이마시니 상쾌했다.

새소리를 들으며 창문 옆에서 나무 냄새를 맡고 깨는 순간 아, 이런 곳에서 살아야 하는데라는 생각에 온몸이 부르르 떨려왔다. 목을 내밀어 밖을 내다보니 골목길은 텅 비어 있었다. 불현듯, 그 텅 빈 골목길을

걷고 싶어서 나가니 인적 드문 어느 골목의 빵 가게 굴뚝에서 연기가 솟고 있었고 화덕에서 방금 구워낸 커다란 빵들이 진열장을 채우고 있었다. 그리고 자기 몸만한 커다란 빵을 사갖고 가는 어린아이가 보였다.

그 한적한 길들을 돌다가 아침을 먹고 다시 침대에 누워 선선한 바람을 쐬다가, 책을 읽다가, 밑에서 지나가는 두런거리는 사람들 이야기 소리를 듣다가 다시 잠을 잤다.

자다가 일어나 영어를 전혀 못하는 여인이 수줍은 미소로 맞아주는 조그만 음식점에서 늦은 점심을 먹었다. 음식이야 치즈에 구운 널찍한 밀개떡인 괴즐레메와 희석된 요구르트인 아이란 정도 파는 곳이었지만 마음 편하게 먹을 수 있는 기분 좋은 곳이었다.

사프란볼루 263

이곳에는 기를 쓰고 볼 것이 그리 많지 않아서 나는 게으름을 피웠지만, 아무리 빈둥거려도 최소한의 볼 것을 보기 위해 전통 가옥을 박물관으로 만든 곳을 방문했다.

박물관 벽에는 '지팡이 만드는 집'이라는 한글도 쓰여져 있었고 일본 글자도 적혀져 있는 것을 보니 한국인들도 종종 오는 것 같았다.

일층에는 정원과 카페가 있었고 이층에는 거실을 중심으로 방이 네 다섯 개 정도 있었고 역시 창문이 많았다. 그 밑의 벽을 따라 길게 나무 소파가 있었고 카펫이 깔려져 있었다.

방마다 전통 의복을 입은 마네킹들이 전시되어 있었는데 한쪽 방에는 남자들이 음식을 먹으며 악기 연주를 하는 모습이었고, 다른 쪽 방에는 여자들이 서서 무슨 놀이를 하는 모습이었다. 그리고 하녀들이 기거하는 방, 또 음식 재료를 준비하는 방들이 따로 있었다. 삼층 역시 비슷한 구조였는데 아이들 방에는 침대와 유모차가 있고 주방에는 각종 주방 기구들이 있었다.

이렇게 방이 많은 집에서는 대가족이 살았고 하녀와 하인이 같이 살았을 것이다. 우리나라 예전에 가본 러시아 가옥도 그렇듯이, 터키도 예전에는 이렇게 기능이 분화된 방들이 꽤 많았던 것이다.

그것이 현대에 들어 다 닭장 같은 아파트로 변해버렸다. 침실, 주방, 거실, 화장실, 욕실…… 이렇게 혼합된 가옥이 편하게 느껴지다가도 가끔 뒤죽박죽이 된 느낌이 들었는데 우리의 한옥이나, 터키의 이런 옛날 가옥에 오면 마음이 편안해지는 것은 왜일까?

저녁식사를 한 곳은 어느 골목에 있는, 가족이 운영하던 곳인데 주문을 받던 소녀들은 갑자기 나타난 외국인을 보고 얼굴이 발그레해진 채 침을 꼴깍 삼키며 긴장을 했다.

저녁을 먹은 후, 나는 마을 중심지를 벗어나 길을 따라 외곽으로 걸어가보았다. 물 흐르는 계곡이 나왔고 산비탈과 언덕에 많은 집들이 보였다. 계속 걸어가 보니 집은 사라지고 나무도 별로 없고 풀만 가득해 밋밋한 구릉 같은 산이 어디론가 펼쳐지고 있었다.

갑자기 세상을 멀리 떠나온 것 같은 풍경이었다. 돌아오는 컴컴한 밤길에 아이들이 뛰어 놀고 있었고 청년들은 마을 중심지를 향해 큰 소리로 떠들며 걸어가고 있었다.

그날 밤, 터키 관광객들이 몰려와 건너편 레스토랑 겸 가라오케에서 무슨 한 맺힌 사람들처럼 노래를 밤새도록 불러댔다. 금요일 밤이니 주말이 시작되는 것 같았다.
　하도 잠이 안 와 낮에 산 사프란볼루 특산물이라는 '로쿰'을 먹었다. 호두를 으깨서 달게 만든 엿 같은 것인데 꽤 고소했다. 다른 데 같으면 신경질을 냈을 시끄러운 노래였겠지만 창가에 앉아 로쿰을 먹으며 터키 노래를 감상하기로 작정하자 들어줄 만했다. 노랫소리는 새벽 두시에나 그쳤다.

그늘

사프란볼루는 예전부터 있던 마을이지만 번성한 시기는 18세기, 19세기였다. 원래 이곳에 살던 이들은 그리스계 사람들로 1차 세계대전 후, 모두 그리스로 갔다. 그후 터키인들이 그 집들을 차지해 살고 있는데, 아름다운 곳임에도 불구하고 외국 관광객의 발길이 많이 미치는 곳은 아니었다. 요즘 들어 일본인들이 종종 오고, 한국인들도 오기 시작하지만 주요 관광객은 내국인, 즉 터키인들이었다.

그래서 주말이 시작되는 금요일부터 시끄러워졌고 토요일은 아침부터 터키 단체 관광객들이 골목마다 줄을 잇고 있었다.

이제 이곳도 점점 외국 관광객이 많아지면 외국인을 바라보며 순박한 웃음을 짓기보다는 '걸어다니는 돈'으로 보게 될 것 같았다.

나는 그 징조를 이미 조금은 보았다. 숙소에 붙은 카페에서 식사를 하며 관찰했는데, 터키 사람들은 계산을 할 때 그냥 일어서서 우리처럼 돈을 내고 나갔고 종업원들도 당연하게 여겼지만, 외국인인 나에게는 정식으로 접시에 계산서를 갖고 왔다. 그건 팁을 달라는 무언의 압력이었는데 약간의 팁을 놓자, 종업원은 재빨리 주머니에 넣었다. 나는 그 손바람을 맞으며 잠시 씁쓸했다.

또한, 마을 풍경 사진을 찍고 있는데 웬 할아버지가 자기 집으로 들어와 높은 곳에서 사진을 찍으라고 권했다. 그리고 찍고 난 후엔 웬 약초와 엽서를 내놓으며 사라고 은근히 권유했다. 물론, 비싸지도 않고, 친절을 베풀었기에 조금 샀으나 역시 씁쓸했다.

어떤 '선'이 형성되고 있었다. 관광객들이 많이 가는 곳, 가이드북에 소개된 숙소…… 그런 선을 따라가면 이런 현상을 많이 본다.

사프란볼루는 아직은 선들이 짧고 적었기에 거기만 벗어나면 순수한 인심과 낭만이 널려 있었다. 그러나 이제 세월이 흐르면 점점 수많은 선들이 생겨날 것이고, 그때는 지금과 같지 않을 것이다.

사프란볼루 사람들을 욕할 일은 아니다. 세상 어디나 다 일어나는 현상이니 말이다. 풋풋한 인심을 잃어버린 우리는 안 그랬던가.

그러므로 여러분, 좋다는 소문이 들리면 빨리 가보시라. 하던 일 잠깐 멈추고 우선 가보시라. 온 지구가 다 돈의 물결에 휩쓸려가고 순박한 인심이 남아 있는 곳이 거의 없어져가는 이 시대에 그 순수한 맛을 보고 싶다면 빨리 가보시라. 빨리.

|아마시아|

아름다운 아마시아

아마시아에 들른 것은 우연이었다.

원래는 사프란볼루에서 단번에 시바스까지 갈 생각이었다. 그러나 너무 길이 멀어 중간에 내리게 된 것이다.

오후 한시 삼십분에 떠난 버스는 고속도로가 아닌 국도를 따라 북서부 지역을 달렸는데 아름다운 길이었다. 푸른 산밑으로 펼쳐지는 파란 강 옆을 달릴 때는 그 절경에 감탄사가 절로 나왔고 가끔 전봇대 위에 둥지를 튼 황새도 보였으며 푸른 밭과 해바라기들도 보였다.

그러나 산길이 계속 휘어지고, 돌고, 올라갔다, 내려갔다 해서 힘이 들었다. 나는 멀미약을 먹어 괜찮았지만 건너편에 앉은 아이는 봉지에 계속 토하고 있었다. 한 시간 정도를 토하던 아이는 자기가 내릴 곳이 와서 아버지가 부르자 벌떡 일어났는데 옆의 나와 눈이 마주쳤다. 아이는 잠시 동안 눈을 크게 뜨고 나를 바라보다 "헬로" 하면서 손을 흔들고 내려버렸다.

웃음이 나왔다. 그렇게 토하고 나서 무슨 정신이 있다고 나에게 인사를 할까?

외국인에 대한 호기심 때문이었으리라. 그 아이는 처음부터 나를 계속 훔쳐보았었다.

그런데 문제가 생겼다. 계속 버스가 돌고 돌아 속이 안 좋으니 휴식시간에 저녁도 먹을 수가 없었고 극심하게 피곤했다. 시간 계산을 해보니 시바스에는 밤 열두시가 넘어 도착할 것만 같았다. 너무 힘이 들었다. 그래서 중간에 내린 곳이 아마시아였다.

나중에 가이드북을 보니 아마시아는 터키에서 가장 아름다운 곳 중의 하나라고 극찬하고 있었는데, 내가 내렸을 때는 캄캄한 밤이어서 그걸 몰랐었다.

그러나 돌무시를 타고 버스터미널에서 시내로 들어오는 순간, 황홀해지고 말았다.

하늘 중간만큼 솟은 거대한 돌산이 동서로 길게 뻗어나가고 있었고 정면에 우뚝 솟은 돌산 중턱에서 성벽과 왕의 무덤이 조명을 받아 빛나고 있었다.

그 밑으로 강물이 흐르고 있었고 건너편 강변에는 오토만 전통 가옥으로 만들어진 호텔과 레스토랑들이 불을 밝히고 있었으며 마실 나온 사람들 혹은 터키 관광객들이 강변의 벤치에 앉아 강바람을 쐬고 있었다.

아마시아는 산으로 둘러싸인 조그만 마을이었지만 꽤 긴 역사를 지닌 곳이었다. 히타이트 족, 알렉산더, 페르시아, 비잔틴 제국, 오스만투르크 제국의 흔적이 남아 있고 근세에는 터키의 국부 무스타파 케말이 이스탄불에서 탈출한 후 이곳에 와 동지들을 만나 투쟁을 위한 원칙을 만들었던 곳이기도 했다.

아마시아 가는 길

아마시아의 아름다움은 날이 밝자 더욱 빛났다.

나는 이른 아침 산 중턱에 있는 폰틱 왕의 무덤을 향해 올라갔다.

기원전 3200년경부터 이 산성에 사람들이 살았다는데 이 산 전체에는 열여덟 개의 무덤이 있고 그중의 다섯 개가 왕의 무덤이라 했다. 지금 관리가 되고 있는 것은 기원전 4세기경, 이곳을 다스렸던 폰틱 왕의 것이라고 했다.

바위 안을 파놓은 무덤에는 아무것도 없었다.

그들은 왜 이런 산 중턱에 무덤을 만들었을까?

하긴, 저 땅 밑보다는 이 수려한 강산을 내려다보는 이곳이 더 좋았을 것이다.

근처에는 하녀들의 하맘(목욕탕) 터가 있었지만 다 무너져 있어 별로 인상적이지는 않았다.

하지만 산에 올라온 보람은 그런 것에 있지 않았다. 산 중턱에 앉아 마을을 둘러싸고 있는 거대한 암벽으로 이루어진 산과 그 너머 파란 하늘과 그 위의 하얀 구름을 망연히 쳐다보자니 마치 하늘에 오른 듯한 기분이 들었다.

다시 강변을 거닐다 박물관 구경을 마친 후, 아마시아를 떠나는데 버스터미널에서 만난 중년 일본 사내가 이렇게 호들갑을 떨었다.

"와, 이 아마시아가 터키에서 가장 아름다운 마을일 겁니다. 앙카라에서 여기까지 오다가 졸았는데 갑자기 나타난 높이 솟은 산과 강을 보고 기가 막혔다니까요. 와와."

글쎄, 최고까지는 몰라도 최고 중의 하나임에는 틀림없어 보였다.

|시바스|

물고기 온천, 발르클르 카플르자

시바스에 들른 것은 물고기 온천을 보기 위해서였다. 그 온천에 사는 물고기들이 피부병 있는 사람들의 상처를 치유해준다는 것이었다.

이런 신기한 일이 어디 있단 말인가.

나는 피부병 고치기 위해서가 아니라 그 신기한 물고기들을 보고 싶어서 그곳에 갔다.

언제부턴가 나는 동물이 좋았다. 아프리카의 대초원에서 보았던 수많은 누떼와 사자들, 침팬지가 살던 우간다의 어느 숲, 말레이시아의 보르네오 섬에서 보았던 오랑우탄들 그리고 거북이 섬에서 밤에 해안에 올라와 알을 낳던 거북이를 관찰하고, 갓 부화한 새끼들을 해변에 방생하던 그 짜릿한 순간들…… 그런 동물과의 만남은 어느 역사, 유적지를 보는 것 못지않게 경이로운 순간들이었다.

그래서 시바스에 도착하자마자 수영복을 챙긴 후, 물고기 온천이 있다는 캉갈로 가는 돌무시를 탔다. 캉갈은 시바스에서 돌무시를 타고 한 시간 정도 걸리는 곳이었고, 다시 캉갈에서 택시를 타고 이십 분쯤 들어가야 하는 곳에 물고기 온천이 있는데 정식 명칭은 '발르클르 카플르자' 란 곳이었다.

 오후 네시 십분쯤에 떠난 돌무시를 타니 오후 다섯시 이십 분쯤 종점인 캉갈에 도착했다. 저녁나절이었지만 나는 느긋했다. 보통 아홉시쯤 어두워지니 온천에서 물고기와 한두 시간 정도 놀다가 가도 충분할 것 같았다.

 그런데 아뿔싸, 계획이 틀어지고 말았다. 돌무시 운전사에 의하면 캉갈에서 시바스로 돌아가는 돌무시 막차는 오후 여섯시에 있고, 대형 버스는 오후 여섯시 삼십분에 있다는 것이다. 그럴 줄 알았으면 아예 짐을 다 챙겨 갖고 올 것을 실수했다는 생각이 들었다.

 결국, 시간이 촉박했던 나는 택시를 대절했고 물고기 온천에서 대기하다 시바스행 막차가 떠나는 시간인 오후 여섯시 삼십분까지 캉갈에 다시 오기로 약속을 했다.

 택시를 타고 황량한 벌판을 약 이십 분쯤 달리니 물고기 온천이 나왔다.

 수목이 우거진 그곳은 현대식 건물이 들어선 멋진 곳은 아니었지만 한가롭고 여유로운 분위기였다.

 우선 안내센터에 들어가 보았는데 담당자가 사람들과 얘기하느라 나에게 관심을 기울이질 않았다.

 일단 들어가 보자는 마음으로 그냥 나와 안으로 들어가니 웬 사내가 티켓을 요구했다. 티켓을 사러 안내센터로 다시 가려 하니 사내가 시계를 보며 곧 문 닫을 거니까 그냥 들어가라고 했다. 오후 여섯시에 문을 닫는다는 것이었다.

 이런. 결국 이십 분 정도밖에 시간이 없었다.

허름한 샤워장을 통과하니 사각형의 노천 온천이 나왔고 수영복 차림의 사람들이 몇 명 있었다.

"어느 나라에서 왔어요?"

터키 사람으로 보이는 이가 물었다.

"한국이요."

그러자 모두들 와 함성을 지르며 탕 안에 있던 동양인 사내를 쳐다보는 것이 아닌가. 그도 한국인이었다.

"와, 여긴 어쩐 일로?"

"피부병 고치러 왔습니다."

"효과는 보셨습니까?"

"예, 나는 마른버짐이 심했는데 한 이틀 정도 되면서부터 큰 효과를 보았어요. 첫날 왔을 때, 삼백여 마리의 물고기가 모여들어 상처 부스러기를 갉아먹는데, 자는데도 그놈들이 핥는 것 같아 근질거렸어요. 묘한 기분이었어요."

온천 속에 정말 물고기들이 보였다. 손가락만한 통통한 물고기들이 헤엄치며 사람들 주위에 모여들어 피부에 생긴 상처를 입질하고 있었다.

"여기에는 온천이 다섯 개 있어요. 하나는 관광객을 위한 수영장이고, 각각 두 개씩은 여탕 남탕으로 나뉘어져 있는데, 한 개 탕에는 조그만 물고기, 다른 한 개 탕에는 큰 물고기가 있습니다. 처음에 송사리 같은 조그만 물고기가 있는 탕으로 들어갔는데 요것들은 상처를 쪼아요. 꽤 아프데요. 지금 여기 있는 조금 큰 물고기들은 그냥 상처 부스러기를 살살 핥아먹어서 기분 좋습니다."

"신기하네요. 얼마쯤 계셨어요?"

"지금 팔 일쯤 되는데 효과를 보기 위해 삼 주 다 채우려고 합니다."
그는 온천에서 관리하는 숙소에서 묵고 있다 했다.
"재미있겠어요?"
"후후. 병이 나으니까 좋긴 좋은데, 지겨워요. 오전에 네 시간, 오후에 네 시간 동안 물 속에 있어야 하니까요."
"도대체 이 물고기들은 어디서 온 거지요?"
"글쎄요, 원래 여기서 살던 것이겠지요."
물에 손을 집어넣어보니 온천물이지만 미지근했다.
우리가 한국말로 떠드는 것을 신기하게 쳐다보던 이들이 말을 붙이기 시작했는데 터키 사람은 물론 이란 사람도 있었다. 이란 사람은 피부과 의사인데 자기 병 자기가 못 고쳐서 왔는데 많은 효과를 보았다고 했다.
"닥터가 닥터 피시한테 치료받고 있소. 허허허."
한국인의 말에 의하면 모든 피부병에 좋은 효과를 보는 것 같지는 않다고 했다. 아토피성 피부염 걸린 사람은 효과를 별로 못 보았지만, 건성피부염에는 금방 효과가 있다고 했다.
나도 한번 들어가보고 싶었지만 이미 시간이 다 되어 나올 수밖에 없었다. 오랜만에 만난 동포와 굳은 악수를 하고 헤어진 후, 택시를 타고 캉갈로 와 시바스로 향하는 버스를 타니 씁쓸한 웃음이 나왔다.
이게 뭔가?
교통편이나 문 닫는 시간을 잘 알았다면 미리 계획을 짰을 텐데, 시간이 부족한 여행길에서 그냥 부딪치다 생긴 해프닝이었다.
할 수 없이 다음을 기약하고, 다음에 올 사람들을 위해 기록을 꼼꼼히 챙기는 수밖에 없었다.

|에르저름|

진짜 터키

　에르저름은 아랍어로 '로마인의 땅' 이란 뜻인데, 원래 이곳은 동로마의 변방이었다.
　이 땅이 터키인의 땅이 된 것은 11세기였다.
　에르저름에서 남서쪽으로 500킬로미터 정도 떨어진 반 호수 근처의 말라즈기르트란 곳에서 셀주크 터키와 동로마 사이에 대전투가 벌어졌는데 1071년에 벌어진 이 전투를 '만지케르트 전투' 라고 한다. 여기서 이긴 셀주크투르크는 에르저름으로 들어와 이곳을 중심으로 아나톨리아 반도 전역으로 세력을 확산해나가게 된다.
　이 만지케르트 전투는 비로소, 현재의 터키인이 터키땅에 들어온 계기가 된 중요한 역사적 전투로, 이 전쟁에서 이긴 셀주크투르크의 술탄 '알프 아르슬란' 은 전투하던 날 밤, 하늘에 떴던 조생달과 그 옆에 있던 별을 손으로 집어 군기에 붙였다는 전설이 있다. 그게 바로 초생달과 별이 있는, 현재 터키 국기의 유래가 된 것이다.
　에르저름은 그것 때문에만 터키인들에게 중요한 것은 아니다.

1차 세계대전 직후, 연합국 측이 오스만투르크의 분할을 획책하고 있을 때, 터키의 국부 무스타파 케말은 1919년부터 이 에르저룸에 기반을 두고 민족 자결의 권리를 호소하며 본격적으로 투쟁한 끝에 1923년 10월 29일 터키 공화국을 선포했다.

그러니까 에르저룸은 터키 민족이 처음 들어왔던 곳이기도 하며, 근대 터키를 세우는 데 중요한 역할을 한 땅이었다. 또한 지금도 이라크, 이란, 시리아와 국경을 맞이한 터키로서는 중요한 군사 방어 도시이기도 하다.

이런 땅이었기에 비록 볼 것이 별로 없다는 곳이었지만 나는 그 분위기를 맛본다는 것에 은근히 기대를 하고 있었다.

그러나 나는 에르저룸에 도착하기도 전에 감격하고 말았다. 시바스에서 에르저룸까지 오는 약 일곱 시간 반 동안의 길에서 숨이 멎을 듯한 아름다운 풍경을 무수히 보았기 때문이다.

시원하고 낭만적인 초원이 펼쳐지고 있었다. 봉긋하게 솟아오른 산과 드넓은 대지에는 따스한 햇살이 그득했다. 가끔 방목된 양들이 평화롭게 풀을 뜯었고 개간된 논과 밭도 보였으나, 대부분은 낮은 풀로 뒤덮인 땅이었다. 그 텅 빈 벌판을 바람처럼 달리던 순간이 매우 행복했다.

에르저룸에 도착했을 때는 이미 날이 어두워지고 있었다. 배낭 메고 거리를 걷던 나를 사람들은 호기심 어린 눈초리로 바라보아서 문득, 여태껏 보았던 터키가 아닌, 다른 세상에 온 것만 같았다.

스카프를 쓴 여인들은 나를 보고 자기들끼리 웃으며 속삭였고, 가이드북의 지도를 보고 조금 헤매는 나에게 다가와 어깨를 끌면서 가르쳐 주던 친절한 사내도 있었다. 가게에서 물을 살 때, 점원은 수줍은 미소를 띠었고 옆에 있던 사람은 나의 국적을 알고는 총을 쏘는 시늉을 하며

"우리는 알카다쉬(형제)"라고 말했다.

에르저름의 구시가지는 허름했고 얼마 안 떨어진 신시가지에는 현대식 빌딩들이 보였지만 모두 낮아서 아직 낙후된 중소도시 같은 인상이 풍기고 있었다.

어쩐지 에르저름은 관광객으로 오염되지 않은, 그리고 서부 지방처럼 유럽화되지 않은 예전의 진짜 터키 모습일지도 모른다는 생각이 들고 있었다.

유르트(겔)를 모방한 석조 무덤

에르저름 풍경

밤새 서늘했다. 아침에 나가 보니 사람들이 긴 옷을 입고 다니고 있었다. 알고 보니 에르저름은 해발 1,853미터였다.

선선한 공기, 다소 남루한 의복들, 번잡스럽지 않은 구시가지를 가끔 달리는 마차를 보면서 나는 예전에 겨울에 여행했던 중국 서역의 카슈가르나, 파키스탄의 어느 거리를 연상했다.

나에겐 매우 익숙한 풍경이어서 오히려 반가웠는데, 만약 터키의 이스탄불이나 남서부, 중부의 번화한 관광지에서 비행기를 타고 갑자기 이곳에 온 사람이라면 아마 이런 풍경이 터키답지 않게 매우 이국적으로 보였을 것이다.

문득, 관광객이 다니는 '선'에서 벗어나 낯선 시간과 공간 속으로 잠입한 이방인이 된 느낌이 들기 시작했다. 나는 늘, 이런 곳이 좋았다.

이곳에는 13세기에 셀주크투르크가 만든 쌍둥이 첨탑이 있는 모스크가 있었다. 오스만투르크 시대의 웅장하고 화려한 모스크가 아니라 형태도 조금 다르고 낡은 벽돌들이 보이는 오래된 모스크였는데 세월 속에서 우러나오는 은은한 멋이 있었다. 그 뒤쪽으로는 중앙아시아의 유르트(겔)를 모방한 듯한 모양의 세 석조 무덤이 있었는데 안을 들여다보니 아무것도 없었다.

크게 인상적이지는 않았지만 나는 그곳에서 오래 전에 중앙아시아에서 유목민으로 살던 터키인들의 체취를 느낄 수 있었다. 방금 중앙아시아의 초원에서 도달해 이 땅에 정착했던 그들의 숨결이 그 허름한 유적지들에 배어 있던 것이다.

건너편에는 성벽이 있었다. 비잔틴 로마 시대 때 만들어졌으나 셀주크투르크가 점령한 후에는 안에 조그만 모스크도 세워졌는데 그리 큰 성은 아니었고 보수 공사를 하는 인부들이 성벽을 새로 쌓아 올리고 있었다.

성벽을 뒤로 하고 마을길을 걷는데 귀여운 아이들이 보여 사진을 찍자 주변에 있던 아이들이 다 몰려들어 합창을 하기 시작했다.

"헬로우, 헬로우……."

아이들은 내 모습이 사라질 때까지 그렇게 손을 흔들며 소리를 질렀고 동네사람들이 웃으며 그 광경을 쳐다보았다.

거리를 걷다 보니 조금 화려한 신시가지가 나왔고 더 걷다 보니 무스타파 케말 동상이 세워진 분수대가 나왔으며 주변에는 군부대도 있었다.

에르저름은 큰 도시가 아니어서 그냥 걸어다니며 구경할 수 있는 포근한 도시였다.

|도베야짓|

도베야짓 가는 길

1991년 겨울, 터키를 여행할 때 도베야짓 근처에 있는 아라라트 산 어딘가에 노아의 방주가 있다는 얘기를 처음 들었었다. 그러나 그때는 눈이 많이 왔고 추워서 갈 엄두를 내지 못했는데 십삼 년이 지난 2003년 8월에야 나는 노아의 방주가 있다는 그 산을 향해서 갔다.

에르저름에서 도베야짓까지는 약 다섯 시간이 걸리는 길이었다. 에르저름까지 오는 길도 그랬지만 도베야짓 가는 길도 매우 아름다웠다.

가끔 길 위에서 완전군장을 한 채 훈련하는 군인들도 보여서 국경 도시로 가는 실감이 나기 시작했다.

그렇다. 도베야짓은 국경 도시였다. 그곳에서 동쪽으로 30킬로미터 정도만 더 가면 이란과의 국경이 나왔기에, 이란에서 오는 여행자들은 모두 도베야짓을 거쳐 오게 된다. 여행자들에게는 낭만적인 길이지만, 이란, 이라크와 국경을 맞대고 있는 터키의 군인들로서는 늘 긴장을 풀 수 없는 지역이었다.

드디어 서서히 도베야짓에 가까워지자 멀리 하얀 눈에 뒤덮인 산이 보이기 시작했다.
 바로 그 유명한 해발 5,185미터의 아라라트 산이었다. 이 산은 예전부터 이 지역에 살던 아르메니아인들의 성산(聖山)이었으며 기독교 성경에 나오는 노아의 방주가 있던 곳으로 알려진 곳이었다.

 또 여러분에게 말하건대 이 대아르메니아의 높은 산 위에 노아의 방주가 있다. 그것은 네모난 모양(혹은 컵으로 번역)의 매우 크고 높은 산으로 그 위에 노아의 방주가 놓여 있다고 하고, 이 때문에 노아의 방주의 산이라고 불린다. 그 산은 얼마나 길고 큰지 이틀에 다 돌 수 없고, 산꼭대기에는 항상 엄청난 양의 눈이 쌓여 있어 아무도 그 꼭대기로 올라갈 수 없으며 눈이 전부 녹아내리는 법이 없다.(마르코폴로의 『동방견문록』에서, 김호동 역주, 사계절)

 이런 기록을 남긴 마르코폴로도 바로 내가 지금 가는 길을 가며 저 하얀 눈 덮인 아라라트 산을 보았을 것이라고 생각하니 감개가 무량했다.
 저녁나절, 아라라트 산이 빤히 보이는 국경 도시 도베야짓에 떨어졌을 때 몹시 추웠다. 해발 1,950미터여서 다소 서늘할 줄은 알았지만 이건 여름이 아니라 늦가을 날씨였다. 나중에 알고 보니 늘 그런 것은 아니었고 그날만 이상하게 추웠었다. 8월인데도 도베야짓에서 북쪽의 카스로 가는 길에 눈이 엄청나게 와서 차들의 통행이 끊어졌을 정도로 이상 기온이었다고 한다.
 그렇게 추운 날 목을 움츠린 채 버스에서 내리니 여행자라고는 나 하나였고 그런 나를 반겨준 것은 근처 여행사 사장이었다. 작년에 한국 단체 관광객들이 많이 와서 노아의 방주를 많이 보고 갔었는데 지금은

뚝 끊겼다고 했다. 투어에 참가할 사람이 별로 없어서 나 혼자 차량을 대절해 가면 100달러 정도를 내야 하는데 특별히 60달러 정도에 깎아 주겠다는 것이었다.

  도착하자마자 그런 제의를 받아들일 수는 없어서 적당히 거절하고 근처의 호텔에 짐을 푸는 수밖에 없었다.

도베야짓

이삭파샤 궁

어쨌든 나는 도베야짓 주변을 돌아보기 위해 투어를 이용해야 했기에 호텔 매니저로부터 소개받은 어느 여행사를 통해 하기로 했다. 공공 교통 수단이 없으니 어쩔 수 없었다.

아침 아홉시, 운전사와 가이드가 딸린 차가 산길을 오르다 얼마 안 가자, 산 절벽 위에 이삭파샤 궁이 나타났다. 둥근 돔이 있고 첨탑이 있어서 얼핏 보면 마치 모스크처럼 보였다.

돌로 만들어진 이삭파샤 궁은 17세기와 18세기에 걸쳐 이 지방을 다스리던 쿠르드 족의 왕이 만들었는데, 궁도 궁이지만 그곳에서 바라보는 경치가 멋있어서 터키 관광지 소개하는 팜플렛에 빠짐없이 나오는 곳이었다.

과연 경치가 기가 막혔다. 메마른 돌산 계곡 밑으로 황량한 벌판이 펼쳐졌고 벌판 한가운데 마을이 있었으며 그 너머로 다시 산이 솟구치고 있었다. 마치 세상 끝에 다다른 느낌마저 들었다.

궁 안에 들어가기 전에 가이드의 간단한 설명이 있었다.

"이 문에는 예전에 황금이 씌워져 있었는데 여기를 한때 점령했던 러시아군이 이 황금을 가져갔고 그것은 에르미타주 박물관에 있습니다."

상트페테르부르크에 있는 에르미타주 박물관. 그곳은 러시아가 자랑하는 박물관으로 프랑스의 루브르 박물관, 영국의 대영박물관 못지않은 곳이다. 하지만 몇 년 전에 그곳에 갔을 때 나는 그것을 본 기억이 없다. 만약 여길 먼저 왔더라면 모르겠지만 워낙 많은 유물들 속에서 파묻힌 그게 내 눈에 띄었을 리 없었을 것이다.

들어가 보니 보수한 흔적이 많이 보이는데 밑의 층에도 방들이 많이 보였다.

"여기 궁 안에는 모두 삼백육십육 개의 방이 있었는데 이걸 만드는 데 구십구 년이 걸렸습니다."

하긴 이 절벽 위에 이런 궁을 만들고자 했으니 얼마나 시간이 많이 걸렸겠는가.

처음 들어간 곳의 정면에 하렘이 있었다. 들어가는 입구에 꽃 문양의 장식이 있었는데 그건 여인을 의미한다고 했다.

이 하렘에는 재미있는 식당이 있었다. 중앙에 홀이 있는데 오른쪽 계단을 통해 위로 올라가니 밑이 내려다보였고 맞은편에는 약간 밑으로 경사져 있는 창틀 같은 형태의 벽이 죽 이어져 있었다.

"예전에는 저기에 거울이 달렸어요. 밑의 식당 테이블에 차린 음식이 밑으로 비스듬히 기울어진 거울에 비쳐서 여기서 볼 수 있었지요. 여기서 대기하던 하인들은 음식이 비면 즉각 음식을 날랐어요. 높은 분들 있는데 하인들이 함부로 왔다갔다할 수 없으니까 저 거울을 통해 상황 파악을 했던 것이지요."

방에는 벽난로들도 있었고 밑으로는 물 흐르는 길도 있었으며 러시아 병사들이 기름으로 불을 태워 그을린 커다란 주방도 있었고 포도주를 만드는 곳도 있었다.

또한, 세상에서 가장 멋있고 시원한 화장실도 있었다. 돌로 만들어진 재래식 변기에 쭈그리고 앉으면 오물은 그냥 경사진 밑으로 굴러 떨어지게 되어 있고 정면에는 탁 트인 창문 밖으로 기가 막힌 계곡 밑의 풍경이 펼쳐지고 있었다. 이 궁 자체가 절벽 위에 있는데 화장실은 그 절벽 끝 부분에 있던 것이다.

밖에는 왕이 신하들을 지휘하고 손님들을 맞았던 곳이 있었다. 그 안쪽으로 들어가니 목조로 만들어진 테라스의 부분이 남아 있었는데 그 밑은 까마득한 절벽이었다.

한 층을 더 올라가니 폐허였다. 별로 볼 것은 없었지만 주변 경치가 좋았다. 건너편에 보이는 산 중턱에는 성벽 흔적이 보였다. 기원전 13세기에서 기원전 7세기경에 이용되었던 성벽인데 원래는 저 멀리 보이는 산등성이까지 연결되어 있었지만 지금은 잔해만 남아 있다고 했다.

그리고 산 저쪽에 모스크가 보였는데 그곳은 쿠르드 족에게 중요한 모스크라고 했다.

"저곳에서는 매주 금요일이면 아직도 염소의 목을 자르는 의식을 행합니다. 그리고 그 옆에 있는 묘에는 이슬람의 선지자 모하메드의 친척이 묻혀 있고, 또 우리 쿠르드 족의 역사작가인 카펫 하니가 묻혀 있어요. 매우 인기가 있어 우리는 그를 하니 바바라고 불러요. 바바란 아버지란 뜻입니다."

"당신, 쿠르드 족입니까?"

"예."

그제서야 나는 그가 쿠르드 족인 줄 알았다. 그리고 에르저름 남동 지역에 살고 있는 대부분의 사람들이 쿠르드 족임을 알았다. 물론, 터키, 이란, 이라크, 시리아, 아르메니아 등지에서 세계 최대의 난민인 쿠르드 족이 서러움과 탄압을 받고 있다는 얘기는 알고 있었다. 그러나 가이드가 바로 그 쿠르드 족인지는 몰랐었다. 어쩐지 그의 얼굴색이 검어서 서쪽에서 본 터키 사람들과는 다르다고 느꼈지만 원래 터키 사람들이 여러 종족으로 이루어져 그런가 보다 했는데, 그는 쿠르드 족과 터키 사람은 전혀 다르다고 했다.

"우리는 인종도, 언어도 터키 사람과는 전혀 달라요. 알려지기는 이삼천만 명이라고 하지만 실제로는 사천오백만 명 정도가 쿠르드 족입니다. 우리가 당한 설움을 생각하면…… 독립을 하고 싶지만 힘이 없어요."

내가 어찌 그 심정을 모르겠는가.

우리 남한 사람 4천만 명이 모두 나라를 잃고 갈기갈기 찢겨 중국, 일본, 동남아로 흩어져 수천 년간 서러움을 당하고 학살당하며 살고 있다고 생각하면 쉽게 상상이 되었다.

1999년 쿠르드 족의 전설적인 게릴라 지도자 오잘란이 체포된 뒤 쿠르드 족의 무장투쟁은 많이 축소되었고 터키와 휴전협정을 맺어 소강상태가 지속되고 있지만 불안은 늘 감돌고 있다 했다.

쿠르드 족은 터키에서도 이라크에서도 이란에서도 모두 환영받지 못한다. 어느 나라가 인심좋게 현재 자기들이 지배하는 땅을 선선히 내어주며 '자, 그럼 독립하십시오' 라고 말하겠는가.

그러지 않아도 오스만투르크 제국이 서구에 의해 갈기갈기 찢겨진 후, 아나톨리아 반도에서 간신히 살아남은 터키의 입장에서는, 쿠르드 족까지 독립하게 되면 자신들의 생존이 위협받기에 결코 쿠르드 족의 독립을 방관할 수 없는 입장이다. 인정과 윤리에 의해 움직이는 개인 관계와 달리 철저히 힘에 의지하고, 인류애보다는 국익을 앞세우는 국제관계 앞에서 쿠르드 족의 앞날은 암담하기만 하다. 그들 스스로 힘을 기르든지 아니면 국제 정치를 이용해 타국의 도움을 받든지 해야 하는데 그게 영 여의치 않은 것이다.

또한 타국의 도움 역시 휴머니즘에 기반을 둔 것이 아니라, 철저히 자국의 이익을 위한 전략적인 차원에서 나오기에 믿을 수가 없다. 이라크전 때, 쿠르드 족을 도와주는 척하면서 실컷 이용만 해먹고 외면하는 미국을 보면 알 수 있지 않은가. 그 결과 1차 이라크 전쟁이 끝난 후, 쿠르드 족은 사담 후세인 정권에 의해 엄청난 학살을 당했었다.

약소 민족의 비애였다. 듣는 나나 긴 얘기를 마치고 돌아서는 가이드나 모두 우울했다.

쿠르드 족 마을

다음 행선지는 쿠르드 족 마을이었다.
산길을 굽이굽이 돌아 올라가다 보니 마을이 나왔다. 토담집들이 몇 채 들어서 있고 아이들과 여인이 펌프로 물을 퍼올리다가 나를 보고 '헬로' 하며 인사를 했다. 꾀죄죄한 옷차림이지만 눈빛들이 맑았다. 어떤 집에서는 소똥을 말리고 있었다. 연료로 쓰기 위해서라는 가이드의 설명 없어도 이미 인도 같은 데서 많이 보았던 풍경이었다.
이곳에 가이드의 고모가 살고 있었다. 가이드의 고모는 가이드를 보자 매우 반가워했다. 차를 마시자고 해 들어간 고모의 토담집은 시원했다. 방에 있는 두툼한 방석을 깔고 앉아 있는데 육십대의 고모는 이십대 중반의 가이드를 아이 다루듯이 했다. 손으로 뭐라 그러며 볼을 꼬집고 귀를 잡아당기자 가이드는 응석부리듯이 홍얼거렸다.
옆에서 보니 닭살이 돋을 정도였다.
"지금 무슨 말을 한 겁니까?"
"그 동안 왜 안 왔냐. 너 고모한테 잘못한 거야 그런 말을 한 거고, 나는 그런 말 다시 하면 안 올 거야 뭐, 그런 말 한 겁니다…… 고모는 날 귀여워해요. 우리 집안에 애가 열두 명인데 내가 막내거든요."

그렇게 해서 아이 얘기가 나왔는데 운전사네 집은 아이가 여섯 명이고, 고모네 집은 아홉 명인데 네 명은 죽었다고 했다.

"우리 쿠르드 족은 애가 많아요. 축구팀 만들려고요. 하하하."

얘기를 나누다 보니 가이드의 고모부가 예전에 한국전에 참전한 적이 있다고 했다. 그러니까, 예전에 징용으로 끌려간 조선인이 동남아에서 싸울 때 다 일본인으로 알려졌듯이, 쿠르드 족 역시 한국에 와서는 다 터키 사람으로 알려졌을 것이다.

얘기를 하는데 스카프로 얼굴을 가린 이십대 초반의 소녀가 주전자를 들고 와 차를 따라주기 시작했다. 가이드와 나를 보며 얼굴이 발개졌는데 가이드의 사촌이었다.

의문이 생겨 물었다.

"당신들은 사촌끼리도 결혼해요?"

"예. 그런데 매우 드물지요…… 그리고 여기 쿠르드 족 마을에는 남자들이 거의 없어요. 도시로 다 돈 벌러 나갔거든요. 여기선 버틸 수가 없어요."

가이드가 쓸쓸하게 말했다.

공기가 맑고 평화로운 곳이었으나 그런 쓸쓸함이 그곳에 있었다.

노아의 방주

드디어 노아의 방주의 흔적을 보았다. 아니, 흔적이라기보다는 추정된 곳을. 산길 전망대 앞에 차를 세운 가이드가 건너편 산에 커다란 흔적이 보이는 곳을 손으로 가리켰다.
"저기가 노아의 방주가 있었다는 흔적입니다."
배는 없고 흙무더기가 올라와 커다란 배 모양의 흔적을 그리고 있었다.
잘 알려진 바와 같이 기독교 성경책에 의하면 세상에 대홍수가 일어났을 때, 노아가 만든 방주는 지금의 단위로 환산하면 길이 약 135미터, 폭이 약 23미터, 높이 약 14미터였다고 한다.
이 배에 수많은 동물을 실었다는데, 가만히 눈짐작으로 보니 산 위에 있는 흔적의 길이와 폭은 비슷한 것 같았다. 높이는 이미 배가 없어졌으니 알 수 없고.
"과연 저게 노아의 방주의 흔적일까요? 내가 알기로는 아라라트 산인 줄 알았는데 아라라트 산이 아니네요."

"글쎄, 알 수 없지요. 믿는 사람도 있고 아니라는 사람도 있어요."

전망대 안으로 들어가 보니 발굴자인 미국인의 사진과 배의 흔적이라며 그것을 증명이라도 하듯, 거기서 발견한 나무를 들고 있고 각종 그림, 사진 자료를 전시해놓았다.

"예전에 어느 미국 고고학자가 그러는데 이 사람은 전문가가 아니라서 신뢰할 수 없다고 하기는 해요."

"당신 생각은 어때요?"

"나야 뭐 아나요? 다만 우리 무슬림들은 노아의 방주가 여기서 훨씬 멀리 떨어진 '주디 산' 어딘가에 있다고 믿어요."

"그럼 여기는 무슨 산입니까?"

"여긴 글쎄요……."

가이드는 몰랐지만 가이드북에 이런 얘기가 있었다.

1985년 미국인 파솔드란 이가 주장하기를 노아의 방주는 아라라트 산에 머물렀다 미끄러져서 위젠길리 마을 가까운 곳에 있는 '무사 다으' 산에 정박했다는 것이다. 그리고 자신이 그 흔적을 발견했다고 '주장' 했는데, 바로 그 '무사 다으' 산이 이 산이었다.

과연 진실은 무엇일까?

나는 대홍수 이야기를 믿는다. 그것은 성경책에만 나오는 게 아니라 메소포타미아 문명, 인도, 태평양의 여러 민족의 민담, 남북 아메리카 원주민의 전설 속에서도 나타나는데 영국의 인류학자 프레이저에 의하면 북, 중, 남아메리카의 130여 개 인디오 족 중에서 대홍수를 주제로 한 신화를 가지고 있지 않은 종족은 하나도 없다고 한다. 대개가 대홍수가 갑자기 일어나 온 세계가 물에 잠겼다는 내용인데 공통적인 것은 예언자가 나타나 사건을 경고한다는 것이다.

　이렇게 볼 때, 분명히 인류 역사에 어떤 이유인지는 정확히 몰라도 대홍수는 있었음에 틀림없을 것이다.
　또한, 길가메시 서사시에 의하면 수메르 족은 나틸 산의 꼭대기로 피신했으며, 그리스 신화에 의하면 주인공 테우칼리온이 피신한 산은 오프리스 산(다른 이름은 팔나소스 산)이었고, 남태평양의 타이티 섬의 선조는 피트히드 산의 정상으로 피신했다고 한다.
　그러므로 나는 홍수도 믿고 노아의 방주도 믿고 싶다. 종교적인 이유를 떠나서 충분히 있을 수 있는 사실이라고 생각하기 때문이다. 그러나 저곳이 바로 노아의 방주 흔적이라는 것은 선뜻 믿을 수가 없었다.

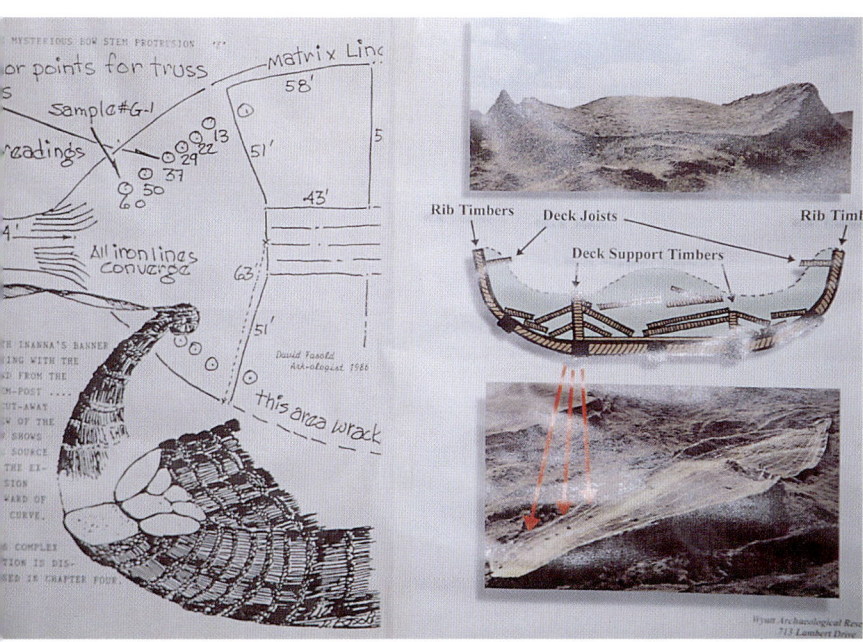

사실, 노아의 방주를 보았다는 얘기는 이미 19세기부터 있어왔다. 배가 온전하게 남아 있었고 그것을 직접 보았다는 식의 얘기인데 대개 '그렇다더라' 식의 얘기고 명확히 확인된 바는 없었다. 어쩌면 진실일 수도 있고 어쩌면 허풍 섞인 이들의 거짓말일 수도 있는데, 그렇게 명확하게 보았다는 말을 믿고 근대에 들어 수많은 아라라트 산 탐사가 이루어졌지만 그런 '배'는 발견하지 못하다가 결국 아라라트 산이 아니라 그 근처에서 이런 '흔적'을 발견한 것이다.

그렇게 구경을 끝내고 나올 때 가이드가 말을 했다.

"사실은 나는 사 년 전에 미국 탐사팀과 함께 아라라트 산을 올랐다가 저런 흔적을 발견한 적이 있어요. 물이 흐르고 그걸 가로지른 채 커다란 배 모양의 흔적이 있었는데, 그 흔적은 주변과는 달리 매우 검었고 나무 조각들이 많이 보였어요. 여기보다 더 배 모양에 가까웠어요."

귀가 솔깃한 대목이었다.

"그래요? 거기 갈 수 있어요?"

"아라라트 산 올라가려면 허가받는 데 시간이 좀 걸려요. 그리고 비용도 많이 들구요."

"얼마나 드는데요?"

가이드는 한동안 내 호기심을 부쩍 돋우는 얘기들을 늘어놓다가 슬그머니 이렇게 말했다.

"거기 탐사하려면 사 일에서 일 주일 정도 걸리는데 네다섯 명이 갈 경우 일인당 이천 달러 정도는 내야 해요."

나는 그쯤에서 입을 다물었다.

나중에 그 여행사 사무실에 가보니 아라라트 산 등반하는 여행자들을 위한 상품도 많이 있었는데 물론, 그렇게 터무니없이 비싸지 않았다.

내가 일반 여행자들과는 달리 부쩍 관심을 가지니 가이드 양반이 돈 욕심이 나신 것일까? 아니면 진짜 그렇게 비용이 많이 드는 것일까?

어쨌든 상관없었다. 나는 여행을 하는 사람이었지 그런 얘기에 귀가 솔깃해 달려드는 아마추어 탐험가가 되고 싶지는 않았다.

혹시 진짜 배가 있다면 모를까, 서기와 비슷한 흔적이라면 그것도 역시 결국 추정 아니겠는가.

|트라브존|

흑해 연안의 도시

도베야짓에서 에르저름에 온 후, 버스를 갈아타고 트라브존까지 오는 길 역시 아름다웠다. 물결치듯이 굽이굽이 펼쳐지는 동부지역의 산과 들판 그리고 가끔 나타나는 계곡은 정말 감탄할 만했다.

트라브존은 흑해 연안의 도시인데 이 도시가 우리에게 잘 알려진 것은 축구 선수 이을용 때문이었다. 그러나 내가 갔을 때, 이을용 선수는 한국으로 돌아간 뒤였고 월드컵의 열기도 가라앉은 후여서 그렇게 축구가 화제가 되지는 않았다.

트라브존은 분위기가 매우 개방적으로 보였다. 중심지에서 얼마 안 걸어가면 바로 바다였고 거리의 중심인 메이단 광장에서부터 서쪽으로 뻗어난 길에는 현대식 쇼핑몰들로 가득 차 있었다.

또한 조금 야하게 차려 입은 여인들도 종종 눈에 띄었다. 그리고 사람들 기질이 어딘지 모르게 무뚝뚝한 느낌도 들었다. 글쎄, 나의 편견인지는 모르지만 숙소의 매니저나 음식점에서도 상냥하게 웃지 않다가 한두 번 눈에 익으면 그때 웃음을 띠었다.

어쨌든 나는 이 도시가 한눈에 좋아졌다. 거리에서 우연히 만난 일본 여행자 커플도 그렇게 말했다.

"우린 이란에서 도베야짓을 거쳐 트라브존에 왔는데요, 여기가 너무 좋아서 지금 일주일째 머물고 있어요. 그런데, 물가가 너무 비싸요. 이란에 비하면."

그럴 것이다. 이스탄불 쪽에서 오면 상대적으로 싸게 느껴지지만 이란 쪽에서 오는 사람에게는 비싸게 느껴질 수밖에.

짐을 풀자마자 나는 바닷가로 갔다. 흑해가 펼쳐진 연안에 하얀 의자들이 들어선 카페가 있었고 그곳에서 사람들이 차를 마시고 놀이를 하며 시간을 즐기고 있었다. 또 바닷가에는 낚싯대를 드리운 사내들이 넘어가는 해를 바라보고 있었다.

흑해.

바다가 검어서 그렇게 불린다는데 그렇게 검어 보이지는 않았다. 동서 길이 1,150킬로미터, 남북 최대 길이 610킬로미터, 면적 41만 제곱킬로미터인 이 거대한 바다는 남서쪽의 보스포루스 해협을 통해 마르마라 해로 이어지고 다시 다르다넬스 해협을 통해 지중해로 이어진다.

이 흑해는 터키는 물론 불가리아, 루마니아, 그루지야, 러시아 등의 수많은 나라의 국경과 인접해 있어 국제 분쟁이 종종 일어났었다.

한때, 부동항을 노렸던 러시아는 18, 19세기에 오스만투르크와의 전쟁에서 이겨 흑해의 지배권을 장악하고 지중해로 진출하려고 했으나 영국, 프랑스가 반대했고, 크림 전쟁에서 패한 후 지금은 중립화된 호수 같은 바다였다.

그 바다 앞에 앉아 있으니 불현듯 먼 나라에 온 실감이 났다. 세번째 터키라서 익숙한 것 같았지만, 흑해 하니까 그런 느낌이 든 것이다.

이 흑해 연안의 트라브존에는 먼 옛날 페르시아와 전쟁을 치렀던 그리스 병사들의 일부가 정착했다고 한다. 그들은 기원전 298년 폰투스 왕국을 세웠는데 이것이 연유가 되어 1차 세계대전 후 오스만투르크를 분할시키려던 연합국은 이곳에 그리스계의 폰투스 왕국을 만들려고 했으나 터키의 무스타파 케말에 의해 좌절된 후, 완전히 터키에 속하게 되었다. 그후 그리스인들은 트라브존을 떠나 그리스로 돌아갔는데 만약 그때 무스타파 케말이 졌다면 이곳은 현재 그리스인들의 땅이 되었을 것이다.

어쨌든 1차 세계대전 전까지 이곳에 살던 그리스인들은 소피아 사원, 수멜라 사원 등 그들의 흔적을 많이 남겨놓았다.

그리고 소련이 멸망하면서 돈을 벌기 위한 여인들, 즉 창녀들이 이 도시에 1990년대 초에 많이 등장했다고 한다. 그러나 지금은 많이 사라졌고 대신 상인들, 관광객들이 나타나기 시작했다는데 여전히 옛날의 흔적이 눈에 띄고 있었다.

바닷가에서 숙소로 들어오는데 근처에 있던 한 카페로 미니스커트를 입고 야한 화장을 한 여인 둘이 들어가고 있었다. 터키 노인 두 명이 눈을 크게 뜨고 한참을 보다가 이렇게 말했다.

"뷰티풀."

비아냥거리는 게 아니라 정말 감탄한 표정이었다.

아무래도 러시아 여자들 같았다.

수멜라 수도원

사실, 나는 트라브존에서 관광을 별로 하고 싶지 않았다. 그냥 거리를 돌며 사람들 구경을 하고 싶었는데 그래도 수멜라 수도원은 안 가볼 수 없었다. 워낙 좋은 곳으로 알려져 있기 때문이다.

수멜라 수도원 앞에 내렸을 때 정말 오기를 잘했다는 생각이 들었다. 계곡에서 물이 퀄퀄 소리를 내며 흐르고 있었고 그 물 위로 멋진 레스토랑 몇 개가 들어서 있었으며 수목이 울창했다.

그 동안 터키에서 보던 경치와는 또 달랐다. 산길을 따라 올라가는데 시원하기 이를 데 없었고 중턱에서 밑을 바라보니 밑으로 펼쳐진 계곡의 풍경이 장관이었다.

십여 분 정도 걸어 올라가니 수도원 모습이 나무 사이로 보였는데 기가 막혔다. 깎아지를 듯한 절벽에 건물이 붙어 있었다. 아니, 움푹 들어간 거대한 동굴 같은 곳에 수도원이 있던 것이다.

올라가 보니 관광객들이 모두 밑을 내려다보며 감탄하고 있었다.

표를 끊고 계단을 따라 올라가 입구를 통과하니 오른쪽으로 도르래가 설치되어 있었고 웬 줄이 밑으로 길게 이어져 있었다. 그러니까, 이것을 이용해 음식과 물을 운반했을 것이다.

내려가는 계단 오른쪽으로는 조그만 방들이 있었다. 안에 장식들은 없었는데 움푹 파진 곳도 있었고 벽난로도 보였다. 해발 1,628미터니 여름에는 시원했겠지만 겨울에는 매우 추웠을 것이다.

그런 방이 몇 개 계단을 따라 이어졌고 저밑의 깊이 파진 동굴 안쪽에 그리 넓지 않은 사원이 있었다. 울퉁불퉁한 바위로 싸인 사원 안팎에는 수많은 성화가 그려져 있었는데 모두 벗겨지고 눈이 파헤쳐져 있었다.

이 수멜라 수도원은 5세기경에 지어졌는데 수멜라란 말은 그리스어로 검고 어둡다는 뜻이라고 한다.

동굴이라 검고 어두워서 그랬을까?

이 수도원은 18세기에 재건되었고 19세기에 번성하다가 1차 세계대전 후, 터키가 독립하자 그리스인들이 떠나면서 돌보는 이가 없어 많이 파괴되었다. 만약 잘 보존만 되었으면 더욱 아름다운 사원이었을 텐데 조금 아쉬웠다. 사원보다도 주변의 풍경이 매우 아름다운 곳이었다.

트라브존

후한 사진 인심

트라브존의 번화한 거리를 걷다가 슬쩍 빗겨나 허름한 집들이 펼쳐진 변두리를 걸어보았다. 샛길을 거닐며 뒷골목 풍경과 인심을 엿보고 싶어서였다.

낡은 모스크, 빵집이 보이는 골목길은 한적했다. 그러다 이발소가 보여 밖에서 사진을 찍는데 마침 옆에 있던 할아버지가 나서서 이 사람 저 사람 찍으라는 통에 사진을 많이 찍을 수밖에 없었다. 그 할아버지는 주소를 적어주고 사진을 보내달라는 것도 아니었다. 그냥 허허거리며 웃다가 오른쪽 손가락을 모아 하늘을 향해 흔들었다.

불현듯, 돈 달라는 것인가라는 생각이 들었지만 그건 아니었다. 나중에 알고 보니 좋다는 제스처였다. 그 외에도 터키 사람들은 종종 오른손을 가슴에 대고 얘기했는데 그건 마음에서 우러나는 진심이라는 뜻 같았다. 얼굴에 그렇게 쓰여 있었다.

다시 한참을 걷다 보니 술 파는 가게가 있었고 진열장에 '라크(혹은 라키라고도 부른다)' 술이 보였다.

터키 사람들이 가장 사랑한다는 술이었으므로 한 병 산 후, 진열장에 있는 사진을 찍으려고 하니 안에 있던 사내가 갑자기 손짓을 하며 달려 나왔다.

순간, 카메라를 내리며 나는 놀라고 말았다. 사진 찍는다고 뭐라 그러는 줄 알았던 것이다. 하도 성급해서 때리러 나오는 줄 알았다.

그런데 이 사내, 가게 앞에서 척 포즈를 잡더니 사진을 찍으라는 것 아닌가.

물론, 그도 사진을 보내달라는 소리를 하지는 않았다. 그냥 그렇게 포즈를 잡아준 후, 오히려 나에게 고맙다는 말을 하고 가게로 들어간 것이다.

후에 터키를 떠나던 날, 이스탄불 공항에서 KBS의 도전지구탐험대 촬영팀을 우연히 만난 적이 있다. 그들은 터키 북서부의 어느 마을에서 열리는 전통 레슬링 대회에 나갔다 오는데 프로레슬러 '노지심' 씨는 터키 사람들은 정말 누구나 탤런트라는 소리를 했다. 어딜 가나 카메라를 들이밀면 자발적으로 즐겁게 포즈를 잡아주었다며 감탄을 했다.

바닷가에서 만난 사람들

거리와 시장을 구경하다 다시 바닷가로 왔다.
좀 쉬고 싶었는데 어느샌가 날 따라온 것 같은 청년이 옆에 앉아 영어로 말을 붙이기 시작했다.
어디서 왔소, 이름이 뭐요, 뭐 하러 왔습니까, 어디를 보았습니까, 어느 호텔에서 묵어요, 나이는 몇인가요, 한국에서 뭐합니까…….
형사 취조하듯 질문을 계속 해대는 이 친구의 정체는 무엇인가?
서양 사람 같으면 크게 화낼 질문들이었지만, 나는 이해하기로 했다.
예전에 내가 영어회화 배울 때 처음 만난 서양 사람들에게 그런 질문을 해서 '남의 사생활을 왜 그렇게 알려고 하냐'는 면박을 얼마나 받았던가. 하지만 나는 그를 취조하기 위해서가 아니라 영어회화를 연습하고 싶어서 그랬던 것이다.
한참을 질문한 그는 더이상 대화를 진전시키기가 어렵다고 판단했는지 물러갔다.
한동안 쉬다가 카메라로 풍경을 찍고 있는데 웬 아이들이 다가오더니 사진을 찍어달라고 했다. 마다할 일이 아니었는데 그 옆에는 그 아이들의 아버지인 듯한 사내가 수줍게 웃고 있었다.

그렇게 해서 사내와 대화를 하게 되었고 마침 옆에 있던 청년이 합석을 했다. 둘 다 영어를 잘 못했지만 말은 그런 대로 통했다.

청년은 대학생으로 태권도를 배우며 자기는 일본 사람도 좋지만 한국 사람이 더 좋다고 했다. 이유를 물어보니 모르겠다고 했다. 그냥 좋다고 했다. 그 절실한 표정이 얼굴에 가득 배어 있었다.

아이의 아버지는 서른두 살, 시장에서 옷가게를 하는 이였다. 그리고 작은아이는 자기 아이고 큰아이는 형의 아이라고 했다.

그들은 용 리(이을용)를 좋아했고 터키 팀의 하칸 술츠 골키퍼를 좋아했다. 실력도 좋지만 겸손해서 좋다는 것이다. 일한 만시즈는 잘난 체하고 머리 모양을 이상하게 해서 싫다고 했다.

사내는 그림을 쓱쓱 잘 그렸다. 그는 원래 사진을 보고 그림으로 그려내는 직업을 가졌었는데 지금은 그냥 취미로 그린다며 쑥스럽게 웃었다.

그러다 아이가 몇이냐고 나에게 물었다.

"없어요."

"왜요? 문제가 있어요?"

"아뇨. 여행하다 보니까."

"결혼한 지는요?"

"육 년째요."

"지금 나이는요?"

"마흔다섯."

사내는 깜짝 놀라고 말았다. 나를 삼십대 중반으로 알았다는 것이다.

원래 외국인 나이는 짐작이 잘 안 가는 법이다.

그 소리를 듣는 순간, 사내는 진지한 표정으로 갑자기 내 노트에 그림을 그리기 시작했다. 나무 두 그루를 그렸는데 하나는 열매가 없고, 또 하나는 열매가 주렁주렁 달린 것이었다.

"리."

그는 간절한 표정으로 나를 보며 서툰 영어로 이렇게 말했다.

"리. 이 열매 없는 나무가 당신이고 열매 있는 나무가 나예요. 앞으로 나이 더 먹어봐요. 내 아이가 나만큼 컸을 때 나는 얼마나 좋겠어요. 그리고 아이가 없는 당신은 얼마나 쓸쓸하겠어요. 보세요. 열매 많은 나무가 보기에도 얼마나 좋아요? 리, 아이를 낳으세요."

매우 진지하고 걱정스런 표정으로 큰 형님이 동생을 타이르는 듯한 그의 말에 나는 감격하고 말았다.

물론, 나는 그의 말에 동조하지는 않았다. 세상은 보기 나름이며 패러다임이 바뀌면 전혀 다른 얘기가 나올 수 있으니까.

하지만 나를 감동시킨 것은 그의 순박한 말투와 진지한 표정 그리고 한 인간으로서의 애정어린 관심이었다.

그런데…… 알고 보니 그는 이혼남이었고, 그의 아내는 이혼 후 자신을 버리고 이스탄불로 떠났다고 했다.

쓸쓸하게 웃고 있는 그에게 나는 왜 이혼했냐고, 아니 이혼당했냐고 물을 수가 없었다.

사람의 사연을 꼭 물어서 알까?

누구나 상처를 안고, 결핍감을 느끼며 살아간다. 그래도 바닷가에서 놀고 있는 티없는 아들을 흐뭇하게 바라보고 있던 사내가 그렇게 불행해 보이지는 않았다. 물론, 나 역시 불행할 까닭이 전혀 없었다.

터키를 떠나며

길을 간다는 것, 왔던 곳을 또 와본다는 것, 또 다음을 기약한다는 것은 얼마나 행복한 일
어디로 간들, 어디로 떠난들, 나는 행복했다.
홀로 가도, 함께 가도 나는 언제나 행복했다.

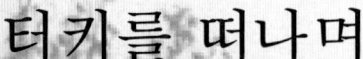

안녕, 터키

이스탄불, 아니 터키와 나는 세 번을 헤어졌었다.
첫번째는 홀로 겨울 여행을 마치고 동유럽으로 떠날 때였다.
1992년 1월 말, 날은 추웠고 음산했다. 루마니아의 부쿠레슈티행 버스의 승객들은 대개 루마니아의 보따리 장수들이었지만 내 옆에는 예쁜 루마니아 여대생이 앉아 있었다. 늘 외로웠던 나였기에 가슴이 설레었다.
그녀는 방학중에 시리아의 친구를 방문했다가 이스탄불을 거쳐 집으로 가는 길이라고 했다. 그녀는 공산주의도 극도로 혐오했고 터키 사람들도 극도로 싫어했다. 오스만투르크 시절 그들을 많이 괴롭혔고, 이스탄불에서 터키 사내들이 늘 추근댔다는 것이다.
얘기를 나누는 사이 어둠은 깊어졌고 차 안의 불은 꺼졌다. 차창 밖의 컴컴한 세상이 휙휙 눈앞을 스쳐가는 것을 보며 문득 불안감이 가슴을 덮쳐오기 시작했다. 비록 공산주의가 멸망했다지만 삼십 년 넘게 반공 정신 속에서 살아온 나에게 동유럽은 두렵고 불안한 세상이었다.

그러나 나는 독하게 마음을 먹었다.

익숙한 것과의 결별이란 말처럼 쉬운 게 아니며, 지금 내가 두렵고 불안한 것은 낯선 세계 때문이 아니라, 잠시 동안 이스탄불이 내게 준 편안함과 익숙함 그리고 정 때문이라고 각성하며, 그걸 버려야 한다고 생각했다.

그렇게 마음을 다지고 있을 때, 옆자리의 여인이 코를 새근새근 골면서 슬며시 고개를 내 어깨에 기대어 왔다. 그 순간 내 가슴속은 요동치기 시작했고 갑자기 세상도 내 심장처럼 쿵쿵거리며 머릿속이 아득해지고 있었다.

그로부터 십여 년이 지난 어느 여름밤 나는 아내와 함께 기차를 타고 이스탄불을 떠나 불가리아의 소피아로 향했었다.

아내는 떠나던 날 몹시 아파서 밤 기차를 타기 전까지 오후 내내 역 근처의 숙소에서 쉴 수밖에 없었다.

이윽고 밤 열한시, 간신히 몸을 추스리고 우리는 시르케지 역을 향해 걸었다. 어둠 속에 잠긴 시르케지 역은 썰렁했고 누런 가로등조차 을씨년스러웠다.

안내 방송도 없고 역무원들도 보이질 않았다.

과연 아내의 병은 다 나은 것일까? 가다가 또 아프면 어떡하지.

어둠과 적막한 분위기 속에서 마음은 심란해지고 있었다.

어디선가 나타난 서양 여행자들 몇 명이 배낭을 메고 기차를 향해 걸어갔고 차장들이 나타나기 시작했다. 우리가 기차를 타자 제복을 입은 뚱뚱한 차장이 우리를 객실까지 안내해주었고 문을 열고 들어가는 순간 우리는 감탄사를 연발했다.

이런 기차는 처음이었다. 오래되어 낡기는 했지만 기차 내부가 전부 안틱 스타일의 목재였고 거울이 달려 있었으며 목재 옷장 및 사물함도 있었다. 침대는 삼층으로 한쪽에만 있었는데 맨 위는 조그마해서 마치 2인용 객실처럼 보였다.

그리고 종업원을 부르는 벨, 레스토랑 직원을 부르는 벨도 있었다. 그림으로 되어 있어서 금방 알 수 있었다. 객실 안에는 터키 문자가 아니라 키릴 문자가 쓰여져 있는 것으로 보아 불가리아 소속 기차인 것 같았다.

"이게 오리엔트 특급 열차였을 거야. 지금 노선은 중단되었지만 그때 쓰던 열차를 지금까지 쓰고 있는 것 같아."

오리엔트 특급 열차라는 나의 말에 아내는 흥분하기 시작했다. 애거서 크리스티의 소설에도 나왔고 영화에도 나왔던 그 살인 사건이 났던 '오리엔트 특급'.

우리는 이제 그것을 타고 새로운 세계로 향하는 것이다.

옆방에서는 억양으로 보아 미국 친구들이 흥분된 목소리로 떠들고 있었다.

드디어, 정각 열한시. 기차가 움직이기 시작했다.

"얏호."

환호성을 지르며 모두들 복도에 나와 서서 열린 창문을 통해 밖을 보았다.

시원한 이스탄불의 여름 바람이 창문으로 밀려 들어오고 있었다.

"괜찮아?"

"괜찮아…… 가슴이 떨려. 내가 영화 속에서나 보았던 오리엔트 특급 열차를 타고 동유럽으로 가고 있다는 게 믿어지지 않아."

아내는 흥분된 목소리로 그렇게 말했다. 가슴 떨리기는 나도 마찬가지였다.

그 옛날 야간버스를 타고 이스탄불을 떠났었는데 이제 기차를 타고 간다.

과연 동유럽은 어떻게 변해 있을까?

객실 안으로 들어와 창가에 걸터앉아 밖을 내다보는데 갑자기 옆방에서 다시 환호성이 터져나왔다.

뭐야?

창 밖으로 목을 내밀고 보니, 아…… 술탄 아흐메트 모스크가 보이고 있었다. 조명을 받아 하늘에서 환상적으로 빛나는 모스크를 보니 십여 년 전, 이스탄불에 처음 도착해서 보았던 그 겨울밤의 환상적인 모스크가 오버랩되고 있었다. 어느샌가 누워 있던 아내도 창 밖으로 목을 내민 채 넋을 잃고 술탄 아흐메트 모스크를 바라보고 있었다.

아, 이스탄불이여, 언젠가 다시 오마.

기차가 이스탄불에서 점점 멀어질수록 아쉬움보다는 가슴속에서 열정이 솟아올랐다.

이렇게 길을 간다는 것, 왔던 곳을 또 와 본다는 것, 또 다음을 기약한다는 것은 얼마나 행복한 일인가…… 아, 내가 진짜 여행을 사랑하고 있구나. 어디론가 흘러가는 시간, 언젠가 만난 것 같은 인연들, 그리고 다음 생에 또 되풀이될 것 같은 예감…… 그 속에서 순간은 영원으로 통하고, 영원은 한 순간으로 회귀하고 있으니 이 순간, 나의 삶은 영원하도다.

그때, 어디로 간들, 어디로 떠난들 나는 행복했다. 홀로 가도, 함께 가도 나는 언제나 행복했다.

그로부터 일 년 후, 홀로 세번째 터키 여행을 마쳤다.

떠나던 날 아침, 저녁 비행기라 여유가 있어 아침부터 이스티클랄 거리를 구경하다 택심 광장에서 집에 전화를 걸 때였다. 구두통을 든 소년이 공중전화 부스 옆에서 신발을 닦으라고 했다. 다 떨어진 샌들을 닦을 일이 없어서 거절했는데 처량한 눈빛으로 소년은 이렇게 말했다.

"노 브렉퍼스트, 아이 엠 헝그리. 리얼리."

아침 안 먹어서 배고프다는 그 간단한 영어와 눈빛이 전화를 하는 동안에 내 뇌리에 깊게 박히고 있었다.

전화를 끊고 나서 나는 소년을 찾았지만 소년은 사라지고 없었다. 두리번거리며 찾는 내 머릿속에 아이의 힘없던 눈빛이 자꾸 떠오르고 있었다.

그러다 광장을 벗어난 저 멀리 구두닦이 아이들이 모여 있는 것이 눈에 띄었다. 소년은 그곳에 있었다. 나는 소년과 함께 근처의 버거킹으로 갔다. 소년은 구두통과 손님 앉히는 조그만 의자를 안은 채 머뭇거리다 따라 들어왔다. 나는 소년을 구석에 앉힌 후, 햄버거, 감자 튀김, 콜라를 사 갖고 와 같이 먹었다.

소년은 먹으며 잠시 수줍은 표정을 지었다. 그의 고향은 도베야짓의 아라라트 산 부근이며 쿠르드 족이라 했다.

쿠르드 족, 도베야짓······.

얼마 전에 내가 갔다온 바로 그곳이었다. 그중의 한 마을을 방문했을 때 남자들은 다 돈 벌러 도시로 나갔다고 하더니 바로 이런 일을 하고 있는 것이다.

소년의 나이는 열여섯 살로 학생이라 했다. 학교 다닐 때도 저녁이면 구두를 닦는데, 방학을 했기 때문에 지금은 하루 종일 한다고 했다. 작년에는 관광객이 많아 벌이가 좋았는데 요즘에는 이상하게 벌이가 안 좋다고 했다. 소년은 삼촌 집에 묵으며 열심히 번 돈을 매달 고향에 보내는데, 한번 구두 닦으면 한국 돈으로 1천5백 원 내지 2천 원 정도를 받는다고 했다.

이상하게도 오늘은 특히 손님이 없다고 말하던 소년은 뜬금없이 이렇게 물었다.

"당신은 부자인가요?"

"……."

"중간인가요?"

"……."

소년의 질문에 뭐라 답할 수 없었다. 비록 이렇게 여행을 하고 있는 나지만 앞날이 늘 불안한 사람일 뿐이다. 그러나 이 소년 앞에 선 나는 또 부자가 아닌가.

소년은 한참만에 고맙다고 말하며 자신의 증명 사진을 한 장 꺼내 주었다.

"이걸 보고 저를 기억하세요. 제 선물이에요."

나는 그것이 그가 나에게 줄 수 있는 유일한 선물이란 것을 알았다.

헤어질 때 우리는 간단한 인사말을 남기고 돌아섰다.

"살람 왈레이쿰(신의 평화가 너와 함께 하기를)."

"왈레이쿰 살람(당신에게도 신의 평화가 함께 하기를)."

그는 나에게 주소를 원하지도, 나의 사진을 원하지도 않았다. 다만 이름이 '브루스 리'라는 것만을 안 채 헤어졌다.

내가 소년에게 밥 한 끼를 사주었다는 것이 잘했다는 생각은 들지 않았다.

그런 동정이 꿋꿋하게 살던 소년의 의지를 나약하게 할지도 모르는 것이다.

인도에서 그랬다. 인도의 수많은 아이들이 관광객이 주는 한푼의 돈, 한 개의 볼펜 때문에 거지처럼 되지 않았던가.

그러나 당장 배고픈 사람을 앞에 두고 그런 일을 따질 수는 없었다.

돌아서는 소년의 뒷모습을 보는 순간, 이런 생각이 머리를 스쳤다.

열심히 살아라, 아이야. 우리처럼 약한 사람들은 꿋꿋하게 버텨내는 것이 곧 승리하는 길이란다.

드디어 떠나는 시간.

공항 버스를 타기 위해 택심 광장을 향해 배낭 메고 걸어갈 때 쇼윈도에 비친 내 모습을 보았다.

한때, 나이 든 노새가 짐을 메고 허덕이는 모습처럼 보일 때도 있었는데 제법 씩씩하게 보였다. 마치 전쟁터에 출전하는 병사처럼 나는 배낭을 다져 잡고 성큼성큼 거리를 걸었다.

비록 앞날은 불투명하지만 아직까지 이렇게 배낭을 메고 자유롭게 세상을 떠돌 수 있는 패기와 체력이 있다는 것. 이것이 축복이 아니라면 무엇이란 말인가.

그렇다. 여행이든, 일이든, 사랑이든…… 열심히 해야 한다. 용감하게, 죽는 그날까지.

그때, 예쁜 전차가 땡땡땡 소리를 내며 거리를 달리고 있었다.

그 소리는 언제 들어도 기분 좋았다.

투르크 족의 세상

이스탄불 문화원에서 터키어를 잠깐 배운 적이 있었다. 그때 배운 말은 거의 다 잊었지만 한 가지 잊혀지지 않는 것이 있다.

그것은 투르크 족(터키 족)의 분포가 그려진 세계지도다. 오스만투르크 제국의 영토가 엄청나게 넓었다는 것은 대충 알고 있었다. 하지만, 분포도에 표시된 투르크 족의 세계는 엄청났다. 마치 앵글로색슨 족이 북미와 호주 등 전 세계에 펼쳐진 것처럼, 또는 한족이 중국과 동남아시아에 광범위하게 펼쳐진 것처럼, 투르크 족의 영토는 중동과 중앙아시아, 러시아, 시베리아와 중국의 서역과 만주까지 펼쳐져 있었다.

"스탄이란 말은 터키말로 땅이란 뜻이에요. 그러니까 우즈베키스탄, 카자흐스탄, 키르키즈스탄 등등 모두 분리되어 있지만 사실은 넓게 보면 우리 투르크 족 형제들의 땅입니다."

터키어 선생은 그렇게 설명을 했었다.

투르크 족을 얘기하다 보면 꼭 등장하는 것이 훈족, 흉노족이다. 기원전 3세기부터 서기 3세기까지 약 육백 년에 걸쳐 서역을 두고 중국과 늘 싸워왔던 흉노족, 그리고 4세기경 유럽을 공포 속으로 몰아넣었던 훈족(흉노족의 한 일파로 추정됨)은 기록을 남기지 않고 역사 속으로 사라졌다.

그러나 현실에서도 사라진 것은 아니었다. 그들은 현실 속에 수많은 후예들을 남겼다.

6세기에서 9세기 사이에 중앙아시아에서 크게 위세를 떨쳤던 돌궐족과 그 뒤를 이어 8세기경 등장했으며 지금까지 중국 신장성의 자치구에서 살고 있는 위구르 족들 모두 넓게 보아 투르크 족이었다. 또한, 서서히 중앙아시아로 진출했던 수많은 종족들도 투르크 족이었다. 그중의 하나가 현재 터키땅인 아나톨리아 평원에 11세기에 셀주크투르크를 건설했다. 그 뒤를 이어 13세기 말에 일어난 오스만투르크 제국은 15세기 중반에 동로마를 멸망시킨 후, 대제국으로 성장했었다.

그 뒤를 이은 게 현재의 터키인 것이다.

그들 중, 돌궐 제국은 역사적으로도 우리와 가깝게 느껴진다. 중국인들은 투르크를 돌궐로 표현했다. 그중에 동돌궐은 먼 옛날 고구려와 접경을 이루고 있었다. 사실인지 모르겠지만, 연개소문의 첫번째 부인이 돌궐족이었다는 얘기를 어느 글에서 본 적이 있었는데, 어쨌든 돌궐족은 그 옛날 우리와도 교류가 있었음에 틀림없었으니 우리와도 먼 관계는 아니다.

또한, 고구려라는 나라 자체가 그 당시 만주에 살던 여러 소수민족과의 연합체라고 할 수 있었으니 투르크 족의 피가 우리 핏줄 속에 섞여 들어오지 않았을 리 없다. 아니, 먼 옛날을 거슬러올라가면 우리는 중앙아시아에서 살던 같은 혈족이었는지도 모른다.

어쨌든, 터키 사람을 보면 왠지 모르게 정이 갔다. 글쎄, 한국인 누구나 그렇지 않을까? 누구나 투르크 족의 세상에 툭 떨어지는 순간, 온몸을 덮쳐오는 그 감정을 느낄 수 있을 것이다.

  나의 터키 여행은 이 책에서 표현된 것보다 훨씬 가슴 설레고 즐거웠다.

  그러나 한정된 분량 속에서 이런저런 얘기를 '골고루' 쓰려다 보니, 성큼성큼 길을 가며 본 것들 중에서 일부분을 선택해 보여주는 수밖에 없었다. 그 결과 내면에 고인 세밀하고 아기자기한 느낌, 가슴 설레임들은 많이 생략되어서 그 기쁨들이 충분히 전달되지 못한 것 같다.

  사실, 여행의 묘미는 사소함 속에서 누리는 작은 기쁨과 자유이고 특히, 터키 여행에는 그런 맛이 다양하고 풍부한데…… 그러나 터키는 생각보다 아직 우리에게 잘 알려지지 않은 나라이기에 그런 아기자기한 얘기는 훗날로 미루고, 우선 전체적인 모습을 알리고 싶다는 마음이 앞서서 이런 여행기가 나왔다.

  이 책에서 충분히 표현되지 못한 작은 기쁨과 감동들은 직접 터키에 가서서 흠뻑 누리시기 바란다. 터키는 결코 여행자를 실망시키지 않고 기대 이상의 즐거움을 주리라 확신한다. 행운이 있기를…….

여행정보

모든 정보를 다 싣고 싶지만 지면 관계로 대폭 줄이면서, 가기 전에 여정을 짜는 데 필요한 교통편과, 가이드북에 나와 있지 않거나 좀 부족한 부분만 추려서 남겼다. 여행을 떠나는 분은 꼭 가이드북을 갖고 가시고, 이 정보는 보조자료로 활용하기 바란다. 물가는 2002년, 2003년 기준이고 달러로 표시했는데, 터키 물가 자체가 변동이 심하고, 기준으로 표시한 달러 환율 자체도 계속 불안해서 정확하지 않으니, 대략적인 물가로 참고하기 바란다. 자세한 정보는 가이드북이나 인터넷을 통해 잘 알아보고 비용을 넉넉하게 잡기 바란다.(1991년에 여행한 지역은 정보로서의 가치가 없어 뺐다.)

일반 정보

가이드북은?

내가 터키 여행중 사용했던 가이드북은 『Follow me, 지중해』편(김성호, 김선겸 공저, 에오스 여행사 출판부)과 『론리 플래닛 터키』편이었다. 『Follow me』는 지중해 여러 나라와 함께 터키편이 실려 있다. 한국인의 시각에 맞게 썼고 배낭 여행자들의 가려운 부분을 긁어주어 좋은데, 터키의 주요 관광지만 소개해서 부족함을 느끼는 사람도 있겠지만 웬만큼 여행을 하는 데는 부족하지 않았다. 『론리 플래닛』 영문판 가이드북은 터키 전역을 다루어 오랫동안 여행할 분들에게 좋다.(특히 북동부를 여행할 분은 필수)

비자는?

90일 안의 관광이라면 비자가 필요 없다. 또한 입국할 때 입국 카드를 작성할 필요도 없다.

배낭 여행이 힘들면?

터키는 배낭 여행이 결코 어렵지 않은 곳인데, 만약 사정이나 취향 때문에 패키지 여행을 한다 해도 실망하지는 않을 것이다. 단, 배낭 여행도 싫고 패키지 여행도 싫다면 숙소나 장거리 교통편이 다 해결되고 자유시간은 최대로 보장하는 단체 배낭 여행이나 단기 호텔팩 여행 같은 것을 권한다. 유럽, 지중해 전문 배낭 여행사인 에오스 여행사(www.eostour.co.kr)에서 많이 다루는데 문의하면 매우 성의 있게 답변해준다. 그외 신발끈 여행사 (www.shoestring.co.kr)에서도 새로운 호텔팩을 선보였다.

항공권

시간 여유가 없는 분은 직항인 아시아나 혹은 터키 항공을 권한다. 이 비행기들은 한국에서 오후 2시 40분에 출발해서 약 12시간 후인 당일, 현지 시간 저녁 8시 35분에 도착해서 편하다. 돈을 아끼고 싶은 분은 싱가포르 항공이 좋다. 다만, 싱가포르에서 오랫동안 대기해서 거의 하루를 소비하는 불편이 있다.

항공료는 해마다 다르고 비수기 성수기 때마다 다르니 가기 전에 직접 확인해보는 수밖에 없는데 2003년도 이스탄불 왕복 요금은 싱가포르 항공이 88만원(비수기) 100만원(성수기)이고 터키 항공이 119만원(성수기)인데, 24세 미만의 일반인 혹은 27세 미만의 학생의 경우 106만원이었다.

환율 및 환전

유로든 미국 달러든 현금을 갖고 가는 게 좋다. 여행자수표(TC)는 바꾸기도 곤란하고 환율도 안 좋다. 2003년도 6월에는 미화 1달러에 1,420,000TL이었다(2005년부터는 1,000,000TL이 1TL로 절하되었다). 공항의 환전소에서는 약 4퍼센트의 커미션을 떼니 약간만 바꾸고 시내에 들어와 바꾸는 것이 좋다. 관광지에서는 일요일에도 환전소를 연다.

오랫동안 여행할 분은 조금씩 천천히 환전하는 게 좋지만, 짧은 시간에 급히 돌아볼 분들은 이스탄불 등에서 미리 넉넉히 환전하는 것도 좋다. 종종 환전소가 눈에 안 띄는 중소 도시에서 은행 찾아다니느라 시간을 낭비하는 수가 있기 때문이다.

비용

물가가 우리보다 약간 싼 정도로 느껴졌는데 조금 즐기면서 여행할 생각이면 그렇게 싸게 느껴지지는 않을 것이다. 아래를 참고로 해 대충 비용을 잡아보기 바란다. 물가는 인플레가 심해 달러로 표시한다.

숙소 사정 및 숙박비

이스탄불은 숙박비가 비싼 편이다. 2003년도 현재 이스탄불 아흐메트 광장 부근에 있는 여행자 숙소의 경우, 여럿이 자는 도미토리의 경우 1인당 7달러에서 10달러 정도다. 유럽에 비해 시설은 떨어지는 편인데 이런 것에 만족하는 사람도 있고 불편하게 느끼는 사람도 있으니 각자의 눈높이에 따라 만족도는 달라질 것이다. 더블 베드인 경우 25달러에서 50달러 선인데 약 30, 40달러 정도면 쾌적한 편이다. 이스탄불을 벗어나면, 지역마다 약간의 편차는 있어 한마디로 말하기는 힘들지만 숙박비는 떨어진다. 허름한 곳은 더블에 6달러, 12달러짜리도 있었고 깔끔하고 괜찮은 곳은 15달러에서 18달러 정도도 있었다.

음식과 식비

주로 배낭 여행자들이 먹는 음식과 가격을 소개하겠다.

아침은 대개 숙소에서 주는데 안 줄 경우 식당에 가서 초르바(터키 수프, 약 1달러 정도)를 먹으면 된다. 터키 음식점에서는 밥은 돈 내고 사먹어야 하지만 빵은 기본적으로 제공하므로 초르바만 먹어도 된다. 그리고 점심, 저녁을 값싸게 먹을 경우 거리에서는 되네르 케밥(0.7에서 1달러 정도)이 가장 저렴하다. 거리에서는 햄버거처럼 빵 안에 고기를 넣어 팔고, 음식점에서는 케밥에 양파, 토마토 등의 야채와 함께 접시에 담아 나온다(약 2.8달러 정도). 그리고 비싼 콜라보다 저렴한 차를 마시는 것이 건강에도 좋을 것이다.

시시케밥은 꼬치 구이라 할 수 있는데 이것도 대중적인 음식이고 터키 사람들은 피자도 많이 먹는다. 그리고 어디서든 희석된 요구르트, 즉 아이란을 많이 파는데 식사 때 먹으면 소화에도 좋다. 거리에서 파는 것은 약 0.4달러 정도로 저렴했다.

지역에 따라 차이가 있지만 길거리에서 케밥에 음료수를 먹으며 절약하면 하루 식비로 4, 5달러 정도 들고, 대중 식당 같은 데서 제대로 먹으면 하루에 10달러 정도면 된다. 제대로 먹는다는 것은 초르바, 고기, 야채 볶음, 음료수 정도 먹을 경우를 말한다. 이스탄불에는 한국 식당이 두 군데 있는데 모두 된장찌개 백반 같은 것이 10달러로 비싸기는 하지만, 힘들 때 보약 삼아 먹으면 가치가 있을 것이다.

장거리 지상 교통비

터키에서는 기차보다 고속버스가 쾌적하며 서비스가 좋다. 버스표는 버스터미널에 있는 매표소나 시내 여행사에서 파는데 성수기 때는 미리 예매를 하는 것이 좋다. 예전에는 버스비 할인을 잘 해준 편인데 요즘은 어느 정도 정가제가 확립되어가고 있는 중이라 예전만큼 잘 깎아주지 않고 있다. 물론, 약간의 할인은 해주는 곳도 종종 발견할 수 있지만. 이스탄불-괴레메-앙카라-파묵칼레-셀주크-이즈미르-부르사-이스탄불까지 오는 동안의 장거리 버스 요금을 계산해보니 2002년도 8월 기준으로 약 50달러 정도 들었다.

그리고 이스탄불-사프란볼루-아마시아-시바스-에르저름-도베야짓-에르저름-트라브존까지 오는 동안의 장거리 버스비는 2003년 6월 기준으로 약 80달러 정도가 들었다.(트라브존에서 이스탄불까지 국내선 비행기를 타면 약 103달러 정도 든다)

터키의 버스터미널은 대개 외곽에 있으므로 일단 어느 도시에 도착하든, 그 자리에서 다음 행선지의 버스표를 예매한 후 시내로 들어오는 것이 좋다. 단, 이스탄불, 이즈미르 등은 시내의 여행사에서 표를 사는 것이 더 편리할 수도 있다.

입장료

터키의 유명 관광지에서는 대개 학생증을 갖고 가면 엄청난 할인을 해주었는데 금년부터 학생 할인이 없어져서 입장료 부담이 만만치 않게 되었다. 이스탄불, 괴레메, 앙카라, 파묵칼레, 셀주크, 이즈미르, 부르사를 돌아

보았을 때 2002년도 8월에 정상적인 요금을 내니 약 100달러 정도 들었다.(괴레메에서 한 카파도키아 투어비 25달러까지 포함해서)

언어는?

가이드북만 있고 기본적인 영어만 할 줄 알면 큰 어려움은 없다. 다만, 터키어로 숫자, 여행에 필요한 언어는 배워가는 것이 좋다.

비르(1), 이키(2), 위치(3), 되르트(4), 베쉬(5), 알트(6), 예디(7), 세키즈(8), 도쿠즈(9), 온(10)

비르 밀리온(1,000,000- 1백만이지만 1천으로 생각함이 편하다)

이키 밀리온(2,000,000)

온 밀리온(10,000,000- 1만 원으로 생각하는 것이 편하다)

퇴셰킬 에더림(감사합니다), 카쉬 리라(얼마예요?), 귀네이 코리아(남한), 빌렛(표), 부귄(오늘), 야른(내일), …… 네레데(…… 어디 있어요?), 투왈렛(화장실).

메하바(안녕하세요), 귀나이든(아침, 점심인사), 이악샤르(저녁인사), 알라하 이스말라득(안녕히 계세요), 귈레귈레(안녕히 가세요).

언제 가는 것이 좋을까?

기후적으로 보면 봄, 가을이 좋고 여름은 가장 활기차지만 모든 물가가 올라가고, 겨울은 쓸쓸하지만 숙박비 싸고 한적하다. 모든 게 장단점이 있으므로 불쑥 가고 싶을 때 훌쩍 떠나는 것이 가장 좋지 않을까.

안전

일반적으로 안전한 편이다. 가끔 외국 여행자를 상대로 활발한 '비즈니스'를 하는 사기꾼들, 호객꾼들이 있는데 이들에게 유혹되지만 않으면 큰 위험은 없다. 그런 터키인들보다 더욱 위험한 인물들은 여행자를 가장한 '외국인'들이다.

어떤 한국 여행자 한 명은 앙카라에서 시리아에서 온 여행자들이라는 사람들이 준 케이크를 먹은 후, 이틀 동안 잠들었던 적도 있다. 물론, 모든 것을 도난당한 후였다. 사실, 이런 사건은 어느 나라에서나 발생하지만, 손님을 환대하는 터키의 분위기에 들떠서 방심했다가 당할 수도 있으니 각별히 주의를 해야 한다.

또, 차를 타고 가다 경찰이라 사칭하며 여권이나 소지품을 보여달라는 사람도 있다는데 결코 보여주면 안 된다. 또한, 터키 사람들의 차 인심은 좋고 믿을 만하지만, 오다가다 만난 사람이 어딘지도 잘 모르는 곳에서 주는 음료수나 음식은 조심해야 한다. 거절을 할 때는 배가 아프다는 핑계가 최고다.

시차

터키는 한국보다 서머타임일 때는 6시간, 그렇지 않을 때는 7시간이 느리다.

한국으로 전화하는 방법

전화 카드에는 두 가지 종류가 있고 전화기에도 두 가지 종류가 있는데 어디나 같이 있으니 어떤 전화 카드를 사도 다 사용할 수 있다. 약 5달러짜리는 한국에 3분 정도 할 수 있었다. 번호는 001-82-2(서울인 경우)-전화번호거나, 001-82를 누르고 0을 뗀 휴대폰 번호를 누르면 된다. 또한 콜렉트 콜도 이용할 수 있다. 00800-828282를 먼저 누르면 데이콤의 한국어 안내방송이 나온다. 잘 되는 곳도 있지만 막아놓아 안 되는 곳도 있다.

카드 사용

조금 비싼 곳에서는 카드를 사용할 수 있고 은행의 현금 지급기에서는 터키 돈도 인출할 수 있다. 먼저 카드를 집어넣고 언어 선택을 눌러 영어를 선택한 후 지시한 대로 하는데 엔터의 기능을 기리쉬(GIRIS)란 버튼이 한다. 터키 돈을 인출할 때는 은행의 ATM마다 약간씩 다르다. 어떤 경우는 액수를 자신이 직접 쳐 넣기도 하고(0이 너무 많아 가슴이 떨린다), 어떤 은행의 ATM은 정해진 액수를 지정하는 경우도 있다. 또한, 관광지 등에서 현금 지급기를 고장 내놓고 도와주는 척하면서 비밀번호를 알아내어 남모르게 돈을 빼내는 사람들도 있다 하니 조심해야 한다. 카드 분실을 대비해 한국의 카드 분실 신고 센터 전화번호를 적어가는 것이 좋다.

팁

택시를 탔을 때, 한국 돈으로 몇백 원 정도의 거스름돈은 안 받으면 운전사가 행복해한다. 몇십 원 정도의 돈(예를 들어 50,000 정도의 어마어마한 숫자가 찍혀 있어도 사실은 30, 40원 정도인 돈)을 받으려고 깐깐하게 따지면 아주 속 좁고 재수 없는 놈 취급을 받을 것이다.

서민적인 음식점이나 배낭 여행자 상대하는 곳에서는 팁을 줄 필요가 없고, 관광객 상대로 하는 음식점에서는 10퍼센트 정도의 팁을 준다. 계산서에 봉사료까지 포함되어 나오는 곳에서는 따로 팁을 줄 필요는 없다.

문제는 웨이터들이 있는 중급 대중 식당으로 터키인들도 이용하고 외국인들도 가끔 이용하는 곳이다. 터키인들은 우리처럼 직접 계산대에 가서 계산을 하거나, 앉아서도 잔돈을 다 챙겨 받고 그냥 나가며 웨이터들도 별로 기대를 안 하는 눈치였는데 종종 외국인에게는 정식으로 계산서를 갖고 오는 경우도 있었다. 이건, 팁을 좀 남겨달라는 무언의 제스처였다.

이런 데서는 마음에서 우러나는 대로 하면 될 것 같다. 서비스가 좋았으면 팁을 주는 것이고, 그렇지 않으면 터키인들처럼 행동하면 되지 않을까? 늘 미소와 고맙다는 말을 입에 달고 다니면 무리가 없을 것이다.

지역 정보

이스탄불

 ### 교통
공항에서 시내로

택시를 이용하면 시내까지 30분 정도 걸리고 미터기로 나오는 요금은 약 12달러 정도. 공항 버스를 타고 (약 4.3달러로 버스 안에서 낸다) 시내 중심지 악사레이까지 오는 방법이 가장 편리하다. 악사레이에서 일단 내려 전방에 빤히 보이는 고가 도로까지 걸어온 다음, 오른쪽으로 꺾어지면 얼마 안 가 트램 정류소가 보인다. 여기가 Laleli 역인데 오른편으로 가는 트램을 타고 네번째 역에서 내리면 술탄 아흐메트이다. 트램을 타기 위한 제톤(동전)은 길 건너 조그만 부스에서 판다. 또, 공항에서 지하철을 타고 와 트램을 타는 방법도 있다.

시내에서 공항으로

술탄 아흐메트 근처의 숙소에서 묵는다면 숙소나 근처의 여행사에서 약 4, 5달러에 미니 버스를 타고 공항까지 갈 수 있도록 해준다. 그리고 택심 광장 근처에 묵는 경우, 택심 광장을 중심으로 이스티클랄거리 맞은편에 뚫린 길에서 떠나는 공항 버스를 이용하면 좋다. 맥도날드와 피자헛을 지나면 타는 곳이 나온다. 05:00에서 23:00까지 매 30분 간격으로 출발한다.

시르케지 기차역에서 술탄 아흐메트 광장까지

만약 그리스나 동유럽에서 기차로 왔다면 시르케지 역에 도착한다. 시르케지 역에서 나오면 바로 정면에 트램 정류소가 있다. 여기서 왼쪽 방향으로 가는 트램을 타면 두번째 역이 술탄 아흐메트 역이다.

술탄 아흐메트 광장에서 장거리 버스터미널까지
술탄 아흐메트 광장 앞에 트램이 다니는데 여기서 시내 방향 쪽으로 가는 트램을 타면 다섯번째 정류장인 유숩파샤(Y.PASA)에서 내린다. 트램에서 내려 육교를 건너 오른쪽의 가게가 늘어선 골목길을 따라가다 지하도를 통해 밖으로 나가면 악사레이 지하철역이 나온다. 여기서 지하철을 타고 여섯번째 역인 오토가르(OTOGAR) 역에서 내리면 장거리 버스터미널이다.

이스탄불에서 괴레메까지 가는 버스 이용 방법
많은 여행자들이 이스탄불에서 야간버스를 타고 괴레메로 가는 경우가 많다. 밤 8시 버스를 타면 다음날 아침 6시 30분쯤 도착. 밤 9시 버스를 타면 다음날 아침 8시쯤 도착한다. 버스표는 직접 버스터미널에 가서 살 수도 있지만 술탄 아흐메트 광장 부근의 여행사에서 사는 것이 더 편리하다. 미니 버스로 버스터미널까지 데려다주고 배낭을 여행사에 맡길 수도 있기 때문이다. 그리고 버스 중에는 직접 괴레메까지 들어가는 버스가 있고, 중간의 네브쉐히르에서 내려놓는 경우도 있다. 이런 경우 좀 쉬고 있으면 버스 회사에서 준비한 조그만 미니 버스를 무료로 타고 10분 정도 걸리는 괴레메까지 갈 수 있다. 표를 사기 전, 직접 가는지 아니면 미니 버스로 갈아타는지 확인하면 덜 당황하게 된다. 요금은 2002년도에 약 15.4달러 정도였다.

이스탄불에서 불가리아까지
밤 11시에 출발해서 다음날 낮 12시 정도에 불가리아의 수도 소피아에 도착하는 기차가 있다. 슬리퍼가 1인당 약 26달러.

시내교통

트램은 트램 정류소 근처의 매표소에서 제톤(JETTON)을 판다. 동전처럼 생긴 이것을 집어넣고 타면 되는데 우리처럼 회수하지 않고 그냥 통 속으로 들어간다. 지하철도 마찬가지인데 요금은 2002년도에 약 0.4달러이던 것이 2003년도에는 0.7달러 정도로 인상되어 있었다. 갈라타 대교 부근에서 통근용 배를 타고 위스크다르 지역이나 다른 곳으로도 갈 수 있는데 요금은 2002년도에 0.4달러이던 것이 2003년에는 0.8달러 정도로 인상되었다.(물가 상승도 있지만 달러가 약세라, 달러 표시 물가로 볼 때는 더 많이 오른 것처럼 보였다. 다만, 한국 돈 가치도 같이 올랐기에 한국인이 느끼기에는 두 배만큼 오른 것으로 느껴지지는 않았다.)

숙소

여행자들은 대부분 술탄 아흐메트 광장 부근으로 가며 가이드북에 잘 소개되어 있다. 관광지를 돌아보기에는 가장 편리한 곳으로 이곳에는 수십 개의 여행자 숙소가 모여 있다.

이곳과 달리 베이욜루 지역에도 여행자 숙소가 있다. 이곳에 묵을 사람은 공항 버스를 타고 택심 광장 종점까지 가면 되는데 영문판 론리 플래닛 터키 편에 자세히 소개되어 있다. 나는 사이담 호텔(Saydam Hotel)에 묵었었는데, 숙박비는 싱글이 15유로 정도로 깨끗한 편이어서 상대적으로 비슷한 가격대의 술탄 아흐메트 광장의 숙소보다 싸게 느껴졌다. 근처에는 칠아웃 호스텔(Chillout Hostel)이란 곳도 있는데 7, 8달러 수준에 잘 수 있다고 한다. 택심 광장에서 트램을 타고 종점까지 온 후, 거슬러 올라가는 방법이 조금 힘이 덜 들고, 택심 광장에서 트램길을 따라 걸어 올 수도 있는데 약 20분 정도 걸린다.

또한, 가이드북에는 나와 있지 않지만 한국인들이 많이 모이는 곳은 동양 유스 호스텔이다. 한국인이 하는 곳으로 술탄 아흐메트 광장에서 내려 트램길을 따라 바다 쪽을 향해 내려가면 2, 3분도 안 돼 왼쪽에 한글 간판이 보인다.

2003년 현재 도미토리가 7달러고(아침 제외된 가격) 싱글이 25달러, 더블 35달러, 트리플은 45달러다(아침 한정식 포함한 가격). 매우 깨끗하고 쾌적하며 지하에서는 무료로 인터넷을 쓸 수도 있다. 여행자들과 만나 여행 정보를 교환할 수도 있고, 또한 옆의 사무실에서는 각종 상담도 해주어서 많은 한국 여행자들이 몰리고 있다. 또 여기서 카파도키아, 넴룻까지 가는 투어도 알선해주고 있으며 이스탄불에서의 대표적인 벨리 댄스를 즐기고 싶으면 좋은 곳을 소개받을 수 있다.(www.dongyanghotel.net, 90-212-511-24-14)

괴레메

 교통

괴레메에서 터키 각 지방으로 가는 버스가 있다.

아다나(5시간), 코니아(5시간), 안탈리아(11시간, 야간버스), 페티예(13시간, 야간버스), 파묵칼레(10시간, 야간버스), 셀주크(13시간, 야간버스), 이즈미르(11시간, 야간버스), 보드럼(13시간, 야간버스), 차나칼레(14시간, 야간버스)

야간버스를 타기가 싫으면 일단 앙카라에서 쉬었다 가는 것도 좋다. 괴레메에서 앙카라까지는 07:00, 09:00, 12:00, 17:30분에 버스가 있는데 4시간 걸린다고 하지만 한 시간 정도 늦게 도착하는 경우도 있다. 요금은 약 8달러 정도.

🔺 숙소

내가 묵었던 곳은 사라헨 펜션이다. 간판에는 Sarihen Pension으로 적혀져 있는데, 가이드북에는 안 나와 있지만 내 생각에는 괴레메에서 아마 가장 전망이 좋은 동굴 숙소 중의 하나일 것 같다. 대개 일본인들이 많이 묵는다. 숙박비는 아침식사 포함해서 더블이 18.5달러 정도, 싱글은 약 9.2달러 정도. 비수기인 겨울에는 약간 할인해준다.

앙카라

교통

앙카라에서 08:00에 출발하는 버스를 타면 파묵칼레로 가기 위한 중간 도시 데니즐리에 14:40분경에 도착한다. 요금은 약 8달러 정도. 앙카라 버스터미널은 새로 외곽에 만들어졌는데 터미널에서 내려 전철(전철 이름이 ANKARAY)을 타고 우선 키즐레이로 온 후, 여기서 지하철을 타고 울루스까지 올 수 있다. 『Follow me』 가이드북 구판에는 버스터미널의 위치가 활자로는 잘 설명되어 있는데 지도는 옛날 것이다. 그러나 2003년 11월에 나오는 신판에는 수정되었다.

파묵칼레

교통

파묵칼레를 가기 위해서는 우선 데니즐리란 곳까지 가야 한다. 이곳에서 돌무시(미니 버스)를 타면 파묵칼레까지 20분 정도 걸린다. 돌무시 요금은 0.5달러 정도. 돌무시는 자주 다니는 편인데 파묵칼레에서 1박 하려면 산 정상까지 가지 말고 중간에 산이 빤히 보이는 마을에서 내려야 한다.

데니즐리에서 09:00에 떠나는 버스는 셀주크에 11:50분쯤 도착한다. 요금은 약 4.3달러 정도.(그 외에 11:30, 20:00에 출발하는 버스도 있다.) 이즈미르까지는 이른 아침부터 새벽까지 계속 버스가 있다.

온천욕

웬만한 숙소에는 온천물이 담겨진 야외 수영장이 있지만, 파묵칼레 정상에 있는 온천 수영장에서 한번 해볼 만하다. 입장료는 6달러 정도. 수영복을 빌려주기도 한다. 돈과 여권이 든 전대 처리 방법은 두 가지다. 수영장에 마련된 금고를 이용하거나 숙소의 배낭에 넣어두는 것도 요령이다. 단, 배낭 깊숙한 곳에 넣고 튼튼한 자물쇠로 잠귀놓아야 한다.

셀주크, 에페스

교통
셀주크에서 이즈미르까지는 버스가 많고 1시간 40분 정도밖에 걸리지 않는다.

셀주크에서 에페스 유적지까지 가는 방법은 세 가지다.

첫째는 걸어가는 방법으로 쿠사다시 가는 방향으로 걸어가다 오른쪽의 아르테미스 신전터를 본 후, 계속 가다 중간에서 왼쪽으로 꺾어져 산길을 따라가면 에페스가 나온다. 약 40분 정도가 걸린다.

두번째는 에페스 유적지 안까지 직접 들어가는 돌무시를 타는 방법으로 매우 편한데 차가 자주 있는 편은 아니다.

세번째는 쿠사다시 가는 돌무시를 타고 가다 중간에서 내린 후, 에페스로 가는 왼쪽길을 따라 20분 정도 걸어 들어가야 한다. 조금 불편하지만 차가 매우 자주 있다는 장점이 있으며 운전사에게 미리 말해두면 좋다.

에페스 구경을 마친 후, 쿠사다시로 갈 경우 길 건너 버스 정류장에서 기다려야 한다. 에페스 쿠사다시 구간은 마지막 버스가 자정 무렵까지 있고 매우 자주 다니는 편이다. 셀주크에서 에페스를 구경한 후 쿠사다시로 가 바닷가 풍경을 즐기다 저녁에 에페스로 돌아오면 훌륭한 당일 코스가 된다. 에페스 혹은 셀주크에서 쿠사다시까지의 돌무시 요금은 약 0.5달러.

에페스 유적지 여행 요령

들어가기 전에 길게 파노라마식으로 펼쳐지는 그림지도를 사면 매우 쉽고 재미있게 유적지를 찾아다닐 수 있다. 한여름에는 모자, 선탠 크림, 물이 필수.

이즈미르

교통

이즈미르는 버스터미널이 시 외곽에 있는데 시내로 들어오기가 좀 힘들었다. 택시는 약 6달러 정도를 요구하고, 시내까지 왕복하는 돌무시는 싸고 편한데 뜸한 편이었으며, 54번 시내버스는 30분이나 기다리다 탔는데 돌고 돌아서 40분 정도 걸려서 종점인 시내의 '바스마네' 기차역에 도착했다.

이즈미르에서 부르사까지는 09:00에 버스를 타니 오후 2시쯤 도착했다.

요금은 7.4달러 정도인데, 이즈미르에서는 버스터미널에서 표를 직접 사는 것보다 시내로 와 기차역 맞은편의 여행사를 이용하는 것이 훨씬 편리하다. 이곳에서 표를 사면 미니 버스로 시간에 맞춰 버스터미널까지 데려다주기 때문이다.

숙소

가이드북에 나와 있지 않은 곳으로 기차역 맞은편의 대로, Fevzipasa Bulvari에 있는 Suluzu Hotel이 괜찮아 보였다. 2star 호텔의 더블이 22달러 정도, 그 옆에 있는 똑같은 이름의 3star 호텔의 더블은 약 31달러 정도였다.

부르사

 ### 교통

부르사에서 이스탄불로 가는 버스는 06:00에 있고 그후 12:00부터 30분 간격으로 있는데 페리를 이용하여 바다를 건너는 배가 훨씬 시간이 단축된다. 약 3시간 정도 걸리고 요금은 약 6.2달러. 부르사 버스터미널에서 시내 들어오는 버스는 38번으로 약 30분 정도 걸린다.

숙소

오텔 귀네쉬(otel gunes)란 숙소에 묵었었는데 공동 욕실, 화장실을 사용하는 더블이 12.4달러였다. 이곳은 할아버지 할머니가 친절해서 정이 드는 곳이었다. 울루자미 모스크 근처에 있는데 코자한 맞은편 언덕길에 있다.

버스터미널에서 38번 버스를 타고 오면 시내로 들어오면서 울루자미 지붕이 왼쪽에 보이기 시작한다. 언덕을 올라와 좌회전한 버스는 현대식 건물들이 들어선 대로에 설 것이다. 버스에서 내려, 온 길을 거슬러 올라가면 맥도날드가 나오고 조금 더 가면 PTT(전화국)가 보인다. 거기서 꺾어지지 말고 한 블록 더 가서 왼쪽으로 꺾어져 주욱 언덕길을 올라가면 호텔이 보인다. 주소는 Inebey Cadssi에 있으므로 사람들에게 물어보면 친절히 가르쳐줄 것이다.

사프란볼루

 ### 교통

이스탄불에서 갈 경우 버스표를 시내의 여행사에서 팔지 않으므로 직접 오토가르(버스터미널)로 가야 한다. 메트로, 혹은 귀벤이라는 버스 회사에서 운행한다. 버스는 7:45, 10:30, 17:00, 23:30에 출발하고 약

7시간 정도 걸린다. 요금은 14.3달러 정도. 앙카라에서는 약 4시간 정도 걸린다.

　사프란볼루에서 이스탄불, 앙카라 가는 버스들은 종종 있고 아마시아를 거쳐 시바스 가는 버스는 귀벤 버스가 13:30에 딱 하나 있다. 아마시아까지는 약 7시간 걸렸고, 시바스까지는 약 11시간 정도가 소요된다. 요금은 시바스까지가 약 25달러 정도로 비싼 편이다.

　이스탄불에서 버스표를 살 때 직원은 사프란볼루까지 직접 간다 하고, 가이드북에는 크란쾨이까지 가서 돌무시로 갈아타야 한다고 해서 조금 혼란스러웠는데, 사정은 이런 것 같았다. 크란쾨이란 도시는 없어졌고 이제는 new 사프란볼루라고 불리고 있기 때문이다. 그러므로 일단 크란쾨이, 즉 new 사프란볼루에서 내리면 바로 메트로와 귀벤 버스 회사 사무실 앞이다. 거기서 old 사프란볼루로 가기 위해서는 글로 설명하기가 좀 곤란하고, 가장 좋은 방법은 가게에서 '아스마 마켓, 네레데?' 라고 묻는 것이다. Asmar Market은 그곳에서 걸어서 2, 3분 정도밖에 안 떨어져 있는데 그 앞에 있으면 old 사프란볼루 가는 돌무시가 온다. 요금은 약 0.3 달러. 약 5분 정도 걸린다.

숙소

　Arasna Pension에 묵었었는데 두 개짜리 좁은 방(바깥에 있는 샤워실은 나 혼자 전용)에 약 18달러에 묵었다. 이곳은 그런대로 좋았지만 주말에는 터키 관광객들이 바로 건너편 레스토랑에서 새벽 2시까지 큰 소리로 노래를 부르므로 참고할 것. 그외에도 전통 가옥에 사는 사람들이 집을 호텔로 개조한 곳이 상당히 많으니 인터넷이나 가이드북을 참고하기 바란다.

아마시아

교통

아마시아에서 시바스까지 가장 많은 버스를 운행하는 회사는 tokat인데 09:00, 13:30, 15:00, 17:00, 18:00, 19:30, 21:00 등이 있고 요금은 약 8.6달러며 약 3시간 30분 정도 걸린다.

버스터미널에서 중심지로 가는 돌무시는 일단 오토가르에서 나와 길을 건너 왼쪽으로 들어가는 차를 타면 된다. 요금은 0.4달러 정도. 5분도 안되어서 무스타파 아타튀르크 동상이 오른쪽에 보이고 그걸 지나자마자 내리면 된다. 내려서 골목길을 따라 오른쪽으로 내려가면 강이 흐르고 강변 쪽에 싼 숙소들이 있고 조금 비싼 것은 강 건너편에 있다.

시바스

교통

에르저름까지 가는 버스가 오전에 11:00에 있는데 대개 23:00에 출발하는 야간 버스가 많았다. 많은 버스 회사 중 에사다쉬 버스가 가장 좋다고 정평이 났는데 정말 서비스가 좋았다. 요금은 14.3달러. 7시간 30분 정도 소요. 시바스에서 트라브존 가는 버스도 새벽 6시에 있다.

물고기 온천 캉갈에 가기 위해서는 대형 버스터미널 옆에 따로 있는 돌무시 버스터미널에서 표를 사야 한다. 내 경우는 16:10분쯤에 떠나는 돌무시를 탔고 17:20분쯤 종점인 캉갈에 도착했는데(요금 약 2달러), 그곳에서 돌무시 운전사와 타협해서(그와 타협한 왕복 택시비는 약 14달러), 그가 빌린 택시를 다시 타고 약 20분쯤 후에 물고기 온천에 도착했었다. 30분 정도 구경을 한 후, 다시 캉갈로 와서 18:30분에 시바스로 떠난다는 대형 버스 막차를 탔었다.(요금은 약 2달러로, 시바스로 돌아가는 돌무시는 18:00

에 끊긴다.) 이렇게 급하게 여행하지 않으려면 시바스에서 오전에 출발해서 느긋하게 보고 가면 좋을 것이다.

물고기 온천에 직접 들어가려면 입구의 관리 사무소에서 입장권을 끊고 수영복은 따로 준비해 가야 한다.

숙소

시바스 버스터미널에서 시내는 한참 떨어져 있으므로, 만약 물고기 온천이 목표라면 시내까지 들어가지 말고 버스터미널 바로 옆의 'Otel Terminal'에 묵는 것이 좋다. 싱글이 10.7달러 정도. 만약 물고기 온천에 오래 머무르려면 발르클르 카플르자 안의 숙소에 묵어도 된다.

에르저름

교통

에르저름에서 도베야짓까지 가는 버스는 여러 개 있다. 다만, 도베야짓 익스프레스 버스 회사의 것을 타면 다른 것보다 조금 비싼 대신 (10.7달러) 중간에 미니 버스로 갈아타지 않는다고 '주장'하는 말을 듣고 13:30분에 출발하는 그 버스를 타기로 했는데 시간이 되어도 안 와서 버스표 판 사무실을 찾아가니 마침 운전사가 와서 뭔가 얘기를 하고 있었다. 표 판 사내 왈, '이 사람을 따라가요.'

결국 원래 표에 명시된 터미널의 26번 탑승구가 아니라 엉뚱한 곳이었다. 이상한 것은 다른 사람들은 이미 다 탔다는 것. 만약 내가 찾아가지 않았다면 어떻게 되었을까? 이곳은 다른 도시와 달리 좀 허술한 느낌이 들었으니 계속 확인하는 것이 중요하다. 버스는 2시에 출발했고 5시간 걸렸다. 에르저름 버스터미널에서 시내 들어가는 버스는 애매해서 택시를 탔는데 약 3달러 정도 나왔다.

숙소

가이드북에 나와 있지 않은 숙소, Otel Salim이란 곳에 묵었는데 욕실, 화장실이 달린 싱글룸이 약 8달러 정도. 택시를 타고 Otel Polat을 기준으로 찾아가면 된다. 바로 그 옆에 있다. Otel Polat는 약 15달러 정도인데 내가 묵었던 곳보다 더 좋은 곳이다.

도베야짓

교통

도베야짓에서 에르저름 오는 버스는 04:30분과 05:30분에 도베야짓 익스프레스 버스가 있고 버스표는 도베야짓 메인도로에 있는 사무실에서 판다. 요금은 10.7달러 정도.

투어

도베야짓 투어는 대개 반일 투어가 이삭파샤, 쿠르드 족 마을, 노아의 방주, 이란 국경과 근처의 운석이 떨어진 구덩이(별로 볼 것 없다)를 포함하는데 오전 9시부터 시작해서 오후 2, 3시에 끝난다.

많은 여행자들이 Mefser 여행사를 이용한다. 4명이 차 한 대를 이용하는 것을 기준으로 입장료 다 포함해서 1인당 25달러를 받는다고 하는데 사람이 없어 혼자 이용하면 100달러를 할인해서 60달러를 받는다고도 한다. 단, 달러 환율의 변동과 그곳 입장료 등 기타 비용의 인상으로 조금 더 올려 받으려는 경향이 곳곳의 여행사에 나타나므로 지금쯤 가격은 더 올라 있을지도 모른다. 배낭 여행자 숙소나 식당 같은 데서 만난 여행자들 얘기를 충분히 듣고 결정하면 좋을 것이다.

트라브존

교통

이스탄불에서 트라브존 가는 야간버스는 약 18시간 걸린다. 에르저름에서 트라브존 가는 버스는 종종 있다. 나는 13:00시에 떠나는 버스를 탔는데 5시간 30분 걸렸다. 요금은 약 13달러 달라는 것을 흥정해서 10.7달러에 샀음.

트라브존 버스터미널에서 시내까지 가려면 터미널에서 나오자마자 길을 건너면 시내로 가는 돌무시가 기다리고 있다.(중심지 meydan으로 간다) 요금은 약 0.4달러. 트라브존에서 이스탄불까지 비행기를 타면 약 2시간 정도 걸리고 요금은 103달러 정도. 05:40, 09:40, 19:20분에 있는데 자리가 늘 없으므로 미리 예약하는 것이 좋다.

공항까지 가기 위해서는 Otel Horon이란 호텔 바로 옆에 있는 공터에서 떠나는 미니 버스를 타면 된다. 요금은 0.4달러 정도고 10분도 채 안 걸리는데 공항 안까지 들어가지 않고 길에서 내려주니 정문을 통과해 비탈길을 따라 내려가면 된다. 그리고 공항에서는 국내선을 타는 사람들은 여권 심사하는 곳을 통과하면 안 되고 대합실에서 기다리다 그냥 비행기를 타야 한다.

수멜라 수도원 가는 방법

울루소이 버스 회사 매표소에서 오전 10:00에 출발하는 버스표를 판다. 울루소이 버스 회사는 메이단 광장의 남동쪽 언덕길 골목에 있는데『론리 플래닛』가이드북에 보면 위치가 잘 나와 있다. 미니 버스를 타고 가는데 왕복 약 7달러다. 승용차를 타고 가지 않는 한, 개인적으로 가기가 힘들다. 수멜라 수도원 입장료는 3.6달러 정도고, 식사는 계곡 밑의 레스토랑에서 할 수 있는데 초르바, 생선 요리, 콜라, 차 정도를 마시면 봉사료까지 포함해 약 7달러 정도 나온다. 5 star 호텔에서 직영하는 곳이어서 요금이 비싼

데 분위기는 그만이다. 절약하고 싶으면 시내에서 미리 케밥 같은 것을 사와 산길에서 먹는 것도 좋다.

숙소

내가 묵었던 곳은 '아늘 호텔'이었는데 싱글 룸이 14달러로 TV, 욕실이 있고 아침식사가 딸린 곳으로 창 밖으로 항구가 보였다. 그러나 밤마다 건너편 레스토랑, 가라오케에서 새벽 2,3시까지 노래를 불러대느라 잠을 설쳤다. 추천하고 싶은 곳은 Sancta Maria Hostel이란 곳으로 깨끗하고 조용한 이곳은 기부금 형태로 운영하는데 스코틀랜드 커플에 의하며 정말 눈치 보지 않는 기부금제로 썩 만족스럽다고 했다.

길 위의 천국
ⓒ 이지상 2003

1판 1쇄 | 2003년 11월 17일
1판 4쇄 | 2009년 7월 30일

지 은 이 | 이지상
펴 낸 이 | 김정순
펴 낸 곳 | (주)북하우스 퍼블리셔스
출판등록 | 1997년 9월 23일 제406-2003-055호

주   소 | 121-840 서울시 마포구 서교동 395-4 선진빌딩 6층
전자메일 | editor@bookhouse.co.kr
홈페이지 | www.bookhouse.co.kr
전화번호 | 02-3144-3123
팩   스 | 02-3144-3121

ISBN 89-5605-081-3 03810

이 도서의 국립중앙도서관 출판도서목록(CIP)은 e-CIP 홈페이지(http://www.nl.go.kr/cip.php)에서 이용하실 수 있습니다.
(CIP제어번호: CIP2003001479)